高等院校旅游管理类应用型人才培养"十三五"规划教材

总主编 ◎ 马 勇

会展概论

Introduction to MICE Industry

主 编 ◎ 王晓辉 鲁 力

华中科技大学出版社
http://press.hust.edu.cn
中国·武汉

编委会

高等院校旅游管理类
应用型人才培养"十三五"规划教材

主 编

马 勇　教育部高等学校旅游管理类专业教学指导委员会副主任
　　　　中国旅游协会教育分会副会长
　　　　中组部国家"万人计划"教学名师
　　　　湖北大学旅游发展研究院院长，教授、博士生导师

编 委（排名不分先后）

田 里　教育部高等学校旅游管理类专业教学指导委员会主任
　　　　云南大学工商管理与旅游管理学院原院长，教授、博士生导师
高 峻　教育部高等学校旅游管理类专业教学指导委员会副主任
　　　　上海师范大学环境与地理科学学院院长，教授、博士生导师
邓爱民　中南财经政法大学旅游研究院院长，教授、博士生导师
潘秋玲　西安外国语大学旅游学院院长，教授
薛兵旺　武汉商学院旅游与酒店管理学院院长，教授
田芙蓉　昆明学院旅游学院院长，教授
罗兹柏　中国旅游未来研究会副会长，重庆旅游发展研究中心主任，教授
朱承强　上海杉达学院管理学院院长，教授
王春雷　上海对外经贸大学会展与旅游学院院长，教授
毕斗斗　华南理工大学经济与贸易学院，副教授
李会琴　中国地质大学（武汉）旅游系，副教授
程丛喜　武汉轻工大学经济与管理学院，教授
吴忠军　桂林理工大学旅游与风景园林学院院长，教授
韩 军　贵州商学院旅游管理学院院长，教授
黄其新　江汉大学商学院副院长，教授
张 青　山东青年政治学院现代服务管理学院，教授
何天祥　湖南商学院旅游管理学院院长，教授
李 玺　澳门城市大学国际旅游与管理学院院长，教授
何 彪　海南大学旅游学院副院长，副教授
陈建斌　广东财经大学地理与旅游学院副院长，副教授
孙洪波　辽东学院旅游学院院长，教授
李永文　海口经济学院旅游与民航管理学院院长，教授
李喜燕　重庆文理学院旅游学院副院长，教授
朱运海　湖北文理学院资源环境与旅游学院副院长，副教授

内容提要

本教材共有九章,分别为认识会展产业、各个学科视角下的会展、会议、展览、体育赛事、节事活动、奖励旅游、特殊事件、会展业发展新趋势等内容,其中第二章到第七章是重点章节。

本教材具有以下两个特点。一是明确了会展概论的学科背景。本教材着重选取管理学、经济学和文化学的视角,分析了会展与三个学科的联系与融合,以更为全面地理解会展学科。二是突出了会展行业的发展特征。首先,本教材明确了会展的基本概念和内涵、本质、特点和类型以及中外会展业的发展历史。其次,从会展产业的几个领域,即会议、展览、奖励旅游、体育赛事及节事活动入手,按类型进行具体分析。最后,在很多章节中都引用了会展行业中的案例,能够真实反映会展行业的发展现状。并在第九章阐述了互联网与会展行业的巧妙结合以及绿色会展的实践,探索了会展行业的未来发展趋势。

总之,该教材从多学科背景和会展产业实际出发,理论清晰,实例丰富,力求激发学生兴趣,引导学生思考,熟悉掌握会展学科和会展行业的概况,为后续的深入学习奠定良好的基础。

图书在版编目(CIP)数据

会展概论/王晓辉,鲁力主编.—武汉:华中科技大学出版社,2019.9(2024.12重印)
全国高等院校旅游管理类应用型人才培养"十三五"规划教材
ISBN 978-7-5680-5699-1

Ⅰ.①会… Ⅱ.①王… ②鲁… Ⅲ.①展览会-高等学校-教材 Ⅳ.①G245

中国版本图书馆 CIP 数据核字(2019)第 196939 号

会展概论
Huizhan Gailun

王晓辉 鲁 力 主编

策划编辑:	王 乾 李 欢
责任编辑:	李家乐
封面设计:	原色设计
责任校对:	刘 竣
责任监印:	周治超

出版发行:华中科技大学出版社(中国·武汉)　　电话:(027)81321913
　　　　　武汉市东湖新技术开发区华工科技园　　邮编:430223
录　排:华中科技大学惠友文印中心
印　刷:武汉开心印印刷有限公司
开　本:787mm×1092mm　1/16
印　张:15.25　插页:2
字　数:372千字
版　次:2024年12月第1版第5次印刷
定　价:59.80元

本书若有印装质量问题,请向出版社营销中心调换
全国免费服务热线: 400-6679-118　竭诚为您服务
版权所有　侵权必究

总　序

　　伴随着旅游业上升为国民经济战略性支柱产业和人民群众满意的现代服务业，我国实现了从旅游短缺型国家到旅游大国的历史性跨越。2016年12月26日，国务院印发的《"十三五"旅游业发展规划》中提出要将旅游业培育成经济转型升级重要推动力、生态文明建设重要引领产业、展示国家综合国力的重要载体和打赢扶贫攻坚战的重要生力军，这标志着我国旅游业迎来了新一轮的黄金发展期。在推进旅游业提质增效与转型升级的过程中，应用型人才的培养、使用与储备已成为决定当今旅游业实现可持续发展的关键要素。

　　为了解决人才供需不平衡难题，优化高等教育结构，提高应用型人才素质、能力与技能，2015年10月21日教育部、国家发改委、财政部颁发了《关于引导部分地方普通本科高校向应用型转变的指导意见》，为应用型院校的转型指明了新方向。对于旅游管理类专业而言，培养旅游管理应用型人才是旅游高等教育由1.0时代向2.0时代转变的必由之路，是整合旅游教育资源、推进供给侧改革的历史机遇，是旅游管理应用型院校谋求话语权、扩大影响力的重要转折点。

　　为深入贯彻教育部引导部分地方普通高校向应用型转变的决策部署，推动全国旅游管理本科教育的转型发展与综合改革，在教育部高等学校旅游管理类专业教学指导委员会和全国高校旅游应用型本科院校联盟的大力支持和指导下，华中科技大学出版社率先组织编撰出版"全国高等院校旅游管理类应用型人才培养'十三五'规划教材"。该套教材特邀教育部高等学校旅游管理类专业教学指导委员会副主任、中国旅游协会教育分会副会长、中组部国家"万人计划"教学名师、湖北大学旅游发展研究院院长马勇教授担任总主编。

　　在立足旅游管理应用型人才培养特征、打破重理论轻实践的教学传统的基础上，该套教材在以下三方面作出了积极的尝试与探索。

　　一是紧扣旅游学科特色，创新教材编写理念。该套教材基于高等教育发展新形势，结合新版旅游管理专业人才培养方案，遵循应用型人才培养的内在逻辑，在编写团队、编写内容与编写体例上充分彰显旅游管理作为应用型专业的学科优势，全面提升旅游管理专业学生的实践能力与创新能力。

　　二是遵循理实并重原则，构建多元化知识结构。在产教融合思想的指导下，坚持以案例为引领，同步案例与知识链接贯穿全书，增设学习目标、实训项目、本章小结、关键概念、案例解析、实训操练和相关链接等个性化模块。为了更好地适应当代大学生的移动学习习惯，本套教材突破性地在书中插入二维码，通过手机扫描即可直接链接华中出版资源服务平台。

　　三是依托资源服务平台，打造立体化互动教材。华中科技大学出版社紧抓"互联网＋"发展机遇，自主研发并上线了华中出版资源服务平台，实现了快速、便捷调配教学资源的核心功能。

　　在横向资源配套上,提供了教学计划书、PPT、参考答案、教学视频、案例库、习题集等系列配套教学资源;在纵向资源开发上,构建了覆盖课程开发、习题管理、学生评论等集开发、使用、管理、评价于一体的教学生态链,真正打造了线上线下、课堂课外的立体化互动教材。

　　基于为我国旅游业发展提供人才支持与智力保障的目标,该套教材在全国范围内邀请了近百所应用型院校旅游管理专业学科带头人、一线骨干"双师双能型"教师,以及旅游行业界精英共同编写,力求出版一套兼具理论与实践、传承与创新、基础与前沿的精品教材。该套教材难免存在疏忽与缺失之处,恳请广大读者批评指正,以使该套教材日臻完善。希望在"十三五"期间,全国旅游教育界以培养应用型、复合型、创新型人才为己任,以精品教材建设为突破口,为建设一流旅游管理学科而奋斗!

2017.1

前言

会展业是现代服务业的重要组成部分,在促进经济与不同文化交流、带动相关行业发展、提高举办城市知名度等方面起着日益重要的作用。随着我国成为世界第二大经济体,信息交流与贸易需求剧增,展览数量和展览面积居全球第一,我国成为世界展览大国。但欧洲作为世界会展业的发源地,实力强,规模大,形成了以德国、意大利、英国为代表的会展强国,美国也因经济持续增长,培育了一大批知名的展会品牌。我国要在全球会展业的激烈竞争中立于不败之地,实现从展览大国到展览强国的飞跃,需要对会展行业现状有清晰的认识以及对会展行业发展趋势有正确的把握。

会展项目的成功举办离不开会展专业知识的科学指导。因此,"会展概论"对会展从业人员来说是快速了解和进入会展行业的基础,对于会展专业的学生来说是一门重要的基础专业课程。四川大学旅游学院从2011年起与四川省博览事务局共建会展经济与管理专业开始,就一直为会展经济与管理和旅游管理两个专业的本科生开设"会展概论"的课程。在近8年的教学过程中,积累了丰富的教学案例。我们积极推行"探究式—小班化"教学,该教学打破原有教科书体例,以问题为导向重新编排教学"剧本",形成教学专题,通过课堂表决、小组讨论、案例研讨等手段,促进学生在课堂中积极思考,实现"以学为中西"的教育理念。

在本教材的编写过程中,我们参考了其他与会展概论、会展管理、会展经济、活动策划等相关的专著与教材,查阅了相关论文,收集了大量会展行业的案例,对本教材的理论基础、框架结构和内容进行了多次研究和调整。本教材力求理论清晰、案例丰富、会展产业特征明显,以满足学生对会展概论理论知识的系统学习和对会展行业的熟悉。本教材有以下三个特点。

第一,教材内容与会展业最新发展现状紧密联系。本教材在分析国内外会展业发展趋势与问题上,参考了目前发布的会展业发展相关权威报告,并根据国际会展概念 MICEE 中包含的一般会议、展览、奖励旅游、大型会议和事件,进行逐一分析并结合新趋势下会展行业发展的特点和策略,使教材与会展实践相联系。

第二,充分突出教材的实用价值。为了使学生能够更好地理解会展概论的相关知识点,本教材使用了新颖的案例,并按模块化教学的形式编排,在每章开头深入分析典型案例,引出章节所要阐述的内容。同时,每个章节的内容阐述中都伴有会展行业的相关案例或知识链接,实用性强。

第三,强调了会展基础理论的学科背景。本教材立足会展行业现状,以管理学、经济学、

文化学为学科背景,结合会展产业特征,阐述了会展与项目管理、市场营销、服务管理的联系,会展与产业经济、平台经济、城市经济间的联系,会展与自身文化与举办地文化的联系,并且重点分析了会展下几大领域的关注点,会议侧重营销服务,展览侧重项目管理,赛事侧重经济影响,节事侧重文化影响,教材的学科背景较为成熟。

本教材具体分工如下:王晓辉副教授和鲁力博士担任主编,四川大学旅游学院会展与休闲学系的刘红艳博士参与了部分章节的编写。各章节编写者如下:第一章、第二章及第八章由王晓辉副教授负责编写;第三章、第四章、第五章及第九章由鲁力博士负责编写;第六章和第七章由刘红艳博士负责编写。全书由王晓辉和鲁力统稿和定稿,王少芹、杨笑、彭俊霖、宋业红等同学参与了本教材部分修订工作。感谢四川大学会展经济与管理专业2017级本科同学参与资料收集工作。

由于时间紧迫,加之编写人员经验和水平有限,本教材还存在不足,敬请读者批评指正!

编　者

2019 年 6 月

目 录

Contents

1　第 1 章　认识会展产业

第一节　会展概述　　　　　　　　　　　　　　　　　　　　/2
第二节　会展产业　　　　　　　　　　　　　　　　　　　　/12
第三节　会展市场　　　　　　　　　　　　　　　　　　　　/26
第四节　会展业与其他产业的关系　　　　　　　　　　　　　/36

42　第 2 章　各个学科视角下的会展

第一节　管理学视角下的会展　　　　　　　　　　　　　　　/43
第二节　经济学视角下的会展　　　　　　　　　　　　　　　/56
第三节　文化学视角下的会展　　　　　　　　　　　　　　　/67

73　第 3 章　会议

第一节　会议概述　　　　　　　　　　　　　　　　　　　　/74
第二节　会议发展与趋势　　　　　　　　　　　　　　　　　/79
第三节　会议营销与服务　　　　　　　　　　　　　　　　　/86
第四节　案例分析　　　　　　　　　　　　　　　　　　　　/100

108　第 4 章　展览

第一节　展览概述　　　　　　　　　　　　　　　　　　　　/109
第二节　国内外展览的发展现状和趋势　　　　　　　　　　　/128
第三节　展览的运作与管理　　　　　　　　　　　　　　　　/129
第四节　案例分析　　　　　　　　　　　　　　　　　　　　/139

143　第 5 章　体育赛事

第一节　赛事概述　　　　　　　　　　　　　　　　　　　　/144

第二节　国内外赛事的发展历程和趋势　　　　　　　　　　/150
第三节　赛事的经济效益与社会效益　　　　　　　　　　　/153
第四节　案例分析　　　　　　　　　　　　　　　　　　　/157

160　第6章　节事活动

第一节　节事活动概述　　　　　　　　　　　　　　　　　/161
第二节　国内外节事活动的发展历程和趋势　　　　　　　　/166
第三节　节事文化内涵及开发　　　　　　　　　　　　　　/173
第四节　案例分析　　　　　　　　　　　　　　　　　　　/177

180　第7章　奖励旅游

第一节　奖励旅游概述　　　　　　　　　　　　　　　　　/181
第二节　国内外奖励旅游的发展历程与趋势　　　　　　　　/183
第三节　奖励旅游的策划与组织　　　　　　　　　　　　　/193

201　第8章　特殊事件

第一节　特殊事件概述　　　　　　　　　　　　　　　　　/202
第二节　特殊事件的策划与执行　　　　　　　　　　　　　/203
第三节　案例分析　　　　　　　　　　　　　　　　　　　/210

214　第9章　会展业发展新趋势

第一节　"互联网+会展"　　　　　　　　　　　　　　　 /215
第二节　绿色会展　　　　　　　　　　　　　　　　　　　/223

233　参考文献

第1章

认识会展产业

学习目标

会展是我国汉语语境中出现的新词语,国外并没有词语与会展相对应。将会、展放在一起进行学习和研究,应是中国的独创。

通过本章的学习,使学生了解关于会展的基本概念和内涵,熟悉不同国家对会展的不同定义,掌握会展的本质、特点和类型,了解中外会展业的发展历史。从产业的角度,了解会展产业的形成条件、发展动力体系、作用和功能,了解会展产业链的概念、内涵及外延、性质和特征。从市场的角度,了解会展市场的概念、特征和类型划分,掌握会展市场中的主体和运作机制。了解会展业与旅游业、房地产业等其他产业的关系,为后续章节的学习奠定基础。

案例引导　　从两个协会改名说起

2006年12月,国际展览管理协会IAEM(International Association of Exhibitions Management)更名为国际展览与活动协会IAEE(International Association of Exhibitions and Events);2017年年初,美国会议业委员会CIC(Convention Industry Council)更名为美国活动业委员会EIC(Event Industry Council)。两个机构的改名,都有提到活动(event)的概念。会展业与活动业到底是什么关系?会展业的边界到底在哪里?这是我们将要学习的内容。图1-1所示为IAEE网站首页,图1-2所示为EIC网站首页。

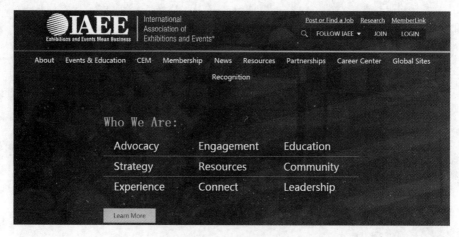

图 1-1　IAEE 网站首页

图 1-2　EIC 网站首页

第一节　会展概述

一、会展的概念及内涵

会展，顾名思义，包括"会"和"展"。所谓"会"，就是"聚合"之意，在英文中表示"会"的词语有：gathering（集会）、meeting（大会、会议、集会）、convention（代表大会、年会）、conference（大会、会议）、congress（定期会议）、assembly（全体会议、正式会议）、seminar（研讨会）、forum（论坛）；所谓"展"，就是"陈列"之意，在英文中表示"展"的词语有：exhibition（展览）、exposition（展览会、博览会）、fair（展销会）、show（展览展示）。将会、展放在一起进行研究，应是中国的独创。

在国外,这两个方面大多是分开进行研究的,研究人群也不相同。

以美国为例,从"会"的角度来说:会议产业的领导者是会议产业理事会(CIC,Convention Industry Council 的简称),并且出现了会议专业组织机构(PCO,Professional Congress Organizer,欧洲使用较多),一些团体还进行会议专业人员认证,如 CIC 的会议专业证书(CMP,Certified Meeting Professional)和 MPI(Meeting Professional International)的会议管理证书(CMM,Certified Meeting Manager)。此外,乔治华盛顿大学从 1978 年开始就开设了"会议策划"的课程,专门研究会议。从"展"的角度来说:美国展览业研究中心(CEIR,Center for Exhibition Industry Research)原为贸易展示局,更是致力于对展览这种市场营销工具的研究,把展览作为非常重要的营销工具;国际展览管理协会(IAEM,International Association for Exhibition Management)推出注册会展经理(CEM,Certified Exposition Manager)培训。

但是随着会展业的迅速发展,会展融合发展趋势日趋明显,展中有会,会中有展。因此,会展在相互渗透的基础上,又吸收了一些相关的新专业知识,如奖励旅游、节庆活动等,渐渐融合成一门新兴的边缘学科。

由于会展理论研究尚处在初级阶段,国内外关于会展的定义也有很多表述。

(一)部分国内外学者关于会展定义的观点

桑德拉·莫罗提出,会展是由个人或公司组织的一个暂时性的、时限灵活的市场环境,在这里购销双方为当时或将来某个时间买卖所展出的商品或服务而进行直接交流。这一定义主要界定的是展览,不够全面。

勒克赫斯特认为,会展并不仅仅是在某个时间和地点将人们感兴趣的物品聚集起来,会展是人类的行为,是人类的事业,有些会展甚至是人类因特定的原因并为获得特定的结果而进行的非常伟大和勇敢的行为。会展是人类交往的一种方式,促销商与参展商作为会展一方与会展另一方观展者进行交流沟通,其结果则通过人类进一步的思想和活动来体现。这一定义主要是从人类学方面加以界定的,过于晦涩。

刘松萍、梁文等认为,会展是会议、展览、展销、体育等集体性活动的简称,是指在一定地域空间,由许多人在一起形成的、定期或不定期的、制度或非制度的,传递和交流信息的群众性社会活动。包括各种类型的大型会议、展览展销活动、体育竞技运动、大规模商品交易活动等,诸如各种展览会、博览会、体育运动会、大型国内外会议和交易会等,其中展览业是会展的重要组成部分。

保健云提出,会展是会议、展览、展销等集体性活动的简称,是指在一定地域空间,由多个人集聚在一起形成的,定期或不定期的,制度或非制度性的集体性和平活动。这一定义从会展的特点着手加以介绍,比较全面准确,但比较注重实体空间,忽视虚拟空间。

(二)欧洲派——C&E 或 M&E

欧洲是现代会展的发源地,是最早完成工业革命的地方。因而,也是会展业最为发达和繁荣的地区。涌现出一批会展强国,德国、法国、意大利、英国都是其中的杰出代表。同时它们也是会展理论的开山鼻祖。欧洲派把会展称为 C&E(Convention and Exposition)或者 M&E(Meeting and Exposition),就是会议和展览统称为会展。

(三) 美派——MICE

美洲的会展业高度发展主要出现在美国,同时其理论也集中诞生在美国。相对于旧欧洲而言,美洲大陆是一个既年轻又富有朝气与活力的经济后起之秀。

他们将会展看作公司会议、奖励旅游、行业协会与社团组织会议和展览的总称。英文简称为 MICE,分别是 Meeting、Incentive、Convention、Exhibition or Exposition 四个英文单词的第一个字母大写的组合。在这个定义中,奖励旅游被创造性地选入了会展行列。

(四) 综合派——MICEE

将 MICE 引申为 MICEE,多了一个 E——代表节事活动。目前这一观点已被国际公认,成为国际统计标准口径和专业会展行业协会划分标准。

综上所述,会展的定义存在着各种各样的表述,而这种多元化的表述正好符合会展这一新兴产业发展的一般特点。本书综合各方面的观点,采用了一种对会展最为宽泛的理解,将会展定义为:在特定空间的一种集体性活动,它或具有物质的、或精神的、或物质与精神兼具的一种交流或交易活动。特定空间是指该项活动必须在特定的目的地或场地举行,这一目的地或场地可以是有形的、实体的,也可以是无形的、虚拟的;集体性是指该活动要有一定的规模,有一定的影响力,规模的大小和影响力密切相关;物质或精神是指活动的承载物可以是物质形态,如展品,也可以是精神形态,如会议主题;交流或交易是指活动目的可以是交流,也可以是交易。从这一概念出发,广义的会展概念就由这四个方面的特征贯穿起来。符合这些特征的相关活动包括大型会议、奖励旅游活动、交易会、展览会、博览会、展销会、体育运动会、各类节事活动和文艺演出等。

二、会展的本质、特点和类型

在正式讨论之前,我们先了解几种对会展的不同理解。组展商说,会展是特殊的服务行业,核心是服务。展览公司说,会展是"展示别人即展示自己"。学者说,会展是智者的峰会,是理论与实践的组合,是新思想、新观念的论坛。参展商说,会展是最经济、最实惠、最有效的立体营销广告。还有人说,会展是一座桥梁,会展其实就是将参展商、采购商聚集在一块,更多是在搭一座座"桥"。

(一) 会展的本质

由于当代会展业发展迅速,大大突破了以往那种传统的、封闭的、单一的模式,而带有鲜明的综合性、开放性和现代化色彩,这些发展使得会展的内容形式十分广泛,社会功能多种多样,这也造成了会展研究对象的复杂性,使人们难以准确地把握其定义的内涵和外延的适用范围。会展的本质是什么?对于这个问题,目前在国内外有许多不同的看法。

1. 宣传说

"展览是一种宣传工具"、"展览是一种直观、形象、通俗易懂的宣传形式"、"展览是一种历史悠久的群众性的社会活动,是进行政治、经济、科学文化宣传的重要形式之一"、"展览是进行宣传教育的大课堂"、"展览是宣传展示的窗口"等说法都是宣传说的典型体现。所谓宣传,是运用各种符号,传播一定的观念以影响人们的思想和行动的社会行为。

宣传与会展有许多一致的地方,主要包括以下几个方面。

第一,意图的先行存在。宣传和会展,事先都要有明确的意图,以达到某种目的。

第二,目的是影响人们的思想和行为。宣传和会展,都企图通过一定的手段,达到使宣传对象或会展观众改变观念或态度,并最终改变行动的目的。虽然,花卉展览、美术作品展览的功能主要在于审美和娱乐;植物展览、天文地质展览的功能主要是传播科学技术知识,但是对于大量的经济贸易性的会展而言,它们的最主要特征还是影响消费者的思想和行为,达到促销的目的。

第三,用说服的方式。宣传和会展要达到目的,只能用说服的方式而不能用强硬的手段。我们必须针对宣传对象或会展观众的心理,尽力去触动他们的理性和感性的思维。但会展和宣传也有明显的区别,表现在:①两者的内容不同。虽然存在一些文化教育类会展活动,但是会展更多的是商业营销活动,其展品是可以交易的商品;而宣传则主要在于意识形态方面,如政治宣传、伦理宣传等。会展是商业性概念,宣传是政治性概念。宣传、会展与新闻、广告、教育等同属于更大的传播范畴。②两者所用的渠道有差异。会展必须在某个限定的地域内和特定的时间内进行,通过高科技手段的运用来布展,以艺术性的陈列展品来传递产品信息。虽然会展活动中会借助多种传播渠道,但是会展主要的特点还是以展品的直观展示来传递与交流信息的;会展信息的传递与交流必须在特定的空间(展馆、会议室、场地与展览环境)进行;会展信息的传递与交流要受到展出时间的严格限制,有较强的时效性。而宣传在渠道方面也更多采用大众媒介渠道、人际渠道和组织渠道进行。如政党对自己政治主张的宣传,在内部往往通过组织渠道,层层传递,由人际传播的方式扩散到最基层;对外宣传则会动用大众媒介或其他媒介。所以,我们说会展并不是宣传。宣传说是我国计划经济体制时期把会展作为宣传和文化事业来对待的产物。在计划经济体制时期,我国把大多数展览馆隶属于党委宣传部门,政治办事厅和文化厅、局,国内的各种展览,主要是向全体公民进行思想政治方面的宣传和教育。宣传成为当时会展活动的主要社会动能之一。

随着社会主义市场经济的建立和发展,我国的会展已经发生了根本性的改变:在形式上,过去的课堂式、封闭式的教化、讲解转变为开放式的双向或多向的交流;在内容上已从以政治思想教育为主转变为以经济贸易和科技文化交流为主。"展会结合"、"展节(文化节、艺术节等)结合"、"展贸结合"、"展评结合"等已经成为现代会展活动的基本特点,再用"宣传方式"来概括会展行为是不恰当的。我们认为,会展和宣传是既有联系又有区别的,它们都属于一个更大的范畴——传播。本质上来说,宣传属于政治传播,会展属于营销传播。

2. 艺术说

"会展是一门艺术"、"会展是艺术与政治的综合"。确实,会展活动需要广泛地运用各种艺术的手段与方法,融书法、绘画、摄影、建筑、雕塑、舞台、影视、音乐和装饰等多种艺术于一体。布置精美的展台就是一件大型的艺术作品。但是把会展界定为一门艺术是不妥当的。所谓的艺术,是指通过创造艺术形象来反映社会生活并表达艺术主体(作者、艺术家)的思想感情的一种精神生活的基本方式,是人类追求精神自由和审美向往的一种活动形式。从这个艺术的基本内涵中,我们就可以发现会展与艺术的根本区别:艺术属于社会意识形态,作为社会经济活动的会展当然不属于社会意识形态。因此,会展不能为艺术而艺术,艺术形式的使用是为了更好地展示展品,服务于展品的展示和产品信息的传递。艺术是会展的表现方式和手段。受众注意力的稀缺性,要求我们使用一切可以运用的艺术手段和技巧,来为更

好地传达与交流展品信息服务。艺术的使用并不主要在于吸引人们去欣赏展览的艺术。我们应该把观众的注意力引导到展品上而不是仅仅在展览布置的艺术上。我们不能因为展览中广泛地运用着各种艺术的手段和技巧,展览形式具有审美的特征,就把会展等同于艺术,把会展业等同于艺术事业。

3. 促销说

"会展是一种促销的手段和工具"是很多人认同的观点。确实,促销说抓住了经济贸易类会展的主要矛盾并揭示了其基本规律,即会展是以特定的方式展示展品(商品)以达到促进销售、开拓市场的目的,其基本价值取向是促销。但是,现代会展的广泛性、综合性和多功能性的发展趋势,早已突破了单纯的推销功能,向政治、经济、科技文化、教育等领域延伸。大型的会展活动总是与当地的政治生活、经济生活、文化教育、科学技术以及购物、旅游等活动密切结合在一起,而往往会成为举办国家或地区社会生活中的盛事。因而,会展的促销说也是不全面的。

(二)会展的特点

相比于其他产业,会展业是一种新兴的朝阳产业,是一种具有较大独立性的新型经济形态,因此会展业有其特有的产业特征。

1. 一种新型特殊服务经济

会展业是为第一产业和第二产业服务的,从这个意义上讲,会展业应该列为第三产业。但是,从我国对第三产业划分的四个层次来看,很难对号入座地把会展业划分到哪个层次之中,因为会展内容涉及第三产业的所有层次。首先,会展活动包含流通部门的内容,会展活动的主要功能就是促进商品的流通和信息的交流。其次,会展活动的内容和形式多种多样,既有为生产、生活服务的,也有促进科学文化水平和居民素质的,还有专门满足社会公共需要的。所以,会展业是一个边缘行业,既从属于第三产业,又不同于第三产业,是一种新型的特殊服务经济。

2. 综合性非常强,相关行业范围非常广泛

从上述对会展业的产业构成以及会展业的相关支持性行业的分析可以看出,会展业是一个系统工程、综合经济,与其密切相关的行业非常广泛,包括旅游业、餐饮业、酒店业、交通运输业、广告业、包装印刷业、通信业等等。一方面,会展业离不开这些行业的支持;另一方面,它又有强大的产业带动作用,带动这些行业蓬勃发展。所以,会展业又有"城市面包"之称。

3. 对经济、社会总体形势的依赖性非常强,产业敏感度比较高

从全球各地区以及我国各城市会展业发展的情况来看,会展业的发展水平很大程度上取决于一国或一个地区经济总体实力或经济发展总体形势,这也和会展业的综合性特征有很大的关系。中国经济社会持续、健康、快速发展,既对会展业提出了更高的要求,也是会展业发展的根本推动力,并将为会展业的发展提供更好的基础条件。所以可以说,目前我国会展业发展迅速,正是中国经济持续、快速、健康发展的直接反映。另外,会展业发展对社会总体形势的依赖性也非常强。会展业需要一个安定和谐的社会环境,任何因素导致的社会不稳定都可能给会展业发展带来不良影响。例如2003年爆发的"非典"给全国会展业带来了

巨大的损失。根据统计,仅北京地区,展览场馆和主要经营会议场所的损失占全年收入的40%左右;主办单位和承办单位的损失占其全年收入的50%以上;而关联企业,如装修企业、广告企业、运输企业等的损失也约占其全年收入的50%。

4. 一种高度开放型的产业

会展活动的本质是物质、精神、信息交换及交流的媒介和载体。首先,会展作为一种经济交换形式,在商品流通中发挥重要的作用。据美国一项调查报告显示,在制造运输以及批发等行业,2/3以上的企业将展览作为流通手段,金融、保险等行业有1/3以上的公司将展览作为交流和流通的手段。其次,会展活动还具有强大的信息交流功能,它通过产品陈列和产品展示的方式,为买卖双方打造了一个技术、信息交流的平台,提供了一个直接、互动的交流机会。所以,会展产业是作为一种开放的产业形态而存在的,它的发展必然会引起社会资源和要素在全国乃至全球范围内的自由流动,提高各国、各地区的开放性,使整个世界成为一个开放的体系。

(三) 会展的类型

对会展进行科学的分类并研究各类会展的特点和规律能够使我们依据各类会展的特点和规律更好地从事会展实践,为建立适应社会主义市场经济体制的会展经济服务;能够有助于加强对展览的科学管理,更快地转换经营机制,进行现代企业化管理;能够进一步揭示各类展览的特殊的规定性和规律性,使展览理论研究更为系统化、条理化。下面对会展的展览、会议、活动三个基本形态进行简要的区分。

1. 展览的分类

展览是指参展商利用办展机构提供的平台,进行商贸洽谈、产品发布而公开展示企业生产的实物产品及相关资料,供买家观览的活动。展览既是信息、通信和娱乐的综合,也是唯一的在面对面沟通中充分挖掘五官感觉的营销媒介,是20世纪最专业、有效的销售工具。展览的分类标准包括内容、规模、时间、地域、功能、方式等。

1) 按展览的内容划分

按内容进行划分,展览可以分为综合性展览、专业展览、消费展览。综合性展览是比较早发展的一种展览形态,往往包含各行各业、多个门类的展品。"中国第一展"广交会属于综合性展览,但是它也努力改革使自己呈现专业性。专业展览是继综合性展览发展起来的展览形态,展品范围限定于某个细分的门类,专业程度高,如椅子展,能够很好地推进行业产业的发展。消费展览是指那些专业程度低、面向普通公众,在展览期间进行零售形式销售产品的展览,如年货展,能够很好地丰富老百姓的日常物质生活。

2) 按展览的规模划分

按展览的规模方式来划分,展览可以分为国际性展览、全国性展览、地方性展览和独家展等。国际性展览是由一定国际参展商和专业观众参加的展览,是具有一定国际影响力的展览。全国性展览是参展商和专业观众来自全国,代表全国行业发展趋势的展览。地方性展览是参展商和专业观众以及影响力都局限于某一区域的展览。独家展是指某一家企业出于营销的需要举办的展览。

3) 按展览的时间划分

按展览的时间方式划分，展览可以分为定期展、不定期展，或短期展、长期展、常年展。定期展是指举办日期固定的展览，如中国—东盟博览会开幕日期固定在每年10月份的第三个星期的星期五，每届6天。不定期展是指举办日期不固定的展览，如很多展览需要展馆的档期与各方商定每年举办的具体日期。短期展览是指展期一般在3—10天的展览。当今世界上举办最多的展览均属此种类型。长期展是指展期在几十天到几个月的展览，如上海世博会从2010年5月1日至10月31日，共184天。常年展则是指一年四季均展出展品的展览，包括博物馆陈列的展品、专业市场中的陈列室等。

4) 按展览的地域划分

按展览的地域划分，展览可以分为国内展、出国展。国内展是企业参加在国内举办的展览，如北京糖烟酒交易会。出国展是企业赴国外参加在国外举办的展览。如我国企业赴国外参加法兰克福春秋季消费品博览会、科隆五金制品展览、迪拜春秋季国际博览会都取得了良好的效果，很好地拓展了企业的商务接触面和国际化。

5) 按展览的功能划分

按展览的功能划分，展览可以分为教育性展览、中介性展览。教育性展览是指出于公益或政治目的，丰富居民文化娱乐生活的展览，包括观赏展、国家推广展，如夕阳红国画展、杭州发展历史展、世博会等。教育性展览或者借助展览的方式，把某种社会政治思想、观点、理论以及与之相应的方针、政策、法令、法规等灌输到各个社会集团或个人的意识中去，以引导和影响人们的思想和行为，或者普及和传播科学技术知识，以推广应用科学技术成果为目的，或者通过各种文化、艺术展览，以丰富的文化知识和生动的艺术形式，满足人们的审美需要，增长人们的文化知识，提高人民的文化素养，陶冶人们的情操。在"文化强国"的国家发展战略下，教育性展览的数量将不断增加。中介性展览是指服务于商业贸易，促进产业发展的展览，包括商业推广展、贸易型交易展、消费型交易展、综合性展览，如中国国际鞋类展、杭州国际汽车展、浙江省农博会、广交会。中介性展览为社会经济活动服务，即为经济生活的全过程——生产、交换、分配、消费服务的展览，展览处于社会再生产的中间环节，它可以很好地发挥沟通生产与消费的桥梁和纽带作用。中介性展览内容十分广泛，形式、规模灵活多样。办好中介性展览，应以市场为导向，加强对市场的调研，根据对市场供需情况的周密调查和科学分析，来确定展览的立项，制订展览计划和实施方案。中介性展览应该充分加深展览的文化内涵和科技含量，把物质文明与精神文明统一起来。在社会主义市场经济不断完善和产品转型升级的背景下，中介性展览的数量将不断增加。

6) 按展览的方式划分

按展览的方式划分，展览可以分为实物性展览、网上展览。实物性展览是指以实物展示的形式，展示实物展品的传统展览形式，这是展览的主流形式，具有实物展示、面对面交流的特点。网上展览是指通过互联网进行展品展示的展览，具有成本低、时间长等优势。作为实物性展览的补充形式，广交会、义博会等展览都开通了网上展览。

2. 会议的分类

会议是人们为了解决某个共同的问题或出于不同的目的聚集在一起进行讨论、交流的活动，它往往伴随着一定规模的人员流动和消费。

1) 按举办主体划分

一般认为,按照举办主体划分的性质不同,可将会议划分为三大类,分别为公司类会议、协会类会议和其他组织会议。

(1) 公司类会议。它是本行业、同类型及行业相关的公司在一起举办的会议,一般包括以下几种:销售会议、推销商会议、技术会议、管理者会议、培训会议、代理商会议、股东会议等。公司类会议的规模不一,小到几个人,大到上千人。

会议是公司内部信息传递的基本方式之一,因此公司类会议的数量极其庞大。并且由于与会议相关的费用,如交通、住宿、食品、客人的娱乐以及登记费等作为业务和专业费用可以纳入免税计算,为经销商或内部员工举办会议的公司可以将举办会议的成本作为业务费扣除,公司举办会议的积极性很高,数量持续增长。公司会议一般需要较好的安全性和隐蔽性。公司会议通常以管理、协调和技术等为主题,具体可分为销售会议、经销商会议、技术会议、管理者会议及股东会议等。公司会议主要集中在市中心酒店、机场旅馆和城郊旅馆。部分公司会议有明显的周期性,如股东会议一年一次。但大多数会议是根据需要来安排的,没有固定的周期。公司会议一般都是在固定的地点重复举行,会议地址的改变很大程度上由公司关键人物来决定。公司会议会期较短,少则1天,多则2天。

不同会议要求又有所差异,如奖励性质的会议与销售会议就不一样。以保险公司为例,保险公司对业绩显著的推销员的常见奖赏方式是奖励旅行,这种豪华活动在安排上规模不一,时间长短不同,内容也并非完全是犒劳和娱乐。许多保险公司将培训以及销售技能讨论会与这种旅行结合在一起。由于保险公司的会议量大,规模不一,种类也不尽相同,它们成为不同规模与档次的饭店所追求的主要客户之一。

(2) 协会类会议。地方性协会、全国性协会乃至世界性协会每年都要举办各种会议,协会类会议在会议市场中同样占有相当重要的位置。协会因人数和性质而互不相同,它们的规模从小型地区性组织、省市级协会到全国性协会乃至国际性协会不等。协会大致可以划分为行业协会、专业和科学协会、教育协会和技术协会等类型。

其中,行业协会被认为是会议业较值得争取的市场之一,因为协会的成员多为业内成功的管理人员。协会涉及的主题范围广泛,如作家协会、制冷协会、校友会等。协会会议的形式很多,比较常见的是年会、协会的专业会议、研讨会、管理者会议。协会类会议常常与展览结合举行。例如,我国定期举行的旅游交易会每次都吸引着大批来自全国各地乃至境外旅游企业的参与。

协会会议大多数每年举办一次,会期4—5天,一般放在4—10月举行。任何一个协会都要提前计划开会时间,有时候提前1—2年,会议的召开并不总在一个地方,协会的会员参加会议都是自愿的。协会的组织有两种形式:一类是全国性的协会组织,有专职、长期的协会管理成员,如协会秘书长、协会主任,另一类是小型协会组织,没有专职的管理者,一般挂在某行业或科研机构下,由其管理人员兼任协会秘书长。

(3) 其他组织会议。这类会议的典型代表是政府机构会议,许多人在电视上看到过政治性会议。电视镜头中显现的虽然是主会场,但是不难想象背后对小型会议室、套房和宴会等设施的需求。在一级省市,中小规模的政府机构会议的召开十分频繁,从而形成了可观的市场,在很多国家,工会同样是重要的会议举办者。

西方会议业中有 SMERF 团体的说法,指的是社会团体、军事机构、教育部门、宗教团体以及兄弟会等组织。SMERF 团体有三个共同特征:对价格很敏感;更易在饭店的淡季预订会议;经常由非专业人士策划会议,且策划人年年变化。SMERF 已经成为西方许多饭店的主要细分市场,这些团体在每年的淡季往往能提供大量的客源。

2) 按照会议活动特征划分

按照会议活动特征划分,可将会议划分为商务型会议、度假型会议、文化交流会议、专业学术会议、政治性会议、培训会议等。

(1) 商务型会议。一些公司、企业因其业务和管理工作发展的需要在饭店召开的商务会议。出席这类会议的人员素质较高,一般是企业的管理人员和专业技术人员。他们对饭店设施、环境和服务都有较高的需求,且消费标准高。召开商务会议一般选择与公司形象大体一致或更高层次的饭店,如大型企业或跨国公司一般都选择当地最高星级的饭店。商务型会议在饭店召开常与宴会相结合,会议效率高、会期短。

(2) 度假型会议。公司等组织利用周末假期组织员工边度假休闲,边参加会议,这样既能增强员工之间的了解,以及企业自身的凝聚力,又能解决企业所面临的问题。度假型会议一般选择在风景名胜地区的饭店举办。这类会议通常会安排足够的时间让员工观光、休息和娱乐。

(3) 文化交流会议。各种民间和政府组织组成的跨区域性的文化学习交流的活动,常以考察、交流等形式出现。

(4) 专业学术会议。这类会议是某一领域具有一定专业技术的专家学者参加的会议,如专题研究会、学术报告会、专家评审会等。

(5) 政治性会议。国际政治组织、国家和地方政府为某一政治议题召开的各种会议,会议可根据其内容采用大会和分组讨论等形式。

(6) 培训会议。用一个会期对某类专业人员进行的有关业务知识方面的技能训练或新观念、新知识方面的理论培训,培训会的形式可采用讲座、讨论、演示等形式。

3) 按照会议的性质和内容划分

按照会议的性质和内容划分,可将会议划分为年会、专业会议、代表会议、论坛、研讨会、专题讨论会、讲座、静修会议、培训性会议等。

(1) 年会。年会是就某一特定主题展开讨论的聚会,议题涉及政治、经贸、科学、教育或者技术等领域。年会通常包括一次全体会议和几个小组会议。年会可以单独召开,也可以附带展示会。多数年会是周期性的,最常见的周期是一年一次。参加年会全体会议的人员通常比较多,一般要租用大型宴会厅或会议厅。小组会议上讨论的是具体问题,所租用的是小会议室。

(2) 专业会议。专业会议的议题通常是具体问题并就其展开讨论,可以召开分组小会,也可以只开大会。就与会者人数而言,专业会议的规模可小可大。

(3) 代表会议。这个词最常在欧洲和国际性活动中使用。它通常指在本质上同专业会议相同的事件和活动。只有在美国,这个词被用来指立法机构,(代表)大会的出席人数差别很大。

(4) 论坛。论坛的特点是反复深入的讨论,一般由小组组长或演讲者来主持。它可以有许多听众参与,并可由专门小组成员与听众就问题的各方面发表意见和看法,两个或更多的讲演者可能持相反的立场,对听众发表演讲而不是互相讲给对方听。主持人主持讨论会并总结对方观点,允许听众提问,所以饭店必须对这种讨论会议提供多个话筒。

(5) 研讨会。这种研讨会形式通常有许多参与的活动。出席者有许多平等交换意见的机会,知识和经验被大家分享。研讨会通常是在讨论主持人的主持下进行的。这种形式明显地在相对范围内进行,当这种会议规模变大时,它一般就变成论坛或专题讨论会了。

(6) 专题讨论会。专题讨论会的形式仅指处理专门问题或特殊分配任务的一般性的小组会议,不管专题讨论会这个词是否被采用,但专题讨论会这种形式是经常被培训部负责人用来进行技术培训的,参加者实际上相互学习,同时分享新的知识、技能和对问题的看法。很明显它是以面对面探讨和参与性强为特征的。

(7) 讲座。会议、研讨会和专题讨论会常由学会和协会召开,这些学会和协会在某一行业或专业范围内建立并提供进修和培训机会。例如一个协会也许会在一年的每个季度提供连续性的培训项目。

(8) 静修会议。静修会议,简单地讲就是为了摆脱干扰而举行的小型会议。这种会议一般在偏远地区召开,其目的通常是制订详细的计划,或是为了增进友谊和了解,或者是为了纯粹的"清净"。

(9) 培训性会议。一般至少要用一天的时间,多则几周。这类培训会议需要特定的场所,培训内容高度集中,由某个领域的专业培训人员教授。

3. 活动的分类

活动是指在固定或不固定的日期内,以特定主题开展的会展形态,参与主体和组织形式多样。按照活动主题划分为节庆活动、商业活动、媒体活动、体育赛事、公益活动、奖励旅游活动等。

(1) 节庆活动。节庆活动是人类活动的重要表达形式,并对我们的社会和文化生活贡献良多。现在它与旅游业以及政府的招商引资的结合越来越紧密。它一般由政府主导,为其举办地提升品牌知名度、增加文化内涵、扩大影响力,也可以为其举办地带动消费、提高收入、增加就业。它包括政府型节庆活动,如国庆节的联欢活动;企业型节庆活动,如大连服装节;民间型节庆活动,如彝族火把节等。中国现在每年有各类大小节庆活动2000多个,最普遍的节庆活动是旅游狂欢节,是最流行的节庆形式。

(2) 商业活动。商业活动是由某个或几个企业投资为达到产品促销、品牌打造等商业目的而策划、实施的活动。商业活动是通过机构策划、活动执行、媒体宣传,能产生一定的社会效益和经济效益的庆典、庆祝、表演和展示。它包括重大庆典和纪念日、重要的群众活动、独特的文化表演、公司活动、商业推广和产品发布等。因其在承载了媒体的全部功能的同时,也把不同的媒体,诸如报纸、杂志、广播、互联网、手机等聚合在一起,成为一个信息中心和信息发射源,故新活动也被认为是一个跨媒介整合资源的新媒体。相对于硬广告投入,商业活动已越来越成为企业营销产品、提升影响力的重要手段。

(3) 媒体活动。主要是由媒体发起、策划、组织的以丰富和完善媒体自身内容为主要目的的活动,随着媒体资源的过剩,媒体越来越借助活动来吸引受众和商家的注意力。

(4) 体育赛事。体育赛事是活动产业的重要组成部分,并且其重要性还在不断提升。

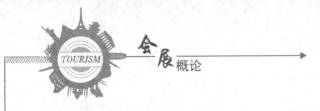

大型体育赛事吸引游客和媒体关注的能力特别强大,成为大多数政府的活动及旅游目的地营销战略的优先考虑与首选。

(5)公益活动。公益活动是指一定的组织或个人向社会捐赠财物、时间、精力和知识等活动。公益活动的内容包括由公益类机构举办、由企事业单位或个人参与的社区服务、环境保护、知识传播、公共福利、帮助他人、社会援助、社会治安、紧急援助、青年服务、慈善活动、社团活动、文化艺术活动、国际合作等等。

(6)奖励旅游活动。奖励旅游活动是一种利用独特的旅游经历肯定参加者的能力与贡献,并激励他们为支持组织的目标而进一步提升表现水平的全球性管理工具。

由此可见,我们可以根据不同的标准对会展进行多样的划分。值得一提的是:一是在实际操作上,不同内容和不同形式的会展往往是交叉结合在一起;二是会展类别是一个发展的概念。随着生产的发展、社会的进步、科学技术水平的提高,一定还会出现新的会展内容以及新的会展形式和类别。我们应该结合会展业的实践与发展去理解和研究会展的分类。

第二节 会展产业

一、中外会展的发展历史

(一)国际会展业发展概述

当今世界社会生产力的高度发展、跨国公司的迅猛扩张、信息技术的日新月异,使经济全球化成为世界经济发展中不可逆转的历史潮流。经济全球化使商品、服务、信息、生产要素等的跨国界流动的规模与形式不断增加,通过国际分工,在世界范围内提高资源配置的效率,从而加速了各国间经济相互依赖程度日益加深的趋势。全球经济将形成全球统一大市场,国际资源配置更加高效、合理;贸易自由化将大大降低国际贸易成本,推动国际贸易高速发展;跨国公司迅猛发展;知识经济保持高速发展,信息产业成为各国发展的重心;并购、重组大大加快,形成新的竞争格局等。经济全球化大大促进了会展产业的先导化、主导化和支柱化以及会展业活动的规范化、系统化和制度化,促使会展业在西方发达国家的最终形成,并成为一种最主要的、符合经济发展潮流的经济形态。会展业迅速在全球范围内如火如荼地发展起来。据国际会议协会(ICCA)统计,每年在世界各地举办的参加国超过4个、参会外宾超过50人的国际会议有40万个以上,并且出现快速增长态势。考虑会展业的带动效应,国际会展业发展带来的收入已经约占全球GDP总量的1/5。近年来,国际会展业总量仍稳中有升,并且出现了内容细分、会展频率加快、地区性会展活动数量增加的趋势。但是,从经济总量和经济规模的角度来考察,当今世界会展业在世界各国的发展很不平衡。

会展业的发展与经济发展水平有着密切的关系,举办展览会的数量和规模,与主办国的经济实力和科技水平密切相关,由于各国经济实力、经济总体规模和发展水平不同,各国会展业的发展也不平衡。一些发达国家凭借其在科技、交通、通信、服务业水平等方面的优势,在世界会展业发展过程中处于主导地位,并占有绝对的优势。当前,欧洲的德国、法国、意大利、英国,北美的美国都是世界级的会展业大国,在全球会展市场上占有较大的份额。而发展中国家由于受经济体制、技术发展水平的制约以及观念的影响,会展业的发展水平明显落后于发达国家。

1. 欧洲会展业发展现状

欧洲是世界会展业的发源地,经过150多年的积累和发展,欧洲会展业在国际上整体实力最强,规模最大。德国、意大利、法国、英国都已经成为世界级的会展业大国。全世界300个较知名的、展出面积在3万平方米以上的专业贸易展览会中,约2/3在欧洲举办。从世界上举办大型会议、展览最多的展馆分布情况看,世界上最大的展览场馆绝大多数都集中在欧洲。

在欧洲举办的专业贸易展览会约占世界总量的60%以上,而且在展出规模、参展商数量、国外展比例、观众参观人数、贸易效果及相关服务质量等方面,均居世界领先地位,而且绝大多数世界性大型和行业顶级展览会都在欧洲举办。

2. 美洲会展业发展现状

美洲展览会起源于专业协会的年度会议。直到目前,仍有很多美国展览会与专业协会的年度会议合在一起同时举办。展览只是作为年会会议的一项辅助活动,仅仅是一种信息发布和形象性展示的媒介,贸易性不及欧洲,展览会的贸易成交和市场营销功能曾在很长一段时间里并不为企业所重视,这影响了美洲会展业的发展。因此,美洲展览业的发展水平与国际化程度都不及欧洲。尽管如此,由于美洲特别是美国强劲的经济实力以及国内巨大的市场容量,美洲会展业的发展水平从世界范围来看依然处于领先地位。随着经济贸易展览会在美洲逐步发展,美洲展览对于海外参展商仍然具有较大的吸引力。

美国是美洲会展业的发达国家,举办展览较多的城市是纽约、芝加哥、洛杉矶、奥兰多、拉斯维加斯、多伦多、达拉斯、亚特兰大、新奥尔良、旧金山和波士顿。经过快速发展,美国已经成为举办国际贸易博览会的主要国家,吸引着世界各国的客商。纽约被看作美国的缩影,是全球商业与文化的中心。它可以为游人提供6.6万间(套)客房服务。位于曼哈顿中区的杰维斯会议中心,拥有81.44万平方英尺(约75660平方米)展出面积。每年有100万个航班往返于纽约与世界各地之间。芝加哥是摩天大楼的故乡。亚特兰大麦考梅会议中心可为参展商提供220万平方英尺(约204386.7平方米)展出面积。洛杉矶会展中心的展会面积达87万平方英尺(约80826平方米),头上顶着好莱坞的光环,也令全世界的参展商心仪。

3. 亚太会展业发展状况

亚太地区主要是指东亚及太平洋地区,是世界旅游组织根据世界各地的旅游发展情况和客源集中程度而划分的世界六大区域旅游市场之一。实际上,亚太地区不仅是世界上会展业发展较快的地区之一,也是全球会展业发展最有潜力的地区。

亚洲会展业的规模和水平仅次于欧美。由于会展业本身是一种无污染产业,且对整个城市经济发展具有较大的带动和促进作用,因此对那些地域狭小,但在交通、通信和对外开放度方面具有较大优势的国家或地区来说,发展会展业常常成为城市经济发展的首选战略之一。在亚洲,日本、西亚的阿联酋和东南亚的新加坡等地,或凭借其广阔的市场和巨大经济发展潜力,或凭借其发达的基础设施、较高的服务业发展水平、较高的国际开放度以及较为有利的地理区位优势,分别成为该地区的展览巨头。

新加坡采取各种措施,努力把自己建设成为亚洲一流的会议展览举办地。新加坡政府

专门成立新加坡会议展览局和新加坡贸易发展局负责推广会展业,宣传新加坡的会展活动,吸引各国厂商到新加坡参展。新加坡具备良好的举办会展的条件:发达的交通、通信等基础设施,较高水准的服务业,较高的国际开放度以及较高的英语普及率等,这一切都为新加坡会展业的发展奠定了良好的基础。

中国香港地区已连续多年被英国《会议及奖励旅游》杂志评为"全球最佳会议中心"。作为现代服务业的会展业,渗透到国民经济的每一个部门,直接带动了交通运输业、物流业建筑业、商业、广告、旅游、金融等相关行业的发展。以中国香港为例,三成左右的游客赴港参加各种贸易展览和会议,2000年会展业给中国香港带来收入约75亿港元,提供约9000个长期就业机会,使香港酒店入住率提高近10个百分点。中国香港举办的许多展览会,特别是玩具展、服装节、钟表、珠宝展等,规模、知名度和排名都位居世界或亚太地区前列。

大洋洲会展业发展水平稍次于欧美,整体发展势头良好,但规模则小于亚洲。该地区的会展业主要集中在澳大利亚。澳大利亚在原来以农牧业、采矿业和制造业为主的经济发展格局的基础上,服务业在国民经济中的比重逐渐增加,会展业作为服务业的重要组成部分,也得到了快速发展。澳大利亚展览主要分为专业性展会和公众性展会,全国整个展览行业每年的经济贡献平均大于25亿澳元,经济效益显著,会展联动效应发挥充分。

4. 非洲会展业发展现状

除了欧洲、美洲、亚太地区,非洲的会展业也正在随着其经济和社会的发展而发展起来。非洲的会展业类似于美洲拉美地区,主要集中于经济较发达的南非和埃及。南非的会展业因其雄厚的经济实力及对周边国家的辐射能力,遥遥领先于整个非洲南部地区。埃及则是非洲北部会展业的代表,其展会在规模和国际化程度上都较为突出。除南非和埃及外,非洲其他地区的展会规模都很小,一个国家一年只能举办一到两个展会,而且受气候条件的限制较大。

综观世界会展业在全球发展情况,不难看出,一国会展业实力和发展水平是与该国综合经济实力和经济总体规模及发展水平相适应的。发达国家凭借其在科技、交通、通信、服务业水平等方面的优势,在世界会展业发展过程中处于主导地位,占有绝对的优势。而且,由于会展业本身反过来对经济发展具有较大的推动作用,发达国家的会展业与其他经济部门相辅相成,互相促进,在互动中实现良性循环,共同为整个国民经济的快速发展发挥着积极而主要的作用。正因为如此,世界各国政府都十分重视会展业的发展,在制定经济发展战略和城市发展规划时,积极考虑本国会展业发展的需要,做出有利的安排。尤其是为促进本国对外贸易发展,政府常在中央财政中列出专门预算,为出国展览事业提供经费支持。

(二)中国会展业发展概述

新中国成立以来,伴随着经济的快速发展和国际交往的日益频繁,我国会展业获得了前所未有的发展,尤其是近30年来,会展业的迅速兴起,以年均20%左右的速度递增,展会数量和规模逐年增加,办展水平日益提高,形成了一定规模的行业经济效益,成为新的经济增长点。2003年12月12日,中国前任驻法国大使吴建民在巴黎举行的国际展览局第134次全体代表大会上,被选举为国际展览局新任主席,这也是国际展览局成立75年来首位来自发展中国家的主席。吴建民的当选说明中国会展业逐步得到了世界的认可。

1. 中国会展业发展历程

1) 会展业的初期

1952年5月4日,中国国际贸易促进委员会正式成立。自此,中国以展会的方式开始了与国际间的经贸往来。1955年3月,中国国际贸易促进委员会与日本有关团体签订了第三次中日民间贸易协定,该协定规定,中日双方在中国的北京、上海和日本的东京、大阪互办商品展览会。1956年10月6日至29日,日本商品展览会在座落于北京西直门的苏联展览馆(现已更名为"北京展览馆")举办,此次展会规模为1.8万平方米,参展商807家。作为新中国成立后较早的来华展会之一,日本商品展览会引起不小的轰动,毛泽东主席亲临展会现场参观展览。

在承接来华展的同时,出境展也同步进行着。新中国成立后不久,就先后接到了印度国际工业博览会、巴基斯坦国际工业博览会的邀请。1951年11月,由全国各机构抽调30人组成中国参展团赴印度和巴基斯坦参展。为了显示新中国的工业成就,赴印巴参展的展品涵盖了冶金、机械、化工、轻纺、食品、土畜产品和工艺品等。当年由于种种原因,原定于1951年12月中旬开幕的印度国际工业博览会几度延期,最终于1952年1月11日开幕,中国展出规模5000平方米。展出45天后,中国展团由印度转往巴基斯坦,参加于1952年3月9日开幕的巴基斯坦国际工业博览会,经过35天的展出,于4月14日闭幕。经周恩来总理批准,这批赴印巴参展的展团人员留任,成为中国国际贸易促进委员会的首批工作人员。

在我国会展业发展的初期,素有"天下第一会"之称的糖酒会和"天下第一展"之称的"广交会",影响深远。1955年,由当时的城市服务部组织的全国供应大会在北京西苑大旅社(今西苑饭店)召开,这成为全国糖酒会的开端。在完全计划经济时期,全国糖酒会扮演了一个供应会的角色。1984年,糖酒会开始分别在春季和秋季举行。从这一年开始,烟从糖酒会的交易范围内分离出来,同时糖酒会的名称更改为"全国糖酒三类商品交流会",正式确定了开放式办会的组织原则。从此,糖酒会打破了行业封闭和原有交流形式的束缚,适应了商品流通的特点。而当时的"广交会"侧重于出口物资的交流。1956年11月,中国出口商品展览会在广州召开,即"广交会"的前身。此次展会历时两个多月,出口成交5380万美元,海外客商近3000人。1957年3月,外贸部正式下发文件,批准举办"广交会"。"广交会"从中国会展的"独子"到"长子",再成为"天下第一展",共经历了两大发展时期:1957年至1978年,为新中国构筑"友谊的纽带,贸易的桥梁";1979年至今,在改革开放中成为进出口贸易的晴雨表。

2) 会展业的转型期

会展业是经济的晴雨表,伴随着经济的发展而发展。1978年,中国进入了改革开放的新时期。当年10月,由中国国际贸易促进委员会主办的北京多国农业机械展览会(以下简称"多国农机展")在北京全国农业展览馆(以下简称"农展馆")举行,这是中国国际贸易促进委员会来展部接待的第一个国际性的专业博览会。时任国务院副总理的余秋里为开幕式剪彩,来自澳大利亚、加拿大、丹麦、法国、日本、荷兰、意大利、联邦德国(当时称西德)、瑞典、英国等12个国家的展团参展,规模达3万平方米,展品725件,接待观众30多万人次,其中有8万多人观看农业机械表演,1000多人参加技术座谈会,但中国没有展品参加此次展会。多国农机展是我国主办的第一个商业性展会,为我国会展业市场化开了先河,是中国会展史上

的一个里程碑。

随着商业展会的出现,中国展馆、专业组展公司也不断发展。1982年,北京中国国际展览中心破土动工,1985年竣工,并于当年10月投入使用。邓小平为展馆题写了馆名。北京中国国际展览中心承接的第一个展会是第四届亚太国际贸易博览会。北京中国国际展览中心落成,彻底改变了中国没有商业展展馆的历史,中国会展业也逐步开始了商业化的管理,并有了自办展会。1984年7月,上海市国际展览有限公司成立。作为上海首家专业办展机构,该公司是隶属于中国国际贸易促进委员会上海市分会的全资子公司。起初,上海市国际展览有限公司主要与境外展览公司合作承办展览会。从第二年起,上海市国际展览有限公司实施"两条腿走路"战略:一方面与境外公司合作,另一方面独立作战,陆续推出了一系列由自己策划、运作的展览会。1984年10月,中国国际贸易促进委员会作为当时全国来展和出展的主管单位,在南京举办了第一次全国来展出展工作会议。1984年的6月,中国展览馆协会在国家民政部登记注册成立,这是我国最早的全国性展览行业组织。在这一时期,除了组织展会以及审批程序的逐步成熟外,我国从事展览展示器材开发、研制和生产的专业化公司也开始成立。1986年,中国常州灵通展览用品有限公司成立,这是我国最早从事展览器材开发、研制和生产的专业公司。

从20世纪50年代至80年代中期,中国会展业主要为出国举办经济贸易成就展和接待社会主义国家来华举办的少量单独展览会。多年来的实践证明,出国举办经济贸易展览会和接待外国来华经济贸易与技术展览会,是促进我国对外经济贸易活动、引进外国先进技术与设备的重要渠道,也是配合开展外交工作的途径之一。

1988年,对外贸易部发布了《对外经济贸易部关于举办来华经济技术展览会审批规定》(以下简称《规定》),该《规定》明确了来华展须报中国国际贸易促进委员会审批,并报对外经济贸易部备案。同时,还强调了来华展展品的展示范围及相关规定。

1982年,我国首次参加了在美国田纳西州诺克斯维尔市举办的世界博览会,结束了30年无缘世博会的历史。1982年至1993年,我国先后8次参加了世博会,受到各主办国的好评。1993年5月,国际博览局通过接纳中华人民共和国为其第46个正式成员国的决议。

3) 会展业的快速发展期

20世纪90年代,中国会展业进入了快速发展期。在这一时期,国际展览巨头开始频频关注中国会展市场的发展动向。1995年,德国慕尼黑国际博览集团率先迈出了一步,其亚洲公司与中国国际展览中心集团公司合作,共同组建了京慕国际展览有限公司,这是中国会展业内的第一家合资公司。2001年年底,上海新国际博览中心落成。上海新国际博览中心的外方投资方是德国的慕尼黑国际博览集团、汉诺威展览公司、杜塞尔多夫展览有限公司。在中国会展市场愈来愈国际化的同时,商务部于2004年1月发布了《设立外商投资会议展览公司暂行规定》,此前只能在中国境内寻求合作伙伴的外资展览公司获得了在中国境内独立办展的权利。在这个背景下,除上述慕尼黑国际博览集团、汉诺威展览公司、杜塞尔多夫展览有限公司三大巨头外,德国的科隆、法兰克福、莱比锡、斯图加特的相继进入,令德国展览企业以一个完整的阵容集体亮相中国市场。除德国企业外,法国的欧西玛特、荷兰的荷雅企龙、亚洲博闻、英国的励展、美国的克劳斯、IDG以及新加坡环球万通会展、新加坡国际展览集团和意大利的米兰国际展览中心、博洛尼亚集团,日本的康格株式会社、杰科姆会展服务公司等,也都开始进入中国会展市场。此外,中国香港的建发国际雅式展览服务有限公司和笔克有限公司也先后进入内地市场。中国内地"会展蛋糕"由内地公司独享的局面已迅速成为历史。这一时期的中国会展市场受到了前所未有的关注,尤其是 2004 年春季举办的第 95 届"广交会"的规模达到了历史之最,参展摊位总数达 27500 个,仅次于汉诺威通信及技术博览会和汉诺威工业博览会,"广交会"成为世界第三大展会。

颇令中国会展业界振奋的是,中国会展业的地位受到了国际组织的重视。2003 年 12 月,第 134 次国际展览局全体大会一致通过,推选中国资深外交官、原中国驻法大使吴建民为国际展览局新一届主席。这是国际展览局成立 75 年来首次由来自发展中国家的人士担任这一职务,吴建民也成为在国际常设组织中担任主席的第一位中国人。2004 年 11 月,在泰国曼谷召开的国际展览业协会(UFI)第 71 届周年大会上,中展集团副总裁陈若薇当选为 UFI 亚太区主席,这一信息传达的是,中国会展业在国际上已经具有了极大的影响力。

2005 年 1 月,由中国国际贸易促进委员会、全球展览业协会、国际展览管理协会独立组展商协会主办的首届中国会展经济国际合作论坛(CEFCO)在北京中国大饭店举行,时任国务院副总理的吴仪到会并发表了主旨演讲,会议明确了中国会展业"法制化、市场化、产业化、国际化"的发展方向。

2006 年 11 月,UFI 第 73 届年会在北京嘉里中心饭店举行,这是国际展览业协会首次在中国内地城市举办的重大活动。2012 年 2 月 23 日至 24 日,UFI 亚洲研讨会在深圳会展中心圆满举行。研讨会以"龙年的亚洲展览会"为主题,邀请来自日本、新加坡、印度尼西亚、马来西亚和中国的演讲嘉宾,他们来自政府推广机构、会展行业协会、知名展馆和展览公司等各个领域,围绕亚洲展览业发展的主题进行演讲和分组讨论。截至目前,我国已经有 58 个会展项目得到了 UFI 的认证。

二、会展产业形成的条件

会展活动的形成是人类物质文化交流活动发展到一定阶段的产物。会展活动的演变过程可以分为原始、古代、近代和现代四个阶段。物物交换的形式是会展的原始形式。集市是会展的古代阶段。集市已经基本具备了展览会的特征,是展览的初级阶段。会展的近代阶段的典型形式是工业展览会,这是一种有很强展示性和宣传性,有着严密的组织体系的展览会,其还有着明显的工业社会特征。会展的现代阶段的代表形态是贸易展览会和博览会。贸易展览会和博览会是结合市场性的集市和展示性的工业展览会的产物,不仅具有促进经济发展的作用,而且是产品流通的重要渠道。贸易展览会和博览会发展的第一个阶段(现代会展产业形成的初始阶段)始于第一次世界大战,综合性质的贸易展览会和博览会迅速发展并成为主导形式。第二个阶段(现代会展产业形成的成熟阶段),始于第二次世界大战后,专业化的贸易展览会和博览会迅速发展并成为主导形式。

会展产业是指由会展经济运动而引起的相互联系、相互作用、相互影响的同类企业的总和。它是一国第三产业发展的重要标志。会展产业必须以市场经济体系的相对发达为前提。会展产业的形成,必须具备一定的经济、政治、文化、制度等多方面的条件。没有一定的经济条件、制度环境、社会文化传统和国际经济环境,会展产业的形成和发展将遇到诸多难题。当然,会展产业形成之后,也必然反作用于经济条件、制度环境、社会文化传统和国际经济环境,促进这些条件的优化和成熟,形成良性的互动。

(一) 从会展业发展区域环境分析会展产业形成的条件

1. 区位条件

区位指事物所处的区域或地点,区位具有一定的尺度性,因为会展业的发展主要是在城市,所以这里所指的区位尺度指的是城市尺度,所说的区位也是指城市的地理位置。但凡成功的会展举办城市区位都很突出,如成功举办 2000 年世博会的德国中等城市汉诺威,是北德重要的经济文化中心,处于巴黎到莫斯科、北欧到意大利的十字路口,又濒临中德运河,是水陆便利的交通枢纽。这样的区位为汉诺威会展业的发展奠定了得天独厚的先天条件。

当然会展业的区位也与一定的历史条件有关系。历史上经济、贸易发达,或因其他原因享誉世界的城市,在某些会展活动的选址时,就具有一定的倾向性。

2. 经济条件

经济条件是会展业形成发展的"源"动力条件。会展业成本较高,无论举办何种会展活动都需要一定的经济实力和资金投入,这就是为什么会展业发展较好的地区都是位于经济相对发达的区域之内,因而城市的经济条件可以看作会展业发展的"源"动力条件。随着社会化分工的发展,几乎所有的经济活动都离不开与其他相关产业和部门的协作。

会展业更是一个产业关联性很强的行业,与商业、交通业、餐饮业、保险业、旅游业等存在着千丝万缕的联系,它们提供的是"互补产品",彼此之间有"需求拉动"的作用,需要协同发展,这就更需要有其他多种相关产业作为会展业发展的背景。

3. 基础设施条件

会展业对基础设施有极大的依赖性。这些基础设施不但是应该配套的,而且其中还有一些是投资巨大的公共设施,如博物馆、体育馆、科技馆等。它们的建设具有一定的长期性,其健全与改善不是一朝一夕的事情。没有完整的基础设施、便捷的交通和先进的通信设施,一些大型会展活动如世博会乃至一些交易会是不可能举办的;要成功举办一系列大型会议也是难以想象的。

4. 软环境条件

为了实现会展业的经济效益和社会效益,就不仅要有敏感的意识抓住市场发展时机,而且应该从自身条件出发以务实的态度发展会展业。

由于会展业牵涉到许多经济活动部门,尤其是在基础建设方面有待于政府政策的协调与扶植,在国际市场开拓与会展招揽方面需要政府的大力配合。所以发展会展业必须有适当合理的导向性、倾向性政策,同时会展业又是一个国际化的产业,这就要求举办地的文化具有一定的开放性、稳定性,有一定的包容力、甄别力和创新力,这样才能保证会展业有序地发展,才能允许反映各种风格、不同文化传统的会展活动的开展。

(二) 从会展业自身发展条件分析会展产业形成的条件

1. 会展场馆条件

会展场馆是发展会展业的重要物质依托,会展场馆的建设不单单是追求规模的宏大、功能的多样化、配套设施的完善,还应注重场馆的生态化、人本化,注重场馆的绿色经营理念突出。

2. 会展人才条件

会展业人才可分为两个层次,一是专业会议组织者(PCO)和目的地管理公司(DMC),二是其他相关的人力资源。会展业在某种程度上是中介产业,从会展的筹备到展开到结束,PCO 始终起着统筹的作用,控制着会展活动的方方面面,可以说 PCO 是会展活动展开的灵魂人物,没有高素质的 PCO 队伍,就没有成功的会展业。

3. 会展技术条件

会展业不同于一般的产业,它有很高的技术含量。尤其是在信息化时代,实现会展管理的现代化、会展设备的智能化、会展活动组织的网络化已经成了必然的发展趋势,同时会展网络营销、网上虚拟展馆、网上在线展览会都对会展技术的发展提出了现实的要求。

4. 会展公关条件

世界上大部分会展活动,尤其是大型的会展活动,与国际上专业的会议或展览协会都有着密切的联系,能够承办这些会展活动的企业抑或是该协会的成员,抑或是与该协会有着密切的联系。因此必须与国际相关会议、展览协会建立关系,展开积极、有效的公关。

(三)会展业发展的动力体系

上述条件与会展业的发展存在着密切的关系,这些关系的融合构筑了发展会展业的整体。

1. 会展业发展的"源"动力条件是会展业发展的核心驱动力因素

会展业是经济发展到一定程度才产生的一种经济形态,这种经济形态以经济发展为内核,以产业(包括支柱产业和相关产业)发展为支撑,经济条件和产业条件作为会展业发展的基础已经直接渗透到了会展业发展的各个方面,并作为会展业发展的根本驱动力因素在会展活动的全过程中发挥着根本的推动作用。

2. 会展业发展的区位条件和基础设施条件是会展业发展的外部制约因素

一般而言,这些条件尤其是区位条件在一定的时空范围内是难以改变的,从而对会展业的发展构成了一种"硬性"制约,只要会展业发展的基础设施条件不具备,会展业就不会有太大的发展空间。

3. 会展业发展的软环境条件是会展业发展的引导因素

这种引导因素在会展业的初期发展阶段有着举足轻重的地位,尤其是在会展市场行为不完善的情况下,引导因素在某种程度上决定了会展业发展的定位和方向,从而也在一定程度上决定了该地区会展业未来的命运,高效竞争的市场环境导向性的政策环境包容稳定的文化环境、浓厚的学术环境、相对发达的理论环境以及良好的生态环境,是会展业成长不可或缺的土壤。

4. 会展业发展的自身条件是会展业发展的内部制约因素

会展业的发展最终要通过自身内部条件来实现,这种条件的好坏是会展业发展的直接决定因素。无论会展业发展的区位条件与软环境条件多么优越,没有一流的会展场馆,优秀的专业会展人员、先进的会展技术和有效的会展公关,就不可能形成会展品牌,不可能形成强有力的会展竞争力。

综上所述,会展业的发展要依托多种力量,每种力量对会展业的推动虽然有差异,但都

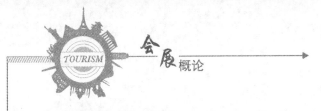

是会展业健康发展必备的。在上述推动会展业发展的4种动力中,除了软环境条件可以在相对较短时期内创造之外(这种动力条件一经确立会在长期内发生影响,并且绝不允许"朝令夕改"),其他动力条件的确立均需要较长的时间,当然,因为会展的主题不同,对各种动力条件的要求也有所差异,这要结合各地会展的实际情况加以认定。

三、会展产业的作用和功能

会展产业与其他产业联系较为紧密,是相辅相成、相互促进的关系。会展产业具有市场依赖性、产业依赖性,没有其他产业的发展和支持,会展产业不可能稳定发展成为经济体系的主导产业。当会展业在现代服务业中的支柱产业地位确立时,会展业的发展也必然带动相关行业的发展,如对广告、旅游、物流、餐饮等行业提供大量的服务需求,提出新的投入需求,并促进这些行业的技术、组织以及制度等各方面的发展,促进这些行业采用先进的管理技术和设备,加速了这些行业专业技术人员的培养。会展业所具有的巨大的关联效应和扩散效应,能够很好地带动广告、旅游、交通、餐饮、住宿、通信等多个产业的发展,使产业结构更加合理化。正因为与其他产业的联系,使会展产业具有经济功能、文化政治功能、教育功能等。

(一)会展产业的作用

1. 会展产业促进旅游业的发展

会展与旅游的互动,表现为会展旅游的兴起。会展旅游是指借助举办的各种类型的会议展览、博览会、交易会、招商会、文化体育、科技交流等活动,吸引游客前来洽谈贸易,观光旅游,进行技术合作、信息沟通和文化交流,并带动交通、旅游、商贸等多项相关产业发展的一种旅游活动。从整个发展过程来看,会展旅游的形成是会展经济的产物,是会展产业链的一个环节,是会展业的延伸。20世纪90年代以来,我国会展旅游业发展迅速,年增长速度达到20%以上,大大高于我国其他领域经济总量的增长。会展旅游是会展活动的延伸。从会展的角度来理解会展旅游,它是在会展活动实现的情况下派生出来的一种重要的"副产品",而这种副产品对会展有重大的积极影响和意义,即增加会展人数、扩大规模、影响成交量、提高会展品牌知名度等。会展旅游是专项旅游产品或活动。从会展旅游者的构成来看,会展旅游往往比观光旅游层次更高,拥有更多的文化、科技、商贸含量;因而,会展旅游相比观光旅游,其往往给举办地带来巨大的经济效益和社会效益。会展业将是未来旅游业中较有发展前途的市场之一。

2. 会展产业促进物流业的发展

会展业促进物流业,尤其第三方物流的发展。所谓的第三方物流是指有供方与需方以外的物流公司提供物流服务的业务模式。对其辅助性业务的工商企业等参展商来说,物流业务外包是必然要求,以便参展商集中精力搞好展示,促进销售。因而,可以说会展业必将促进物流业尤其是第三方物流的发展,加快物流市场的形成。展品的运输是项重要的物流活动,从供应地流向展览场所,其间涉及展品的分类、包装、标识、搬运、运输、储存、拆箱等环节,展览结束后,展品回流至供应地。参展运输的要求可归纳为及时性、安全第一、小批量、多品种、适时监控等,对于涉及出国参展运输,物流公司还必须熟悉出入境、展地的交通行业规则等。总之,会展业需要专业性的物流公司来提供参展运输服务,确保展品安全和及时到达会展举办地。可以说,会展业不仅以物流业的发展为要求,而且促进了物流业经营模式的变化。同时,物流产业与会展业的快速发展将物流、会展推上了发展的快车道,展会的专业化、国际化水准逐步提高,专业物流会展发展迅速。

现代物流业和会展业正逐渐成为我国第三产业的两大亮点,在经济建设中发挥着日益重要的作用。国内许多城市把发展现代物流业和会展服务业作为产业结构调整的重点,提出以现代物流业为龙头,突出发展会展服务业的口号。

3. 会展产业促进酒店餐饮业的发展

会展业对酒店业的规模、效益、品牌产生着积极影响。会展推动酒店业发展,提高酒店的入住率和其他设施的利用率。由于参加会展活动的人员主要是有强劲消费能力的商务客人、高文化素质客人,其消费特点通常表现为档次高、规模大、时间长。会展活动引来的四面八方的观光客,也将极大地刺激当地酒店业的发展。因此,会展业的发展引发了酒店业的投资热潮,促进酒店服务水平的升级。大型会展蕴含巨大的商机,引来众多商家前来投资酒店业。在会展业带来的巨大商机面前,不少酒店从软、硬件着手来提升服务水平,比如设施设备的现代化与智能化、员工文化素质的提升、员工服务意识的强化、酒店品牌的树立等。会展作为一个产业而言,其会展活动是经常性的。它汇集的大量客源,给酒店创造了绝好的机会。这就模糊了酒店业淡季和旺季的界限,提高了酒店的盈利水平。

会展业的发展促进了餐饮业的发展,餐饮业的发展也支撑了会展业的发展。会展业为城市餐饮业带来的收益非常突出。会展活动期间,大量的参展商和参展观众的涌入对举办城市的餐饮行业形成巨大的需求,为这些行业的发展创造了机遇。会展业往往在经济较发达的地方举办,其餐饮业相对较为活跃。为了满足四面八方会展商的饮食口味,餐饮业主必然注重和引进各个国家或地区的餐饮习惯,从而使餐饮服务多样化。会展业的发展还能促进餐饮场所的增加,以及餐饮效益的提高。同时,由于会展聚集的大量客流,当地的餐饮特色、餐饮品牌通过客流扩散作用而声名远扬,产生巨大的广告效应。

(二)会展产业的功能

1. 经济功能

会展是推动第一产业发展的有力工具,是促进第二产业发展的有效手段,更以其强大的联动效应傲居第三产业的龙头地位。会展的经济功能包括产品展示、信息传收、贸易洽谈、产品发布等,在中介性会展活动中表现得最为突出。

1) 产品展示功能

会展最为强大的功能就是产品的展示功能,展示的产品一般可以是贸易的产品,也可以是一个城市的人文、地理和风貌,还可以是一个国家和城市的建设成就或科技实力。在经济全球化和信息网络化的今天,产品的展示是经济和贸易活动的核心和关键,只有通过不同方式和途径的展示,产品才能为大多数人认识和接受,并最终实现终极消费。许多具有划时代意义的发明和创造都是通过大型的会展而走向世界的,如电话机、留声机、蒸汽火车、电视机等都是首先在展览上亮相,然后迅速得以推广的。由此可见,会展具有强大的产品展示功能。参展企业通过声、光、电等高科技手段,精心设计展台来提升自身形象,再配合各种宣传手段、公关活动和促销活动,使企业的理念和品牌得到最有效的宣传,使客户在最短的时间里了解到企业的形象、理念和品牌,从而达到企业展示和宣传自己公司形象、理念和品牌的目的。

2) 信息传收功能

会展能够反映行业发展的热点问题、最新趋势和最新态势。会展的开展能够在较短的时间内聚集大量的物流、人流、信息流和资金流,这种物流、人流、信息流和资金流大聚集的必然结果是信息的流动与扩散。会展的信息传收功能是十分强大的,大型的专业展览基本上能够囊括专业内所有的信息,专业内最新的产品、最新的成果、最新的技术、最大的厂商、最有名的品牌等系列的信息在展览上都能够得到。企业通过参展,获得行业发展的最新趋势和态势,为企业的正确决策提供指引。

3) 贸易洽谈功能

会展为参展的供需双方提供相互贸易洽谈和交易的舞台和机会,从而大大提高了政治、文化、经济、技术和贸易的交流与合作,贸易洽谈因此而成为会展的重要内涵之一,也是会展的重要功能之一。展览上达成的购销意向和购销合同成为举办展览是否成功的重要衡量指标之一。

4) 产品发布功能

产品的研发和创新是企业确立行业地位的基本手段。一些在行业中有影响力的企业都把展会作为自己发布新产品的重要平台。产品发布会一般推出企业的年度新产品或者是具有较大创新的产品,邀请对象包括客户和新闻记者。

2. 文化政治功能

随着社会经济的不断发展,人们身边的博物馆、纪念馆、美术馆越来越多,这些展馆不仅有常年的陈列展览,也有短期的丰富多彩的临时展览等。对于每个人来说,这些场所伴随着我们的成长,在我们的头脑里留下了美好的记忆。这其实就是这些展馆发挥文化功能的过程。事实上,在社会主义市场经济还没有确立的时候,中国政府把展会列为文化事业,把展览馆纳入文化事业单位。我国的《政府工作报告》曾经多次指出:要大力促进新闻出版、广播电视、文学艺术、卫生、体育、文物、图书馆、文化馆、博物馆、展览馆等各项文化事业的发展。

会展是各行各业的交汇点和十字路口,每个行业都有自己的会展活动。从文化的角度进行考察,会展具有明显的多层次、多功能的特点。会展文化既可以是通俗文化(这是会展文化的主要方面),也可以是精英文化;可以是严肃文化,也可以是休闲文化;可以是现代文化,也可以是历史文化;可以是乡土文化,也可以是异国文化。从形式来看,会展可以是单一文化形式的文化,也可以是多种文化形式的综合。会展的这种多层次、多方位的特点,使它具备了能满足人们多种文化需要的社会功能,因而为广大观众所欢迎和喜爱。

会展是各种社会文化、社会意识形态和价值观的载体,是不同文化相互交流与沟通的重要渠道。如在 2010 年上海世博会上,中国国家馆以城市发展中的中华智慧为主题,表现出了"东方之冠,鼎盛中华,天下粮仓,富庶百姓"的中国文化精神与气质,让人深刻地感悟到了中华价值观、中国城市的底蕴和传统及其未来发展之路,受到国外观众的热烈欢迎和高度评价,被评为"五星级会展馆"之一。通过会展,我们不仅可以生动直观地向世界宣传介绍我国优秀的民族文化,还可以更好地学习外国先进的文明成果,为实现我国"文化强国"战略服务。每一个参加会展的国家或地区,都无不力图展示自己的传统文化,拓展与其他国家的文化交流。这有助于世界各国破除文化保守性与封闭性,推进对世界各国文化的理解和认识,加强各国人民之间的相互了解,增进各国人民之间的友谊。

所以说,会展产业在具有良好的经济功能之外,还在国际文化政治交流中起到了很好的桥梁作用。对外开放作为中国一项不可动摇的基本国策,中国积极参与世界文化会展活动,开展国际文化和政治交流,是和谐国际文化政治关系,宣传中国优秀文化,学习国际先进文化政治,促进世界和平的重要方式。

3. 教育功能

会展的教育功能在教育性会展活动中表现得最为典型。会展具有的直观性、艺术性、综合性和群众参与性的特点,可以把严肃的政治思想、复杂的哲学思辨、艰深的理论知识转化为可视、可听、可触的直接形象,从而能够很好地进行思想政治教育和引导社会舆论,宣传、调动并鼓舞全体公民进行社会主义建设的热情与信心。在现实生活中,我们把抽象的理论性、很强的政策条文以及法律法规的宣传教育,通过各种实物、文学、图片、范例、模型等直观的形象向群众展示,再配以生动感人的讲解,把理论性、知识性与艺术性、趣味性融为一体,为广大群众喜闻乐见。

会展可以说是一所面向全社会的大学校。在教育内容上,会展可以跟踪世界最新的科学文化知识,传播一些难以及时传授的最新科学技术成果和文化知识信息;在教育对象上,会展可以面向社会各界,不受学校教育的限制,切实推行终身教育的理念;在教育方式上,会展自由灵活,轻松愉快,融知识于艺术,寓教育于娱乐,使观众在充满兴趣的愉悦心情下,接受教育,增长知识,会展活动的操作性和参与性还有助于发展观众的观察能力、想象能力、思维能力,并能培养观众的实践技能。例如,德国嘉尼黑的自然科学与技术成就博物馆有28个分馆,15000多种展品,其中有4000余件可以由观众自由启动操作,参观路线长达16千米。中小学生可以把这里作为校外课堂和实验室,大学生、研究生可以在这里就某个专题进行研究,一般观众也可以只花很短时间就弄清楚某门科学技术的发展历史和现状,或者很快地掌握某些科学知识与技术。

知识链接　　德国会展产业发展的情况

号称"世界展览王国"的德国,拥有23个大型展览中心,每年举办约130个国际性贸易博览会,净展出面积690万平方米,每个展览会平均展出面积超过5万平方米,净展商17万家,其中有将近一半的参展商来自国外。德国会展业的突出特点是专业性、国际性的展览会数量最多、规模最大、效益好、实力强。在国际性贸易展览会方面,德国是第一号的世界会展强国,世界著名的国际性、专业性贸易展览会中,约2/3由德国主办。在展览设施方面,德国也称得上是头号世界会展强国。德国现拥有23个大型展览中心,其中,超过10万平方米的展览中心包括汉诺威展览有限公司、慕尼黑国际展览公司、法兰克福展览集团、柏林展览公司、科隆国际展览集团和杜塞尔多夫展览集团等。按营业额排序,世界十大知名展览公司中,也有六个是德国的。目前,德国展览总面积达256万平方米,汉诺威、科隆、法兰克福、柏林、慕尼黑、杜塞尔多夫、莱比锡等都是国际著名的会展城市。这些展览中心城市由于各自不同的政治、经济、文化、历史而形成了不同风格和特点。这些城市都拥有十万至数十万的大型的现代化展览场地;每年都要举办一批世界级的国际化、大规模的展览会,参展商和观众的人数达上百万;能够提供优质、高效的服务,雄厚的经济实力,发达的城市产业为这些城市的展览业发展奠定了坚实的物质基础。例如,埃森科隆等地处德国的"工业心脏"——鲁尔工业区,汉诺威是欧洲工业重镇,杜塞尔多夫的印刷包装业国际闻名。

汉诺威、杜塞尔多夫和慕尼黑是德国三大会展中心城市。汉诺威每年春季举办世界上两个最大的博览会——工业博览会和信息、通信及办公室自动化博览会。工业博览会的前身为1947年的德国出口博览会,到目前已举办了50多届;信息、通信及办公室自动化博览会始于1986年。两个展会的观展人次每年均在30万以上。此外,汉诺威还举办各种专业性的展览,如国际医院设备展、国际林业及木工机械展、国际地毯及地面铺装材料展等,有的每年一届,有的每两年一届。杜塞尔多夫的重要展览活动有印刷与纸张、塑料博览会、计量技术与自动化、包装技术以及国际时装博览会。1998年慕尼黑中心在原慕尼黑-里姆机场一处崭新的、高度现代化的博览会场举行落成典礼。在那里举办的重要博览会有国际建筑机械博览会、国际手工业博览会、饮料技术展览会以及国际体育用品博览会。电子计算机及电子元件专业博览会的意义越来越大。此外,还有具有世界意义的纽伦堡国际玩具博览会。法兰克福是德国也是世界上重要的展览城市。法兰克福是消费品博览会的展出场所,重点是桌子文化以及厨房用品和礼品及现代化附属设备,13个世界最大的消费品、纺织品、服务等行业的贸易博览会每年在这里举办。此外,法兰克福还有国际汽车-小轿车展览会和国际"卫生-取暖-空调"专业博览会以及法兰克福书展。

德国政府把出国展作为德国整体形象展示的有效途径和德国国家形象代言人,近年来,不断增加资助预算来刺激出国展数量的增加和效益的提升。为了更好地利用海外展览促进德国出口经济增长的责任,并且为了达到提高展览经济的贡献率,德国展览机构特别注重全球化展览网络的建设,至今已经在世界各地设立了近400处办事机构,形成了国际化的网络。在这样的背景下,德国出国展发展势头迅猛,并取得了良好的效益。德国科隆大学财经研究所曾对德国政府对出国展资助的整体经济效益进行了研究,结果发现,出国展对德国出口销售额和工作岗位的增加具有重要意义。

四、会展产业链

会展的产业链是指在一定区域内,会展业和为会展活动提供服务的相关产业在追求各自利益最大化的过程中,将关联度高、支持性强的企业纳入会展活动中来,彼此之间逐步形成的一种相互依托的长期战略合作关系。会展产业链围绕会展活动的开展而形成,相关企业是以会展业为依托,目的是更好地促进会展活动的发展并由此获得各自最大的利益。

(一)会展产业链概念内涵和外延

王保伦等(2006)认为会展产业链是围绕某一主题,以所在区域的产业基础为依托,借助场馆等设施,以人流、物流、资金流和信息流相互交融的价值链为内核,将会展业的主体方(招展商、代理商、场馆、参展商、参观者)和相关方(装修、广告、餐饮、运输、通信、旅游等行业)联合起来所形成的一个推动经济发展的产业关系。余向平(2008)认为会展产业链指在一定区域内,会展业和为会展活动提供服务的相关产业在追求各自利益最大化的过程中,将关联度高、支持性强的企业纳入会展活动中来,彼此之间逐步形成的一种相互依托的长期战略合作关系。

吴开军认为会展产业链是以一定产业集聚的地理区域为依托,以会展业较有实力的会展企业为主体,以主体方(招展商、代理商、场馆、参展商、参观者)为核心,整合上游、下游相关利益企业(旅游业、交通业、餐饮业、装修业、广告业、通信业等),以某个服务(某一主题或活动)为纽带,通过对物流、信息流、资金流、商流的优化和组合,形成具有价值增值功能的、有较强竞争优势的链网式企业战略联盟。

(二)会展产业链性质和特征

会展业是一种服务性的行业,它在产业链上有很强的产业带动性,具有自己的特性。

1. 群体性

单一个体组织无法从事会展活动,必须联合上中下游相关的组织才能发挥作用,从这个意义上来说它具有群体性。

2. 沟通性

会展产业通过会议中心和展览馆为具有商业目的或非商业目的的群体提供口头交流或展览展示交流信息的渠道和平台,从而使信息得到了充分的沟通。

3. 效益性

会展产业链各链条上的组织通过某种途径的整合,能带来巨大的经济和社会效益。对于会展产业,国际上有1∶9之说,即如果会展本身赚一元的话,拉动相关行业可赚9元钱。会展业不仅带来自身的经济收益,还集政治、经济、科技、商业于一身,涉及社会各个领域,能将交通、住宿、餐饮、购物、娱乐、观光等串成一条旅游消费链,推动举办城市宾馆、旅游、运输等产业的发展,提升城市的知名度,带来相关行业的经济效益和巨大的社会效益。

(三)会展产业链特征

1. 以独立化明显的会展运营商为会展产业链的组织核心

独立的会展运营商是会展产业链的核心,专业会议组织者 PCO(Professional Conference Organizer)、展览组织者 PEO(Professional Exhibition Organizer)、目的地管理公司 DMC(Destination Management Company)在会展产业链的整合过程中发挥着核心组织的作用,它在会展的策划、宣传、计划、组织中起主导作用,调动宾馆、餐饮、交通、旅游、金融、保险、邮电、广告设计等中下游的相关方参与到会展活动中来,从而创造价值。

2. 有空间集聚性,并以空间距离的衰竭性来配套产业链内的组织

一条完整的产业链各环节有一定的空间指向性,总是处于一定的地域范围之内,在一定的经济区域内完成产业集聚。会展产业链也一样,会展产业发达的城市在展览场馆和会议中心附近都集聚了相当数量的配套企业,如住宿、餐饮、旅游景区、交通运输、邮电通信等。张巍(2008)的研究结果表明,城市会展产业的发展会吸引酒店投资者向会展场馆周边聚集,形成以场馆为中心逐渐向外扩散的分布格局,这种空间布局会随着会展中心的迁移进行相应调整,酒店的收益随着与会展场馆的距离加大而衰减。

3. 以某项活动为会展产业链的联结纽带

不论是会议还是展览都是围绕一个主题来开展活动的,会展产业链上游的会议组织者或组展商通过对展会的总体策划和设计,在产业链中集聚中下游的需求者和相关的辅助企业实施,从而构成完整的会展产业链。

(四) 会展产业链结构模式与效应

王保伦(2004)从会展活动的上中下游三个构成环节分析会展产业链。王起静(2006)把会展产业链分为产业内链和产业外链,并确定各自的产业配套半径,指出会展产业链是典型的横向协作关系。余向平(2006)运用凯恩斯经济学乘数效应、萨缪尔森经济学乘数效应与加速效应相互作用分析了会展业的产业带动效应和集聚效应。仇其能(2006)对中国会展产业链的结构与效应进行了分析,对会展产业链的要素进行了构建,并对其运作模式进行了分析。余向平(2008)从上中下游三个构成环节分析了会展产业链的结构,并提出了通过前关联效应、后关联效应和旁关联效应等三效应及"产内"和"产外"两方面的结构调整来实现会展产业链的延展效应。

从产业链理论和会展产业链的特征可知,会展产业链把主体方和相关方从上游环节、中游环节和下游环节整合相关资源以发挥整体效应。从上游、中游和下游三个构成环节来分析会展产业链。

第三节 会展市场

一、会展市场概述

(一) 会展市场的概念及理解

1. 对市场的几种解释

对于市场一词的概念,人们有很多不同的理解。从经济学的角度来说,市场应分为两个方面,即从消费者的角度来看的需求市场,以及从生产者角度来看的供给市场。一般来说,典型的市场概念有三种,分别如下。

(1) 市场是商品交换的场所。

(2) 市场是经济关系的表现。

(3) 市场是某一产品的现实购买者和潜在购买者的总和。

这一观点从需求的角度出发来描述市场。从这一角度出发,市场实际上是由一切有特定需求并且愿意和可能从事交换来使需求和欲望得到满足的现实或潜在的顾客所组成,即某种产品的现实购买者与潜在购买者的总和。现实购买者的总和称为现实市场,而潜在买者的总和称为潜在市场。要形成现实市场要满足3个条件,即人口、购买力和购买欲望。用公式表示为:

$$现实市场 = 人口 + 购买力 + 购买欲望$$

而此时,只要再具备3个条件中的第3个条件即可构成消费,像这样的市场就是潜在市场,用公式表示为:

$$潜在市场 = 人口 + 购买力$$

或

$$潜在市场 = 人口 + 购买欲望$$

潜在市场是有可能转变为现实市场的,与此同时,一个地区的人口数量也在很大程度上影响着市场的大小。

一种观点认为,市场指具有某些相同特点被认为是某些产品的潜在购买者的总和。这种观点认为市场仅仅是指潜在顾客市场,这里的购买者包括可能进行此项产品消费的人群或企业。

另一种观点认为,市场是交易进行必须具备的条件或规则。这些条件包括可供商品量(或可提供的服务)、对此商品的需求、价格和政府或其他组织的参与管理。从这个意义来说,市场是保证交易顺利进行的法则,包括自然法则(在市场中自发形成)和规章制度(由政府或人为制定)。市场就是这些客观条件,是规章制度。这一观点是从新制度经济学的角度出发得出的结论。新制度经济学告诉我们,交易是市场的前提。在交易成本为正的现实世界里,没有适当的制度,在所有意义下的市场经济都是不可能的。

根据上述观点可以看出,市场的含义多从需求的角度出发,指的是需求市场(如现实顾客市场和潜在顾客市场),当然,在有些情况下,市场一词也用来指供给市场,但此用法并不普遍。

2. 会展市场的概念

从以上对市场一词的理解中不难看出,要给会展市场下一个确切的定义尚具有一定的难度。在此,根据上述几个观点,可将广义的会展市场定义为在一定社会条件下,为组织或个体实现效益、供给或需求的,一系列集中时间、空间的交易活动及其经济关系的总和。狭义的会展市场是指会展需求市场。

根据上述定义,可以从以下几个方面来理解会展市场。

1) 在一定的社会条件下会展才有可能存在

在此,"一定的社会条件"是指能保证会展中的交易活动顺利进行的一切条件,包括政府的政策法规、市场机制和行业规范等。这些条件都为会展交易活动提供必要的也是最基本的保障。如果没有一定的秩序和制度,会展市场就没有了发展起来的奠基石。因此,在认识会展市场这一概念时,首先要明白会展市场的存在前提就是要有一定的社会条件。

2) 会展市场的主体及其谋求的利益

在此概念中,会展市场的主体包括需求主体和供给主体;然而,不管是需求主体还是供

给主体,都包括了组织和个体。此外,会展市场主题谋求的效益不单是经济效益,还包括社会效益、环境效益等多种效益。当然,从经济学的角度来看,只有谋求经济效益才能称为市场,而此外的市场是一个广义的市场,不单是经济市场,还有更多、更广泛的社会市场、公益市场。

3) 会展市场涉及供需两方面

单纯的会展供给市场或会展需求市场都不能构成真正意义上的会展市场。真正的市场是由供需两个方面组成的,会展市场也不例外。供给市场主要是会展活动提供者的总和,包括政府、会展公司等会展活动主办方,而需求市场主要是那些对会展有需求的组织和个人的总和。需求市场的存在是供给市场存在的前提,供给市场是需求市场得以增长的条件,两者是互相作用的。当然,作为会展市场的两个方面,供给市场和需求市场也分别包括现实的和潜在的供给者或需求者的总和。

4) 会展的时空

会展活动的最大特点在于"集中"。会展活动的举办通常都有时间和空间的限制。一般来说,会展活动都是在固定的场所、短时间范围内举办,这就是会展活动集中性的体现。

5) 会展市场的本质是一系列交易活动及其经济关系的总和

市场的本质就是经济关系的总和,会展市场的本质就是在一系列会展活动中的各种经济关系的总和,而会展活动实际上就是一系列的交易活动。

(二) 会展市场的特征

会展市场主要有如下几种特征。

1. 广泛性

随着生产力的发展,经济全球化不断加快,会展市场逐步走向开放,从地区性走向区域性,从国内性走向国际性,现在大多会展市场已从立足于当地发展转变为面向世界发展。会展市场的开放化,首先,表现在参展商、与会者和观众构成的广泛性。现代会展的客户来自不同的地区、国家、民族和企业。其次,表现在会展内容的广泛性。随着生产效率的不断提高和人们休闲时间的不断增加,人们的需求欲望也不断提高,这些都是造成会展内容广泛性的原因。再次,表现在会展活动范围的广泛性。现代交通运输的发达,不仅参展商与观众能够便利地参加会展,也使会展活动的范围不断扩大,以至于遍布世界各地。

2. 多样性

由于会展客户需求的不同,从大范围来看,会展市场可以分为参展商市场、与会者市场和观众市场。从参展商所处的行业不同、商品的定位不同和参展的目的不同,参展商市场又可以细分为专业展览市场、综合性展览市场等。展览组织者向参展客商提供诸如展览场馆设施、展台装修、展品运输、公关礼仪、媒体广告和各种配套活动等一系列服务,满足参展客商的需求。展览会的主题、内容、举办时间和地点等方面的差异性,在一定程度上决定了参展厂商的数量和类型,不同的展览就会形成不同的客户群体。需求的差异导致了会展市场的多样性,这样一来也为会展活动多样化创造了广阔的空间。从供给的角度看,它有利于会展举办者根据不同的市场需求,组合成为不同形式的会展和不断创新会展商品,以使会展客户达到不同的目的。随着会展的需求从量到质的不断提高,会展活动的内涵将会不断拓展,会展将会变得更加丰富多彩。

3. 短期性

会展是短期性的活动。从会展产品提供者的角度看，筹备会展涉及很多具体业务。例如展览会，从决策到策划，从招展到开幕，从管理到评价，都需要大量的时间。组织会展活动涉及客户的需求，会展活动只有在许多客户的参与下，才能取得成功。但会展客户要参加一项会展活动，不仅要实现参加目的，而且还有经济与精力成本的考虑。例如，参加展览会对参展商来说，既要付出摊位费和展品运输费，又要付出差旅费，而且在异地工作付出的精力和花费的时间也多。因而参展商不可能持续参加展览会，正因为这样，很多会展活动都是年度性的（选择一年内的某一短期内举行），一般大型的会展活动甚至2—4年才召开一次。

4. 依存性

会展市场是一个受各种经济因素、社会因素和政治因素制约的市场。第一，社会因素是引起会展市场波动的原因之一，2003年的"非典"事件，使全球会展产业蒙受了巨大的损失，至少使全球会展产业的发展滞后了3年；第二，重大的政治活动会影响会展产业的发展，如恐怖主义活动频繁的地区，会展产业是无法生存的；第三，某些行业的发展水平制约着相关主题的会展水平；第四，会展相关产业的发展也制约着会展市场的发展。会展不仅与其活动场所相关，还涉及参展商、与会者和参观者的食、住、行、游、购、娱等多方面问题。因此，餐饮、宾馆和交通等必须与会展产业保持合理协调的发展速度。如果这些部门的发展比例失调或经营不力，则会引起波动而影响会展市场的整体效益。

（三）会展市场的划分及划分方法

1. 会展市场的划分及其意义

市场划分又称市场细分，是根据消费者对产品不同的欲望和需求，以及不同的购买行为与购买习惯，把整体市场分割成不同的小市场群。

会展市场划分也称会展市场细分，是指将一个整体市场按照消费者的某种或某些特点分解或划分为不同的消费者群的过程。所划分出来的每一个消费者群是整个市场的一部分，称为细分市场。因此，会展市场划分就是要根据会展需求者的某种或某些特点将整个会展市场划分为不同的细分市场。将会展市场划分后才能更好地针对不同市场采取不同措施以达到最大效益。在这里需要指出的是，会展市场的划分通常是对狭义的会展市场的划分，即对会展需求市场的划分。

会展市场的划分对会展组织者有着极其重要的意义，大致可以分为以下四点。

1) 有利于根据实际情况选定会展目标市场

将会展市场进行划分后，每个细分市场的特点便显现出来。此时，对于会展供应者特别是实力还不够雄厚的供应者来说，能更好地根据自己的实力来选择合适自己的目标市场。另外，在此基础上，对目标市场的再分析，可以对其分析得更加具体、详细，更加有助于会展供应者根据此分析发挥其优势，顺利地避开对其不利的因素。

2) 有利于集中人力、物力、财力，对目标市场进行会展产品的开发

在选定了会展目标市场之后，会展供应者根据此细分市场的特点，可以有针对性地集中人力、物力和财力来进行会展产品的开发，开发出符合细分市场的会展产品，同时，也会使会

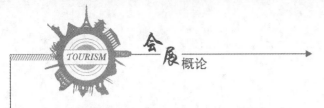

展产品的开发更有特色和更加人性化。

3) 有利于针对会展目标市场进行促销

促销的方法有很多,选择哪种促销方式往往是令会展供应者头疼的问题。进行市场划分后,每个细分市场都将展示出它们自己的特点。具体问题具体分析,只有把问题具体化后,才能选择恰当的方法,这也是会展市场划分的意义所在。

4) 有利于开发更广阔的会展市场

会展市场的划分使我们了解整个会展市场的内容,同时我们也可以借此来发现整个市场还欠缺的部分,从而去发掘、去开拓,只有这样才能不断地创新、进步。

2. 会展市场的划分方法

会展市场划分与其他市场划分一样,都需要遵循几个基本原则,即可衡量原则、可盈利原则、可实现性原则和可区分性原则。在遵循以上原则的基础上,按不同的划分标准可以划分出不同的细分市场。

会展市场的主体包括组织和个人,这样的特点使我们在选定会展市场划分标准的时候要考虑到其两个方面的可行性。会展市场的划分标准有很多,一般来说将其归纳为四大类,即地理因素、会展消费者的特征(企业的类型、人口因素)、对会展产品的需求及购买行为的特点、会展消费者的心理特点。会展供给者可以根据自己的情况和需要,按不同的划分标准来进行划分。在此介绍几种常用的划分标准。

(1) 地理范围。

(2) 需求动机。

(3) 参展企业的某些特点。

(4) 个人的某些特点。

二、会展市场主体

会展的市场主体包括办展机构、参展商、观众、服务提供商、会展场馆等。

(一) 办展机构

1. 主办单位

主办单位是指拥有展会并对展会承担主要法律责任的办展单位。主办单位在法律上拥有展会的所有权。在实际操作中,主办单位有三种形式:一是拥有展会并对展会承担主要法律责任,并负责展会的实际策划、组织、操作与管理;二是拥有展会并对展会承担主要法律责任,但不参与展会的实际策划、组织、操作与管理;三是名义主办单位,即既不参与展会的实际策划、组织、操作与管理,也不对展会承担法律责任。之所以有上述第二种和第三种形式的主办单位,主要是因为展会要利用这些"主办单位"强大的行业号召力为展会服务。

会展的主办单位的类型包括各级政府部门、各级贸易促进机构、各类行业协会、商会、部分规模较大的企业等。其中政府部门、贸促机构往往代表国家和地方利益,在组织展会时,主要考虑的因素是国家和地方的经济发展规划、贸易和产业政策等,兼顾考虑其他因素作展出决定。行业协会、商会代表行业的利益,主要考虑产业或行业的相关政策与发展。我国大多数举办成功的国际性展览,其主办单位都是中国的行业协会。行业协会主办专业展览的特点和优势在于掌握全面的行业信息和发展动态,办展具有针对性,能较好地满足行业、参展商和用户的需要;拥有众多的会员单位,与国内外同行具有广泛的联系,拥有庞大的网络系统和较大的影响力;在办展的同时,往往还要举办一些对行业发展有针对性的学术交流活动和新产品、新技术介绍活动,以及行业的重要会议等,这是其他单位办展所不具备的;容易得到政府部门和国际行业组织的支持和帮助、以及行业企业的信赖。公司企业作为主办单位时通常与政府部门或行业协会结为伙伴,这样有利于提升展会的知名度和扩大展会的影响力。公司企业主办会展项目的目的主要是发布新产品,增加销售额,提升公司形象等。

2. 承办单位

承办单位是指直接负责展会的策划、组织、操作与管理,并对展会承担主要财务责任的办展单位。承办单位对举办展会的各个方面都会产生重大影响,是办展机构中较为核心的单位。大部分承办单位还要负责展会的招展招商和宣传推广工作。

一般的会展承办单位需要具有工商部门审定的企业经营许可证,承办大型国内外会展的企业还有其他相关要求。承办单位可以是政府、行业协会或有资格承办会展的企业。实际上,现有的展会往往在审批申报前,就对承办单位有一个基本的安排,否则会给会展带来很大的风险。有时,企业可以通过参与招标取得承办资格。为提高会展的经济效益,扩大会展的影响,体现会展管理的科学性和公开、公正、公平的原则,主办单位也常常通过招标的方式确定会展承办单位。以招标方式确定会展承办单位,会展主办单位往往会提前将会展的主题、目的、要求和最终要达到的效果提前一段时间在媒体或网络上公开招标,拟承办的单位要根据标书的要求,制订投标方案,最后由专家确定最终的承办单位。主办单位有时也通过与行业协会、企业联合承办展会。

3. 支持单位

支持单位是指对展会主办或承办单位的展会策划、组织、操作与管理,或者是招展、招商和宣传推广等工作起支持作用的办展单位。支持单位可以是政府部门、公益组织行业协会、大众媒体、金融机构等。一个会展项目的顺利运作,需要得到社会各界的大力支持,具备良好的社会运作环境。一个项目成功运作离不开这些来源广泛的支持单位的帮助。主办单位和承办单位需要注意和支持单位搞好关系,在其支持下将展会运作成功。

(二) 参展商

参展商是受办展机构邀请,通过订立参展协议书(或会展合同),于特定时间,在展出场所展示产品或者服务的主体。参展商是办展机构获得收入的最主要和直接的来源。办展机构通过销售展台,为参展商邀请到数量和质量足够的观众,为参展商提供服务来获得利润。

参展商主要是同一个行业的企业,其他社会组织优势也出于各种目的作为参展商参与会展活动。一个会展汇聚同行业的众多企业参加,参展商之间在技术、产品方面有着很强的可比性,因此展会形成了一个直接竞争的氛围。专业观众在全面比较的基础上,确定自己的合作伙伴。会展对于参展商而言,既是实力的竞争,也是服务的比拼,往往最容易激发企业的斗志,提高企业的影响。会展也是宣传新产品的极好机会。同名专业会展一般每年举办一次,在这一年里,企业往往是通过科研、创新,生产出一系列的新产品;而专业观众也希望利用这个机会全面系统地了解产品的创新、开发情况,寻找到最合适的合作伙伴。

另外,参展商只能展示申报的展品。参展商还应遵守展馆的使用规定。参展商展出的所有产品宣传品或服务应遵守国家法律和符合相关标准。参展商应确保其展品所有物之相关国家安全标准和环境保护的规定;不能在展出期间危及人身安全和造成损害;并确保其展出物不侵犯或不可能侵犯任何其他方与专利、商标、知识产权相关的权益等。

(三)观众

观众是通过购买门票或提前注册入场参观、与参展商进行洽谈的自然人、企业及其他相关的市场主体。对观众的区分,最常用的就是根据各种所从事的行业与展会主题的契合性,把观众划分为专业观众与非专业观众。专业观众是指那些从事会展产品的研究设计、生产、销售和收藏的专业人员。专业观众中的采购人员称之为采购商,采购商是专业观众的主体。非专业观众是指那些本身并不从事该会展相关产品的设计、生产、研究收藏等工作的参观者。其中,专业观众是参展商参加展会获得收益的主要来源。对于参展商而言,高质量的专业观众,是展会的核心价值要素。中华人民共和国商业行业标准 SB/T 10358-2002《专业性展会等级的划分及评定》将专业性展会的等级划分为四个级别,由高到低依次为 A、B、C、D 四个等级,其中对专业观众和境外观众的比例提出明确标准。

(四)服务提供商

会展是一个系统工程,需要多家单位共同合作来为参展商和观众提供高质量的专业服务。现实操作中,往往是一些相关的企业联合成"商会"的形式,来共同操作会展项目;办展机构往往会为参展商和观众提供一本完善的会展服务手册,让他们根据服务手册按图索骥,迅速找到自己所需要的服务。会展运作中,办展机构更多是在选择合适的服务商来给展会提供专业而优质的服务,会展业也呈现出一个"服务外包"的团队合作景象。德国各个会展中心之中,都设有发达的专业服务提供商的办事机构,能够为展会运作提供各种各样专业的服务。

随着社会分工的细化和会展运作专业性的提升,为会展提供专业服务的企业越来越多,项目越来越广泛,既包括招商招展、展台搭建、展品运输,也包括旅游观光、保安清洁、餐饮住宿等。会展服务质量的高低,直接影响到主办单位与参展商之间的合作关系。办展机构虽然把大量业务外包给其他专业机构,但是会展参与者把这些服务视为办展机构提供给他们的服务。一旦这些服务出了问题,最后受损的都将是会展的品牌,因此,办展机构需要选择、管理、监督好会展服务提供商,切实做好相关服务工作。

办展机构要树立服务观念,按照市场化、商业化、专业化的要求,选择真正有实力的会展服务提供商。目前,我国的相关企业已经开始了会展服务的规范化、标准化的尝试,试图建立一套成熟的会展服务运作模式。如在全国率先获得ISO9000国际质量体系认证的深圳高交会展馆,就已经创立了一套包括展览业务经营、展览工程、展场租赁、会展物业管理等较为完善的会展服务体系。上海、大连、厦门等城市的会展中心也都相应地建立了各具特色的服务运作模式。

(五)会展场馆

会展场馆是会展的载体,包括会展中心、会议中心、会议酒店等,是会展得以进行的不可缺少的组成部分。各个展馆对部门有不同的划分方法,常见的如行政部、营销部、财会部、人力资源部、项目协调部、工程部、组织部、保安部、内务部等。大部分展会是在专用展览场馆举办的。展览场馆最简单的划分是室内场馆和室外场馆。室内场馆多用于展示常规展品的展会,比如纺织展、电子展等;室外用于展示超大超重展品,比如航空展、矿山设备展。任何城市会展场馆都是有限的。政府可以通过对场馆档期的控制,来扶持有关城市定位和政策扶持产业的会展活动的举办。

会展场馆规模宏大,设施齐全,智能化,经济实用,规划设计"以人为本",建设上广泛采用跨度大、承载力强的结构。建筑材料创新,讲究绿色环保,广泛采用膜结构等新理念,造型轻盈优美,富有时代气息;建筑风格也推陈出新,复兴古典主义、现代主义、后现代主义、古典与现代相结合流派均有呈现。现代化展馆远非简单的建筑,是现代高科技的结晶。现代化展馆场址选择、内部布局以及展馆设计等方面都突出了"以人为本"的建设理念。展馆场址选择一般都选在城郊接合部,并将交通条件、环境条件和地形条件作为选址的三大要素进行论证,同时场址选定后,仍要与市政规划相吻合。内部布局要求展馆内部管理有序,方便参展商和观众,提高工作效率;保留大片绿地,以便展商、观众在工作或参观之余有休闲场所休息。展馆设计基本上都是单层、单体,令观众身处其中感到舒适。现代化展馆建设周期长,投入很大,公益性很强,因而它从规划到建造得到政府的大力支持。

办展机构在决策会展项目是否可以在某个会展场馆举办,会考虑展馆、会展形象是否一致;展馆的性质是否满足会展的需要;展馆能否提供最满意的服务;能否遵循公平、公开的服务原则等因素。

三、会展市场运作机制

(一)会展市场主体识别

会展市场主体指的是会议与展览运作过程中的主要参与者,主要包括需求主体和供给主体两部分。会展市场需求主体一般包括参展商、与会者和观众;供给主体涉及的单位比较多,根据所举办展会、会议的性质、规模等不同,有不同的供给主体,而且每一次展会、会议的供给主体也不止一个。除此之外,还有一些为需求和供给搭建中间桥梁的中介,也是会展市场的参与者,又称为会展主体。所以具体地说,会展市场参与主体应该有以下几个。

1. 会展市场供给主体

1) 政府

在会展业发展初期,有必要借助于政府的力量,将散布于其他行业的资源整合起来加以利用。虽然政府一般不直接参与会展活动,但它对会展市场的运作有重要的意义。

(1) 会展业是一项综合性产业,对主办地的硬件和软件设施都有较高的要求。会展业的这种综合性,从经济学的角度看,就是强大的外部性。一方面,从正的外部性来看,会展业像某些公共产品一样,它使会展业之外的诸多产业和群体受益,如果没有制度和机制保证,受益者就不会从这种正的外部性受益而"买单";另一方面,会展业具有负的外部性,如造成交通拥堵、酒店价格攀升(增加其他商务交流的成本)等,客观上影响了其他产业的发展。失败的会展活动造成的影响远远不限于经济上的损失,同时会对城市的制度、信用和基础设施等经济发展环境的形象造成负面影响。会展业对一个城市来说,不仅是一项经济联动作用

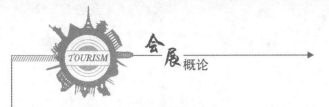

显著的产业,而且是一项对社会效益,特别是对城市形象、城市产业结构调整作用较大的产业。因此,会展业的发展,直接关系到城市的全局利益,需要政府的协调。

(2) 一个城市发展会展业,必须考虑自身的产业结构和优势,如城市基础设施功能、会展场馆基础设施、会展策划和组织人才、交通、技术支持能力等要素,对城市的会展业发展制定确实可行的战略发展规划。这些工作有且只有政府才能完成。

(3) 市场发育的基础之一是市场主体的市场化。政府可以按照社会主义市场经济的原则,使城市会展市场主体尽快脱离中间状态,尽快市场化,成为市场竞争的理性主体,培育专业化、公司化会展主体。

(4) 会展业对公共产品和服务的需求非常大。在会展活动期间,公安、消防、海关、检疫和邮电等社会资源都需要集中在短时间内达到较大的供给高峰。实际上,政府官员出席会展活动,也是公共服务的一种。会展业最大的公共产品是会展中心。在很多城市,会议展览中心是作为城市基础设施由政府负责建设,委托专业公司管理。

(5) 会展活动总是在一定的地理区域发生的。围绕会展产业链企业,中介机构、科研教育机构、政府和协会等机构形成了一个分工合作、相互作用的产业网络。这就是会展产业群。一个成熟的会展产业群通常包括产业链核心企业(包括会展业直接生产和销售部门)、相关产业部门(为了完成会展活动需要诸多辅助性产品、服务、人员及其和提供商的配合)和支持机构(包括政府主管部门和相关部门)3个方面,会展业在一个城市的集聚和提升过程中,政府应该起到重要的促进作用。

2) 会展计划者

会展计划者可以说是会展活动的发起人,计划办何种展览、开何种会议,都由计划者提出,具体的实施再交给专业人士去完成。换句话说,没有会展计划者就没有举办会展的理由,没有理由举办会展,其余的一切都将失去其价值。

3) 专业会议组织者和展览公司

专业会议组织者(Professional Conference Organizer,PCO)一般是一些小型公司,是负责申办、策划、组织、协调、安排和接待国际会议和大型活动的专业公司。展览公司是主要以展览为主进行专业化操作的机构。专业会议组织者和展览公司在会展市场的运作中通常起着直接操作与控制的作用。如果说在会展活动中政府一般充当主办者角色,专业会议组织者和展览公司则应该是承办者的角色。由于所扮演的角色不同,使得两者对会展市场的影响不同,前者是间接的影响,后者是直接的影响。

4) 目的地管理公司

目的地管理公司(Destination Management Company,DMC),最初是从事会展活动过程中的后勤管理机构,包括配套设施及人员供应、会展服务的提供和管理人才的培养等。

后来逐渐承担起PCO的部分工作。它们与会展场馆的关系是委托经营,当然也有会展场馆自己经营管理的。

5) 会议展览中心

会议展览中心主要的营销对象是会议公司、专业会议组织者及展览会的主办者,会议展览中心凭借完善的设施、优良的配套服务和先进的管理,吸引更多、更高档次的展会或会议在本中心举办。

2. 会展市场需求主体

1) 参展商和会议代表

参展商和会议代表是会展需求的最主要的参与主体，是交易产品的买家。其实，对于参展商而言，参加展览是一项低成本的活动。在展览中，他们可以和客户面对面地进行交流，同时也可以获取同行业的相关信息，这是一个极好的机会，不用登门拜访也可以收集到最新、最好的行业信息。对于会议代表来说，参加会议可能是他们的一项任务，但是，不管是否出于自愿，会议代表是会议的核心这一事实是不可否认的。会议各方代表带着自己组织的观点，在会议上达成共识的可能会签订经济合同，不能达成共识的，经过思维的碰撞也有一定的思想收获。

2) 展会观众

展会观众是会展需求主体的另一部分，分为专业观众和普通观众。他们对会展产生需求的原因多为欲购买参展商的产品；此外，对新产品的欣赏，也构成了观众参与到会展市场中来的原因。

3. 其他中介组织

其他中介组织，或称中介机构，目前看来，通常由一些行业协会来充当。中介机构在帮助政府部门决策、执行政府决定和说服会展参与机构接受会展理念等诸多方面，是一支不可或缺的生力军，对会展市场的兴旺发展起到巨大的促进作用。另外，金融机构作为促进和加快会展市场运转的工具，对推动会展市场的发展也起了不可磨灭的作用。各类学会、协会、媒介和教育单位也都是参与会展业的机构。

(二) 会展市场的运作机制

1. 展览市场运作机制

展览是会展活动的重要组成部分，也是主要部分。因此，展览市场的运作机制也成为会展市场运作的典型模式。它的运行模式是主办单位将展览产品（创意、主题或品牌）出售给展览公司，展览公司组织展商（展览的买家）产品，为了更好地吸引展商，还要帮助组织观众，这当中的接待工作交给 DMC 去完成。现在的 DMC 有时直接与主办单位接触，甚至自行办展，销售展览产品，因此，现在的 DMC 承担了展览公司的一部分职责，如图 1-3 所示。

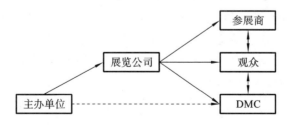

图 1-3 展览市场运作机制

2. 会议市场运作机制

会议市场运作从流程上看，比展览市场简单一点，即需求方面只涉及参会者而不涉及观众。因此，会议市场的运作机制可表述为：由会议计划者或主办方提出召开会议的想法及会议主题，再将其委托给专业会议组织者，专业会议组织者对整个会议进行策划后，与会议当地的目的地管理公司联系落实相关具体事宜,同时,向可能参会群体进行宣传。现在的 DMC 有时直接与会议的计划者接触,销售会议产品,因此,现在的 DMC 实际上承担了一部分 PCO 的职责,如图 1-4 所示。

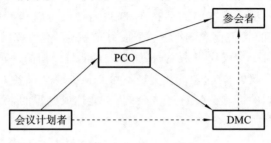

图 1-4　会议市场运作机制

3. 节事活动市场运作机制

节事活动是从长远或短期目的出发,一次性或重复举办的、延续时间较短的活动,其主要目的在于加强外界对于旅游目的地的认同、增强吸引力和提高其经济收入。节事活动一般由政府部门充当主办方,确定节事活动主题,再由专业公司联合充当承办方将活动开展起来。由于这样大型的活动涉及面比较广,一般来说都有两个或两个以上的承办单位。节事活动的运作机制如图 1-5 所示。

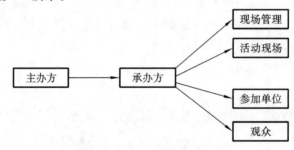

图 1-5　节事活动市场运作机制

(图片来源:张红.会展概论[M].北京:高等教育出版社,2006.)

4. 奖励旅游市场的运作机制

奖励旅游是商务旅游的延伸,是一种现代的管理工具。在国外,已经有了专门接待奖励旅游的专业公司,国内目前主要还是靠旅行社来操作。其运作机制是:企业有奖励旅游的需求,奖励旅游公司或旅行社针对其需求提出策划方案,若企业同意某方案,则委托策划此方案的公司或旅行社按该方案组织此次旅游活动。

第四节　会展业与其他产业的关系

一、会展业与旅游业

会展与旅游有着本质的区别。会展核心功能是信息与物质交流,具有明显的物质功利性,是现代社会的生产和交换的重要过程。旅游是休闲活动的一种方式,是一种生活方式,其核心功能是个体的经历、精神的愉悦,具有明显的非物质功利性。会展活动关注的是"信息、物质的交流与交换",其基本社会功能是物质资料生产环节的完善,旅游关注的是个体体验、精神愉悦,实现的基本社会功能是个体身心的完善。

会展业与旅游业在现代产业发展中形成的是一种双赢关系。因为但凡能够成功举办大型会展活动的城市,往往是旅游名胜之地。而会展业带来的客户消费高、停留时间长、团队规模大、盈利性好、行业带动性强,使城市形成了以会展带旅游,以旅游促会展的良性互动发展模式。游客往往具有会展参观者的身份,而会展参观者又往往具有游客的身份,形成了旅游业与会展业的良性互动。1992年的西班牙塞维利亚世博会,其举办地是一座遍布名胜古迹、令人流连忘返的城市,主办者制订了旅游、会展有机融合的周密计划,从而取得了良好的经济效益和社会效益。而德国汉诺威是一个会展业集中的城市,但其曾一度因为过于将精力集中在会展业务上面而忽视了旅游宣传和组织,结果失去了旅游业的有效支撑,导致会展参观人数严重偏离预期,以致产生巨额亏损。

会展与旅游的互动,表现为会展旅游的兴起。会展旅游是指借助举办的各种类型的会议、展览博览会、交易会招商会、文化体育、科技交流等活动。吸引游客前来洽谈贸易,观光旅游,进行技术合作、信息沟通和文化交流,并带动交通、旅游、商贸等多项相关产业发展的一种旅游活动。从整个发展过程来看,会展旅游的形成是会展经济的产物,是会展产业链的一个环节,是会展业的延伸。20世纪90年代以来我国会展旅游业发展迅速,年增长速度达到20%以上,大大高于我国其他领域经济总量的增长。会展旅游是会展活动的延伸。从会展的角度来理解会展旅游,它是在会展活动实现的情况下派生出来的一种重要的"副产品",而这种副产品对会展有重大的、积极的影响和意义,即增加会展人数、扩大规模、影响成交量、提高会展品牌知名度等。会展旅游是专项旅游产品或活动。

从会展旅游者的构成来看,会展旅游往往比观光旅游层次更高,拥有更多的文化、科技、商贸含量。因而,会展旅游比观光旅游往往能给举办地带来巨大的经济效益和社会效益。会展业将是未来旅游业中较有发展前途的市场之一。

会展活动组织者与旅游活动组织者需要高度配合,共同实现利润的最大化。出于扩大会展影响的需要,会展组织者应该尽量考虑到会展旅游者的需要,将举办地放在具有高度旅游价值的地区,当然,这个会展举办地必须满足会展活动的要求。会展活动如果不与旅游活动紧密配合,很可能影响会展活动的效果。为了实现会展带动旅游的良好局面,会展组织者与旅游组织者必须积极配合。一方面,会展组织者应积极寻求与旅游活动组织者的配合。会展组织者在选择会展目的地时,除了考虑会展本身的要求外,还需充分照顾到该地对会展旅游者的旅游价值,以提升会展的附加值。会展组织者还应主动邀请旅游组织者参与会展活动的组织和实施,特别是在"食、住、行、游、购、娱"旅游六大要素的安排上,这样既是减少活动安排的压力,又能使会展旅游者更满意。另一方面,旅游活动组织者应积极参与会展活动的组织和实施。实力雄厚的旅游集团参与会展,将会减少许多不必要的中间环节,使浪费降到最低点,大大降低会展的运营成本,从而使会展与旅游达到互动和双赢。

二、会展业与房地产业

国际市场的会展业、旅游业和房地产业并称为世界三大无烟工业,会展业已是一座城的城市名片和城市经济发展的"助推器"。随着文明社会建设的向前推进,人们对物质、文化交流的需求日益渐长,会展业在人文交流中发挥着枢纽作用。而房地产业作为国民经济新的增长点,为中国经济的快速增长做出了贡献,其每年税收约占国民生产总值的10%。两者具有密不可分的联系:举办会展能拉动举办地房价的上涨,而房价的上涨又是基于举办会展所带来的城市与之相关的交通、休闲娱乐、服务等设施得到优化,为休闲生活提供必要的保障,增强了城市招商引资的吸引力。

房地产价格是由多种因素共同作用的结果,宏观方面包括政府的货币政策、政府的支持力度,微观方面则包括楼盘周围的配套设施、交通的可进入性等。会展活动的举行对附近房地产市场的影响主要集中于场馆板块的楼盘项目。以杭州休闲博览会为例,目前,休博会板块的楼盘平均售价与休博会前同区位楼盘相比将近翻了一番。城市基础设施改善,以交通改善尤为明显。会展活动的举办对城区的基础设施建设推动作用明显,其中最显著的表现在对交通环境的改善上。40.4%的被调查者认为,交通对于房价的上涨具有明显的推动作用。以地铁为例,作为轨道交通的典型,近几年地铁对于楼盘房价的制定已开始发挥实际的影响,但楼盘距离站点不同其所受的影响也存在着差异,交通的改善作为会展活动后基础设施改善的典型对附近区块房价的上涨具有决定性的影响,起到了极大的推动作用。

会展活动的举办对房地产业的影响具体表现在以下几个方面。

(一)房产类型多元化

房产类型多元化是在投资主体、需求主体两方面共同作用的一种必然结果。对于需求主体而言,每一类需求主体的购买诉求各不相同,有为满足基本的住宅功能的一次置业,有为改善生活居住环境的二次置业,有度假需求的旅游置业等,不同的需求对户型、建筑类型等的要求不尽相同。对于投资主体而言,每一投资主题有自己的发展理念和方向,如旅游房地产企业宋城房产以开发旅游区内的景观住宅房产为主;政府作为投资主体又以普通小区物业为主;酒店集团派生的房产商以开发酒店管理式物业为主。在房产类型受前两者影响朝向多元化发展的同时,也进一步刺激了需求和投资主体向多元化的发展。

(二)影响房地产开发理念和品质

大多数会展活动都有其自己的主题,这就要求场馆附近的以及该城市的房产商在房产开发中要融入与之相匹配的理念,更注重房产的形式并以楼盘品质作为开展竞争的切入点,而非先前的房价竞争战略。尤其是会展活动后房产投资主体多元化发展加大了开发商的竞争压力,各楼盘在设计时非常注重楼盘品质的设计。这是房产商开展竞争的现实需求。

(三)政府的介入

城市申请举办会展活动成功后,该地区政府作为主办方之一往往会出台相关政策,采取相关措施来配合会展活动的筹备工作。具体包括参与规划主场馆的建造工程,加上政府的扶持,企业能以较低的价格获取活动区块的大片土地,从而为该区域房产的发展提供坚实的保障。同时,政府在周边的征地工作和整体房价的上涨,需要政府投资建造大量的安置房和经济适用房以满足区内各阶层消费者的需求。

（四）带来大量的外地客商

大型会展活动的举办是城市品牌的一次形象展示，在宣传城市形象的同时往往会带来全国各地甚至全球的投资者。外地客商和资本的进入无疑会拉动该城市的经济发展。

三、会展业与其他服务业

（一）会展业与酒店业的关系

酒店主要为会展提供了食宿服务，一些酒店本身也是会展举办的场所。会展业也对酒店业的规模、效益、品牌和形象等方面产生了积极影响。会展业与酒店业之间形成了良性的互动关系，主要表现在以下几个方面。

1. 市场客源方面

会展具有人流量大的特征，会展的举办有利于吸引大量的主办方、参展商和观众参与其中，这就为酒店业提供了丰富的客源基础。据统计，美国酒店客人的33.8%来自国际会议；广交会期间，广州市曾云集了来自100多个国家和地区的外商超过10万人，广州市主要的酒店平均入住率达95%以上。

2. 经营收益方面

据专家预算，会展业对国民经济发展的直接带动系数为1∶5，间接带动系数为1∶9。会展活动举办期间，主办方、参展商、观众及相关人员在举办地的住宿、餐饮、娱乐、健身等活动均可为酒店带来可观的经济效益，主要酒店在会展举办期间内的营业收入要比平日高出1—3倍。此外，酒店在为会展人员提供各项服务的同时也为会展业产生间接效应提供支撑。

3. 酒店投资方面

大型会展蕴含了巨大的商机，引来众多商家前来投资酒店业，从而形成了星级酒店的空间集聚带。例如，2002年上海在成功申办2010年世博会之后，国际知名连锁酒店集团——喜达屋酒店(Starwood Hotels)与度假村国际集团在沪宣布，上海市将成为该集团在今后一段时间内的投资重点，在2006年，喜达屋旗下的六大品牌全部入沪。

4. 资源交流方面

会展中大量信息的集聚为酒店业带来了新的思想和理念，国际化信息的引入促使酒店业不断进步与发展，与世界先进水平与标准接轨，从而缩小国内酒店业与先进发达地区酒店业的差距。当然，酒店也是当地与外界进行文化交流的场所，凭借会展活动的开展，大量外来人员的涌入刺激了当地文化与外界文化的碰撞、交叉与融合，从而对会展发展理念也有新的启示和借鉴意义。

5. 服务升级方面

随着经济活动和会展经济的全球化发展趋势，会展业的参展商和观众不仅只来自国内，还来自国外。酒店在提供会展相关服务时，不可避免地接触到国际顾客，这就促使酒店方提升员工在外语水平、国际礼仪知识、国际化服务流程等方面的能力。在会展的驱动下，目的地酒店业的竞争日趋激烈，这有利于新的行业标准的建立，服务体系的日益完善，优质服务规模体系的形成。

6. 环境塑造方面

酒店应为会展提供合适的活动场所和良好的内部环境，尤其是酒店设施、设备的现代化和智能化能够满足于会展活动开展的需要。良好的酒店设施、设备与环境满足了会展相关人员的需求，可以使其更好地服务于会展，从而促使会展活动得以顺利开展、提升会展水平。另外，会展水平的进一步提升则为酒店发展打开了更大的发展空间。

（二）会展业与餐饮业的关系

餐饮业作为会展业的基础行业，为会展活动的举办、开展提供了饮食保障，加速了会展业的发展。此外，餐饮业凭借着会展业，可以全面展示餐饮业的产业化、现代化和规范化发展的崭新形象，加大更新与优化餐饮产品，大力宣传餐饮品牌企业，广泛推荐餐饮文化内涵，深入探讨餐饮业所面临的问题，从而推动整个餐饮业的进步发展。

首先，会展业与餐饮业在饮食服务上的互动。会展活动的举行与开展，吸引了众多的来自五湖四海的国内外主办方、参展商、观众及相关人员。由于地理环境、气候物产、政治经济、民族习惯和宗教信仰的不同，使得来自不同地区的会展人员饮食风俗多种多样。餐饮业为了满足四面八方食客的饮食口味与需求，必然注重和引进各个国家和地区的饮食习惯和风格，提供多样化的饮食服务，从而形成"百花齐放"的局面。当然，会展举办地也会着重打造和推荐本地区独特的饮食，从而增加对参展人员的吸引力，满足会展人员的"求异、猎奇"的消费心理。例如，2001年在苏州召开的亚太经合组织（Asia-Pacific Economic Cooperation，APEC）财长会议举行期间，不少外国朋友对现烘现卖的鲜肉月饼情有独钟，百年老店采芝斋在会议期间的销售量比去年同期上升了30％，松鹤楼等特色餐饮服务点成为外国友人争先恐后的就餐地点。

其次，会展是展示餐饮业品牌形象的特殊载体。第一，通过会展这种特殊的形式，可以形成大量客流的集聚，促使当地的餐饮特色、饮食品牌通过客流的扩散作用而声名远扬，从而产生巨大的广告效应。第二，通过会展活动，可以为全国餐饮老字号企业、中国餐饮百强企业、全国重点餐饮企业、国家级酒家酒店、港澳台及国外品牌餐饮企业提供一个展示品牌形象、交流发展经验、探索合作发展的平台。第三，通过会展活动，还可以发挥行业主管部门的引导作用，使得会展活动与行业管理工作相结合、品牌培育与传统创新相结合、业务工作与宣传推介相结合、行业活动与国际交流相结合，从而充分调动各地行业主管部门、有关行业组织的积极性，近年来，以连锁、品牌经营和技术创新为代表的现代餐饮业，正在代替作坊式、经验型、随意性为特点的传统餐饮业。

最后，会展业与餐饮业的融合是扩大消费的重要渠道。餐饮展览会是专业及业余观众了解国内外餐饮习惯、饮食风俗和餐饮品牌的大好时机。一些拥有较高知名度的大酒店、特色饭馆可以拿出看家本领和特色饮食，在餐饮展览会上提升吸引力、增加印象，为今后的发展奠定人气基础。很多餐饮展览会的举办也别出心裁，将会展活动安排得精彩纷呈，既满足饮食参展商提升品牌效果、扩大消费群体的需求，又使观众对国内外的饮食特色、品牌的了解有所提升。会展业在大喊"做大"、"做强"口号的同时，应根据餐饮业的特点在举办餐饮业展览会时"做细"、"做精"。会展业与餐饮业的融合，成为招揽客人的重要手段和方式，是扩大消费的重要渠道和必然选择。

本章小结

本章主要阐述了会展的基本概念和内涵,介绍了不同国家对会展的不同定义,会展的本质、特点和类型,中外会展业的发展历史。从产业的角度,了解会展产业和会展产业链的基本概念和内涵。从市场的角度,介绍了会展市场的概念和基本情况。同时,介绍了会展业与其他产业的关系。为后续全面系统地学习会展做好基础理论准备。

关键概念

会展的概念　会展的本质　会展的特点　会展产业的概念　会展产业链的构成　会展市场的构成

复习思考题

□复习题
1. 简述会展的基本概念及内涵。
2. 简述会展的本质及特点。
3. 简述会展产业的作用及功能。
4. 简述会展市场的主体。

□思考题
试对中外会展产业发展现状的异同点进行比较分析。

第 2 章

各个学科视角下的会展

学习目标

通过本章的学习,了解多个学科视角下的会展。基于管理学视角,了解会展与项目管理、市场营销、服务管理的联系;基于经济学视角,了解会展与产业经济、平台经济和城市经济间的联系;基于文化学视角,了解会展活动自身的文化等。

案例引导

作为观察中国外贸重要的窗口,第124届中国进出口交易会(广交会)于2018年10月31日至11月4日在珠江之滨的广州拉开帷幕。本届广交会总体格局不变,展览规模保持稳定。展览总面积为118.5万平方米,展位总数60645个,境内外参展企业25583家。本届广交会到会人数同比第122届(2017年10月起召开)保持基本稳定。

2018年是"一带一路"倡议提出五周年。五年来,来自"一带一路"沿线国家的客商已成为广交会不可或缺的重要组成部分。"一带一路"沿线国家采购商到会由2013年第114届广交会的77278人增长至第123届的90576人,增幅达17.2%,占与会总人数的比重也由40.75%上升至44.54%。目前广交会前十大采购商来源地中,"一带一路"沿线国家占了7位,其中印度、俄罗斯等沿线新兴大国到会采购商人数持续增长。中国物美价廉的产品深受"一带一路"沿线消费者的青睐。本届广交会上,有来自17个"一带一路"沿线国家和地区的381家企业参展,展位总数615个。

在组织结构方面,广交会设置了包括大会秘书处、业务办公室、外事办公室、政治办公室、保卫办公室、新闻中心、卫生保健办公室、证件服务中心和广交会客户联系中心等九个部门,保障大会顺利进行。

(资料来源:http://www.cantonfair.org.cn/html/cantonfair/cn/info/2018-10/47568.shtml.)

问题:作为一个成功的会展案例,广交会在项目管理中成功的要素有哪些?

第一节 管理学视角下的会展

一、会展与项目管理

(一)项目与会展项目

1. 项目

1)项目的概念

项目是指一系列独特的、复杂的并相互关联的活动,这些活动有着一个明确的目标或目的,必须在特定的时间、预算、资源限定内,依据规范完成。美国项目管理协会(Project Management Institute,PMI)在其出版的《项目管理知识体系指南》中为项目所做的定义为:项目是为创造独特的产品、服务或成果而进行的临时性工作。

以下活动都可以称为一个项目。

(1)开发一项新产品。

(2)计划举行一项大型活动(如策划组织婚礼、大型国际会议等)。

(3)策划一次自驾游。

(4)ERP的咨询、开发、实施与培训。

2)项目的分类

(1)按照项目的应用领域分类:工程项目、软件开发项目、高科技项目、金融项目、农业项目、制造业项目、信息技术项目。

(2)按照管理特点分类:工程建设项目——有形技能工艺、业务运作项目——无形技能工艺、新产品开发项目——有形智力活动、技术研究开发——无形智力活动。

3)项目的要素

(1)日常运作:是连续不断和重复的。

(2)项目:是一次性和独特的。

①具体的结果(产品或结果)。

②明确的开始与结束日期(项目工作开始日期和它的结束日期)。

③既定的预算(包括人员、资金、设备、设施和资料总额等)。

2. 会展项目

1) 会展项目的概念与特征

会展活动的流程包括收集信息、活动立项、方案实施、现场调配,以及后续的评估总结,是一个有始有终的系列活动,是一个完整的项目。

会展项目作为一种新兴的项目形式,具有自身的项目特色,与其他项目存在明显的差异。

会展项目是以会展活动为管理对象的新型项目形式,其特征主要体现在以下几个方面。

(1) 顾客导向性:以人的需求为导向,最终要使客户满意。

(2) 项目连带性:一个会展项目会涉及服务、交通、通信、建筑、装饰等诸多部门。

(3) 客户广泛性:以客户群体为对象,而非个体。

(4) 效益整合性:会展项目取得经济效益的同时,也取得了巨大的社会效益。

2) 会展项目的分类

(1) 展览项目。

①按目的分类:展示类、交易类。

②按性质分类:贸易类、消费类和科技类。

④按内容分类:综合类、专业类。

(2) 会议项目。

通常按目的可分为:专项研究、产品发布。

特征:重复性强、服务全面、参与人数少。

3) 会展项目周期

(1) 对成本和工作人员的需求量最初比较少,在向后发展过程中需要越来越多,当项目结束时又剧烈减少。

(2) 在项目开始的时候,成功的概率是最低的,而风险和不确定性是最高的。随着项目逐步地向前发展,成功的可能性也越来越高。

(3) 在项目开始阶段,项目设计人员的能力对项目产品的最终特征和最终成本的影响力是最大的,随着项目的进行,这种影响力逐渐减弱。

(4) 通过项目生命周期我们通常确定一个会展项目,以及每个阶段所需要做的技术性工作、每个阶段所涉及的人。

(二) 项目管理与会展项目管理

1. 项目管理

1) 项目管理的概念

项目管理就是将各种知识、技能、手段、技术应用到项目中,以满足或超过项目干系人的要求和期望,它的指导项目从开始、执行,直至终止的过程。

2) 项目管理的特点和基本职能

项目管理的基本职能为:计划、组织和管理。

项目管理的特点:一是项目经理是项目管理的核心;二是项目管理对象是一次性的。

2. 会展项目管理

1) 会展项目管理的概念

会展项目管理是会展项目管理者根据会展项目运营客观规律的要求,运用系统的观点理论和方法,对执行过程中会展项目发展周期中的各个阶段工作进行计划、组织、控制、沟通与激励,以实现其目标的各项活动的总称。

2) 会展项目管理的特征

服务目标性、项目关联性、客户广泛性、收益综合性。

3) 会展项目管理的内容

会展项目组织管理、会展项目计划管理、会展项目财务管理、会展项目的实施控制、会展项目合同管理、会展项目危机管理、会展项目评估。

4) 会展项目管理的过程

启动、规划、执行、控制、结束阶段,基本管理过程可归纳为以下 5 个阶段,其中控制阶段是贯穿始终的。

(1) 会展项目启动阶段:确认一个项目或者一个阶段应当开始并付诸行动。

(2) 会展项目规划阶段:为实现启动过程提出目标而制订计划。

(3) 会展项目执行阶段:为计划的实施所需执行各项工作,包括对人员和其他资源进行组织和协调。

(4) 会展项目控制阶段:监控、测量项目的进程,并采取纠正措施,以确保启动阶段提出的目标得以实现。

(5) 会展项目结束阶段:对项目或项目阶段成果的正式接受,使从启动阶段开始的这一周期有条不紊地结束。

5) 会展项目管理的发展趋势

(1) 人性化管理。

①对企业内部员工的管理。

②对各级客户群体的管理。

(2) 网络化管理。

①沟通方式网络化。

②宣传方式网络化。

(3) 规范化管理。

①项目设计规范化。

②项目实施规范化。

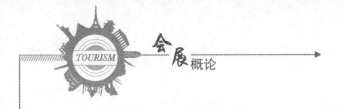

二、会展与市场营销

(一) 会展营销概述

1. 会展营销的概念

会展营销是指会展活动组织者通过会展活动的服务、定价、渠道促销、形象设计与宣传等手段,以达到吸引目标客户、提高会展品牌价值与影响力的一系列市场推广活动。

市场营销是经营活动职责之一,指的是将产品及劳务从生产者直接引向消费者或使用者以便满足顾客需求及实现公司利润的过程。因此,会展营销是会展活动组织者通过各种合适的渠道向目标客户提供会展产品或服务的一种管理过程。

2. 会展营销的对象

会展活动的本质是为各方搭建信息沟通与交流、产品销售与购买的平台。会展活动汇集大量的人参与到一次会展活动中,除会展活动中的参展商和观众外,还包括参与会展活动整个过程的媒体、会展活动的服务方、会展活动的协助方。

1) 参展商

在会展活动中,参展商是会展活动组织者最重要的客户,是会展活动利润的主要来源。参展商参展的目的在于希望在会展活动中实现自己销售或其他参展的目标,因此,参展商关注会展活动的规模、会展活动的质量、参展效益等方面。对于参展商的营销,会展活动组织者要尽可能地吸引参展商做出参展决策,并且增加参展商的忠诚度。

2) 观众

会展活动的另一大参与者是会展活动的观众。会展活动观众是参展商参展决策的重要影响因素。观众的数量多、质量高是参展商能够实现参展目标的基本保证。会展活动的观众对于会展活动一般首先关注会展活动的题材是否与自身经营的业务相符,会展活动中展示的内容是否有前瞻性、能否反映行业未来的发展趋势、是否具有代表性,会展活动设计是否具有创新性、是否有价值。因此,会展活动的组织者对于会展观众的营销需要通过强调会展活动的主题、内容、参展商的代表性等增加对观众的吸引力,并通过加强观众与参展商的交流等方式增加观众对于会展活动的满意度。

3) 媒体

会展活动宣传推广、招商招展等都需要与媒体进行合作。公众媒体通过各种宣传的渠道,向社会大众广泛地宣传会展活动,能够有效地营造社会对于会展活动的舆论氛围,而且媒体对于会展活动的评价也能影响参展商和观众的参展决策。因此,会展活动需要密切关注媒体对于会展活动的需求,通过营销活动向媒体记者提供会展活动的相关信息、会展活动的新闻亮点等,以达到吸引公众关注、促进招商招展、提升会展品牌知名度的目的。

4) 会展活动的服务方

会展活动的服务方为会展活动提供各种支持,是会展活动能够顺利进行的保障。会展活动的组织者为保证服务质量,必须吸引具有实力的会展服务商的加入。因此,会展活动组织者需通过会展营销活动使会展服务提供方了解和认同会展活动的办展理念,为会展活动提供优质的服务;同时增加服务方对会展品牌价值的认同及会展活动发展潜力的信任,促使双方达成长期的合作,不断提供会展活动服务,以达到可持续发展的目的。

5) 会展活动的协助方

会展活动的协助方是指对会展活动的组织、操作、招展、招商、宣传推广等提供支持的组织,包括政府部门、行业组织等。在我国的特殊的背景下,一方面政府或行业协会加入会展活动组织中能够增加会展活动的公信力,另一方面也可以充分挖掘各协助方的相关资源,提升会展活动组织管理的效率。一般来说,会展活动的协助方关注的是会展活动的品牌价值、行业及社会地位、合作效益等。因此,针对会展活动协助方的营销应当以上述内容为主,以提高会展活动的行业影响力、促进与会展协助方的合作、招揽参展商和观众为最终的营销目标。

3. 会展营销的指导原则

会展活动本质上提供的仅仅是各种服务和体验,而服务不同于有形产品,具有生产和消费的不可分离性、无形性、易逝性和可变性等特征。因此,在开展会展营销工作时,应结合服务业的特性,遵循以下营销指导原则。

1) 强化会展活动有形的展示

有形的产品总是比无形的产品更能给人留下深刻的印象。会展营销要努力将客户看不见的各种无形的服务和体验尽量用有形的形式展示出来,让客户对这些服务看得见、摸得着,切实感受到参加会展活动就能享受到这些服务和体验。

2) 重视会展活动口碑的传播

不管是参展商还是专业观众,展会的口碑对其是否选择参展、观展都有着重要的影响。某项调查研究表明,当某个展会的知名度还不高时,有40%左右的观众是因为同行和熟悉的人推荐才去参观展会的。因此,会展活动的营销要重视口碑传播,努力让展商和专业观众满意并使其带来更多的客户。

3) 注重会展活动营销的连续性

会展活动营销是一个长期的过程,对会展营销活动要有连续性。在会展活动的不同阶段,对展会主题定位、优势和特点等的宣传要保证时间的持续性、内容的连续性,不能经常变化,只有这样才能在客户心目中留下深刻的印象,从而使其做出最终参展的决策。

4) 加强会展活动内部的营销

会展营销不仅要面向外部的客户,即参展商和专业观众等利益相关者,还要加强对会展活动内部员工的营销。会展活动本质上是给客户提供服务和体验,这些服务很多是要通过展会工作人员来完成的。因此,员工不仅要明白需要向客户提供哪些服务,还要明白应如何提供这些服务并努力提高服务的质量。会展活动内部营销即要让员工明白展会对客户做出的各种承诺,并鼓励员工向客户提供高质量的服务来实现这些承诺。

(二) 会展营销策略

会展营销要实现营销的目标需要对营销策略进行有效的选择和设计。会展市场营销的策略包括会展目标市场策略和会展营销组合策略两个方面。

1. 目标市场策略

会展目标市场策略是会展营销组合策略的基础。会展目标市场策略是指针对目标市场,会展活动组织者采取的营销策略。会展活动组织者需要根据目标市场的特点和会展活动的情况,选择有效的目标市场营销策略,才能更好地实现会展营销的目标。一般来说,会展目标市场策略有三种模式,即无差异目标市场策略、差异性目标市场策略和集中性目标市场策略。目标市场策略代表的是会展活动组织者对市场不同的态度,是进行营销组合设计的基本指导。

1）无差异目标市场策略

无差异目标市场策略是指将整个会展市场作为目标市场,以一种营销组合,向所有者提供产品和服务。无差异目标市场策略操作起来简单方便,而且因为只提供一种营销组合,可以节约成本,容易获得规模经济效益。另外,单一的营销组合意味着会展活动向社会大众传递的品牌信息等是唯一的,短时间内有利于会展品牌的建立。但是,不容忽视的是,会展市场本身是由不同利益相关者组成的,单一的营销组合很难长期满足参展商不断变化的需求。

2）差异性目标市场策略

差异性目标市场策略是指选择几个细分市场作为目标市场,针对不同市场提供不同的产品或服务,制定不同的营销组合方案,分别进行有针对性的营销,以满足不同细分市场的不同需求。

差异性目标市场策略能选择多个细分市场作为目标市场,并针对每个细分市场进行不同的营销组合,有利于提升市场竞争力,以及在参展商心中树立起专业化的形象。此外,差异性目标市场策略可在一定程度上分散经营风险,当某一个细分市场经营失败时,其他的细分市场还有可能成功,弥补相应的损失。

差异性目标市场策略也存在一些不足,首先,多个营销组合需要大量营销管理成本的投入,对会展活动的组织者而言,这样的目标市场策略难以取得规模经济效益。其次,选择要经营的目标市场数量过多,容易导致会展管理难度加大。最后,在多个目标市场的情况下,会展企业资源的有效集中配置,会影响某些优势的发挥。

3）集中性目标市场策略

集中性目标市场策略是选取一个或几个很相似的细分市场作为目标市场,制定一套营销组合方案,实行专业化经营,进行密集性开发。集中性目标市场策略可集中力量在特定会展市场占领优势并实现一定规模经济效益;有利于提高会展企业的知名度和市场占有率。需要注意的是,集中性目标市场策略选择一个或几个相似的目标市场,制定相同的营销组合,因此不具备差异性目标市场策略分散风险的优势,此种目标市场策略经营风险较大,如果选择的细分市场不够大,非常容易引起激烈的竞争。

2. 营销组合策略

20世纪50年代末,杰罗姆·麦卡锡在《基础营销学》一书中提出4P理论,即product(产品)、price(价格)、place(渠道)、promotion(促销或推广)。4P理论的提出,是现代市场营销理论最具划时代意义的变革,从此营销管理成为公司管理的一个部分,涉及了远远比销售更广的领域。

1）会展产品策略

会展产品是会展企业凭借一定的场地和设施,向参展商、观众、新闻媒体等参加展会的人员提供的满足其参会和参展所需要的有形商品和无形服务。会展产品是一个整体概念,由会展活动的宣传、会议、陈列、商品交易、物流、饮食、住宿、交通、浏览、售后服务等一系列具体事项构成，既包括有形的产品，也包括无形的服务。会展产品包括以下三个层次。

（1）核心会展产品。

核心会展产品是会展客户真正要购买的，即产品的使用价值，是指会展活动向会展客户提供的产品的基本效用或利益。对参展商而言，会展活动的核心产品是指展品展示、贸易成交、开发客户或树立企业形象等；对观众而言，会展活动的核心产品是信息的收集、市场关系的建立、采购的完成等。如果从会展活动的环节上看，会展核心产品是指会展活动前期、中期、后期的各种服务。

（2）形式会展产品。

形式会展产品是指核心会展产品借以实现的形式或目标市场对某一需求的特定满足形式，包括品质、样式特征、商标及包装。会展活动的形式会展产品是指会展活动的名称、会展活动的品牌、会展活动的主题、会展活动相关设施以及会展从业人员的仪容仪表、服务态度等。

（3）延伸会展产品。

延伸会展产品一是指会展企业为培养顾客的忠诚度、提高核心竞争力，向会展客户所提供的各种附加产品，包括会展产品知识介绍、咨询和培训、提供相关的行业资料、售前及售后的服务保证等。二是指为满足会展客户派生需求而形成的产品，如会展旅游、会展商业等。

会展产品策略要求企业制定经营战略时，首先要明确提供什么样的产品和服务去满足消费者的要求。会展产品满足消费者需求的程度决定了会展活动的成败。会展产品策略主要包括以下两个方面。

第一，会展产品的开发策略。会展产品的开发是指生产与市场上已有会展产品有一定区别或完全不同的产品。根据市场的需求，会展产品的开发可以通过改良现有会展产品或是开发全新会展产品两种渠道得以实现。

第二，会展产品品牌化策略。品牌竞争已经成为现代竞争发展趋势。会展产品需要树立品牌观念，明确品牌对于会展产品的重要性。同时，从会展的硬件和软件两个方面入手提升会展品牌质量，拓展品牌影响力。

2）会展价格策略

会展价格是会展竞争的重要手段，是会展消费者购买决策的主要影响因素。在执行价格策略时，不仅要考虑价格水平、折扣幅度、付款条件等有关绝对数量指标，还要考虑参展商对展会的认知价值、展会的质量价格比，即通常所说的"性价比"，以及差异化系数等有关相对指标。会展价格制定的方法包括成本导向定价法、竞争导向定价法、需求导向定价法三种。

（1）成本导向定价法。

成本导向定价法是指以产品单位成本为基本依据，再加上预期利润来确定价格的方法，是中外企业最常用、最基本的定价方法。成本导向定价法细分为总成本加成定价法、目标收益定价法等几种具体的定价方法。

（2）竞争导向定价法。

在竞争十分激烈的市场上，企业通过研究竞争对手的生产条件服务状况、价格水平等因素,依据自身的竞争实力、参考成本和供求状况来确定商品价格这种定价方法就是通常所说的竞争导向定价法。

（3）需求导向定价法。

需求导向定价法是指根据市场需求状况和消费者对产品的感觉差异来确定价格的方法,也叫作顾客导向定价法。需求导向定价法主要包括市场认可价值定价法、需求差别定价法和需求心理定价法。

3）会展渠道策略

会展营销即通过会展营销渠道在适当的时间、适当的地点利用适当的方式将会展产品提供给目标市场。会展营销渠道是指会展产品从会展企业向目标客户转移过程中各个环节连接起来而形成的通道。

（1）会展营销渠道的类型。

会展营销渠道可以从不同角度划分为不同类型,通常的划分方式有以下两种。

①按销售过程中是否利用中间商可以划分为直接渠道和间接渠道两种类型。

直接营销渠道也称作直销,是指会展企业直接将会展服务销售给目标客户,不经过任何中间环节,也就是说没有中间商的存在。直接渠道能够节省营销成本,无须付给代理商佣金,有利于降低会展产品的成本,此外,能较好地掌控所有的营销因素。会展企业可以用统一的口径向目标客户提供服务信息,有利于减少价格、展位划分等方面的业务冲突。直接营销渠道的缺点主要在于市场渗透的速度慢,受制于资源状况,有可能导致潜在的目标市场无力挖掘,同时,也不利于调动庞大的社会资源进行开发市场。

间接营销渠道也称为分销,是指通过中间商向目标客户销售会展产品的渠道,是借用外部力量提高会展营销效果的一种重要手段,是会展销售渠道不可或缺的重要组成部分。间接营销渠道的优点是有利于突破会展自身资源的限制,从更广阔的层面调动外部力量为本企业的市场开发服务,从而提高本企业的市场渗透速度。例如,利用中间商对于异地销售尤其是海外营销有很大的作用;利用中间商的有效宣传,也可以使本地的潜在客户转化为现实的客户。但与此同时,间接营销渠道的缺点也非常明显,一是经过中间环节进行销售,需要向中间商支付相应费用,从而提高了会展服务的成本,降低了会展活动的利润;二是会展活动与目标客户之间通过第三方进行沟通,可能导致信息失真,从而带来业务协调方面的冲突;三是由于与目标客户是间接联系,不能全面、有效地掌握客户信息,从而不利于客户关系管理,一旦与中间商的关系处理不当则会面临大量客户流失的风险。

②按会展企业在同一区域内选择的中间商数量多少可以划分为宽渠道和窄渠道两种类型。

宽渠道是指通过会展企业在某特定区域内利用两家或两家以上的中间商进行销售。宽渠道的优势在于:一是可以调动多家中间商占有的市场资源,扩大会展活动在目标区域的市场占有能力;二是可以降低风险,即便某家中间商因工作能力以及工作态度等方面的问题而导致销售不利,给会展企业带来的损失也不会太大,因为其他的中间商在本区域可能有非常优秀的业绩表现。宽渠道的缺点在于:一是会展企业难以协调多个中间商之间的利益关系,容易在中间商之间以及会展企业与中间商之间产生矛盾,从而加大会展企业营销网络维护的难度;二是有可能导致同一区域内多家中间商之间的恶性竞争,特别是不同中间商针对同一客户做出价格以及服务等方面的不同承诺时,会展企业的信誉将受到巨大损失。

窄渠道是指会展企业在某一特定区域内利用唯一的中间商进行销售。窄渠道的优点有:一是会展企业与中间商之间容易建立相互信任的合作关系,有利于维护营销网络;二是有利于避免同一区域内多家中间商相互竞争而带来的市场混乱,有利于避免多家中间商对同一客户承诺不一致而给组织者带来麻烦。窄渠道自身的缺点在于风险较高。利用窄渠道进行营销,会展活动对中间商依赖度过高,一旦中间商因工作能力以及工作态度等方面的问题而导致销售不利,有可能给会展企业带来巨大损失。

(2)会展营销渠道策略分析。

会展营销渠道经常因为渠道的长度或渠道的宽度不够等影响会展营销效果。因此,对于会展活动的营销渠道策略应该注意以下几点。

①保留直接渠道,加长间接渠道。

一般性的会展项目进行营销时应首选直接渠道以建立和发展客户关系。著名品牌会展项目也要重视运用直接营销渠道。间接渠道可以有效利用多方面的资源进行会展营销,因此,应当加长会展间接营销渠道。

②尽量加宽间接营销渠道。

与小型的地区性会展项目相比,全国性和全球性的会展项目更多的是依赖间接营销渠道。但是,在选择宽渠道营销的时候,一定要注意中间商之间的利益平衡,并通过严格的控制措施规范终端市场,以确保所有中间商以统一的价格和服务政策面对目标客户。

③平衡直接和间接营销渠道。

要注意会展项目营销在服务活动、目标市场、潜在客户及分销渠道上的独立性和关联性,平衡两条渠道,必要时可独立运作,分段管理。

4)会展促销策略

会展促销是指会展企业向目标客户宣传性地介绍产品、服务项目及其配套服务设施,以吸引消费者前来购买,促进会展产品销售的活动。会展促销的方式包括人员推广、公共关系、广告促销等。组合促销往往比单一促销更有效率,因此,会展促销策略一般是指几种不同促销方式的组合和运用。

(1)人员推广。

人员推广是指会展产品销售人员与会展客户进行直接的接触,告知会展活动相关情况,并做出具体的邀请等一系列的推广活动。一般来说,人员推广一般包括客户的寻找或识别、推销准备、约见并接近客户三个步骤。人员推广的具体形式包括上门拜访、电话推销等。

(2)公关活动。

公关活动是指会展营销团队利用各种传媒手段,与参展商、观众、媒体、公众等进行沟通,建立良好的公关关系和营销环境的营销方式。公关活动的目的并不在于直接销售会展产品,而在于通过树立良好的公关形象来改善会展营销环境。会展公关活动的类型包括新闻发布会、公益赞助、公共关系广告、社会交往四种方式。

(3)广告促销。

广告促销是指通过媒体广告或户外广告等形式单方向地向潜在目标客户传达会展信息,进行广泛的宣传。通过广告,可以帮助消费者了解会展的产品和服务,刺激消费需求,引导购买决策。会展广告促销的渠道包括传统媒体,如电视、电台、报纸、杂志等;专业刊物,如会展专业杂志、内部刊物等;户外广告,包括海报、广告牌、广告条幅等;网络,如官方网站、微博、微信等。

相关案例

2015年11月8日至12日举行的迪拜航展和贸易展览是由国际资本公司Global Jet Capital(GJC)负责的全世界较大和较成功的航展之一。迪拜航展包括来自61个国家的1100多家参展商,很多相关人员参展。整个展会过程中共产生了372亿美元的订单。为了让参展商更好地展示他们的品牌,并为与会者提供充足的观展空间,GJC公司委托展会搭建商DesignShop以干净、协调、包容为展会主题。在展会开始前半年,GJC公司在Facebook、Instagram、Twitter等海外主要社交媒体上发布展会相关信息,并使用线上注册的方式进行参展人员信息收集,每位完成了线上注册的用户如果转发展会信息并带来新用户注册,则可以得到视频网站的线上会员赠送。GJC公司以此提高展会会前知名度以及获取参展人员重要信息。此外,GJC公司在展会上赞助了当地颇负盛名的高海拔俱乐部(一个非营利性社会飞行组织),并聘请这个团队为即将到来的展会提供专业的服务咨询。

(资料来源:https://www.teamdesignshop.com/blog/2015-12-16-case-study-taking-global-jet-capital.)

问题:案例中涉及哪些会展营销策略?分别通过哪些营销渠道完成?

三、会展与服务管理

(一)服务管理的相关理论与模型

1. 国外研究理论

从20世纪70年代开始,对服务问题最早进行专门研究的是一些北欧的营销学学者。这一阶段的营销学学者主要致力于研究服务同有形产品的比较及界定服务管理的相关概念。之后,营销、生产作业管理、组织管理、质量管理、人力资源管理等领域的专家们从各个角度对服务管理展开了研究。

关于服务管理的概念,早期学者指出服务具有无形性、同时性、差异性、易逝性四大特征。在服务管理初步形成时期,美国著名营销学家Parasuraman等(1985)研究出服务质量差异分析模型(5GAP模型),包括五类差异:顾客对服务质量的期望与管理人员对顾客期望的理解存在差异;管理人员确定的服务质量标准与管理人员对顾客期望的理解存在差异;管理人员确定的服务质量标准与服务人员实际提供的服务存在差异;服务人员实际提供的服务与企业在促销活动中宣传的服务质量存在差异;顾客预期的服务质量与顾客感觉中的服务质量存在差异。Parasuraman 等(1988)认为顾客感觉中的服务质量是由可靠性、敏感性、可信性、移情性、有形性五类属性决定。这五类因素共包含 22 个测试项目,形成了被广泛使用的 SERVOUAL 量表。在服务管理理论研究深入发展时期,以行业为基础,运用 SERVQUAL 量表进行了大量的应用研究,并针对不同的行业和企业对该量表进行了修订。

2. 国内研究理论

20 世纪 90 年代,西方的服务管理理论传入我国。目前国内的研究主要是对国外的理论进行应用研究和实证研究。在国内的研究文献中,服务质量研究是研究的焦点。例如,朱沆(1998)认为,SERVQUAL 模型的各种属性是根据顾客的看法,而不是企业质量管理工作需要来确定的,因而并不能更好地指导企业进行质量管理工作。他提出采用技术质量、感情质量、环境质量、关系质量、沟通质量、传递质量六个服务质量属性来衡量服务质量。汪纯孝、徐栖玲、谢礼珊(1997)提出服务性企业整体质量管理概念。范秀成提出扩展的服务交互模型。戚安邦(1999)讨论了如何利用信息技术填补服务质量差异模型中的五类差异。在对国外服务管理理论的实证研究中,主要有:陈泽中、汪纯孝(1999)以银行储蓄所服务质量指标为例,证明隋塞莫尔和比特纳提出的服务质量指数编制方法;吴曦、汪纯孝(1999)以广州市两个宾馆的员工为调查对象,对企业内部环境因素对员工的影响进行了实证研究;另外,汪纯孝等(2001)对服务质量、消费价值、旅客满意感与行为意向的关系做了实证研究;韦福祥(2003)对报业和酒店业进行了抽样调查,对顾客感知的服务质量与顾客满意和重复购买意向的关系作了实证研究等。

3. 相关模型——卡诺模型(Kano Model)

卡诺模型是东京理工大学教授狩野纪昭(Noriaki Kano)发明的对用户需求分类和优先排序的有用工具,以分析用户需求对用户满意的影响为基础,体现了产品性能和用户满意之间的非线性关系。

根据不同类型的质量特性与顾客满意度之间的关系,狩野教授将产品服务的质量特性分为五类:①基本(必备)型需求——Must-be Quality/ Basic Quality;②期望(意愿)型需求——One-dimensional Quality/ Performance Quality;③兴奋(魅力)型需求——Attractive Quality/ Excitement Quality;④无差异型需求——Indifferent Quality/Neutral Quality;⑤反向(逆向)型需求——Reverse Quality,亦可以将 Quality 翻译成"质量"或"品质"。

前三种需求根据绩效指标分类就是基本因素、绩效因素和激励因素。

此模型定义了三个层次的顾客需求:基本型需求、期望型需求和兴奋型需求。这三种需求根据绩效指标分类就是基本因素、绩效因素和激励因素。

其中,满意是客户的需求被满足后的愉悦感,是客户对产品或服务的事前期望与实际使用产品或服务后所得到实际感受的相对关系,将其量化即满意度。而忠诚度指客户对某一特定产品或服务产生了好感,形成了"依附性"偏好,进而重复购买的一种趋向。客户满意是客户忠诚的基本条件。

相关案例

2018年3月1日至4日,第28届中国华东进出口商品交易会在上海新国际博览中心举行,招展总规模为12.36万平方米,较第27届增加展览面积2700平方米,展位总数共计5707个。共设5大专业主题展,分别为服装服饰展、纺织面料展、家庭用品展、装饰礼品展、现代生活方式系列展。本届大会14个交易团(9个主办省市交易团、3个组团城市交易团、1个联合交易团、1个境外交易团)共组织4000多家企业参展,其中境外参展企业460余家。组展商基于现场组织管理经验、对展会观众的了解、服务管理知识和现场工作的融合,将华交会这一全国最大的区域性外贸交易平台成功举办。本届华交会还顺利打造长三角外贸联动发展平台,有力推动长三角地区相关部门联动合作,积极助推长三角地区与"一带一路"沿线国家和地区开展贸易合作与交流。在华交会上,展会服务贯穿于整个展会的展前、展中和展后,现代展会服务与管理的趋势是专业化、标准化、规范化和人性化等,在这一方面,华交会的做法有很多可供学习的地方。从细节上来看,华交会辟出的休闲场地,为参展商和观众提供服务以及设置专门拜访各展商资料的柜台。

(资料摘自http://www.onezh.com/news/17407.html.)

问题:根据卡诺模型——用户需求对用户满意的影响力,指出华交会成功在服务管理方面的原因。

(二)会展服务管理——以会议为例

1. 服务(SERVICE)的理念

服务(SERVICE)在接待业中被赋予如下的解释。

1) S——Smile(微笑)

在一个会议中,员工对客人微笑能促进与客人的交流,而管理者对被管理者的微笑则体现了有情管理与情商管理。

2) E——Excellent(出色)

这是对服务工作的要求,也是创立服务品牌的秘方。

3) R——Ready(准备)

准备到位,方能得心应手,准备是服务的基础。

4) V——View(看待,一视同仁)

在会议服务中,服务应一视同仁,不能因地位、服饰、肤色、语言、关系的不同而有所变动,服务态度和礼节规范应始终统一,这是会议服务中起码的职业道德。

5) I——Inquire(征询)

在会议服务中,会议服务人员应该主动且及时地向顾客了解服务项目和服务效果的意见、向同行和行业专家了解他山之石、向员工了解他们对服务管理和改进的建议。

6) C——Create(创新)

服务离不开创新,创新要求服务不能因循守旧,必须不断进取,不断开拓,创新是效率的发动机,使服务不断提高。对于会展业来说,这一点尤其重要。以会议为例,会议主题与内容的创新程度是决定会议召开效果和会议形象的决定性要素之一,着重会议创新,探索具有特色和吸引力、号召力的会议策划与执行方案是重中之重。

7) E——Eye(交往)

交往是员工与顾客心灵的沟通,是管理者与被管理者心灵的撞击,交往要想客人之所想,急客人之所需,交往就是完善服务的点睛之笔,是服务的保障。会议策划、召开和结束过程中都需要依赖各方面人员的良好交往与沟通。

2. 会议服务的理念

会议工作是由管理、策划、实施、服务、会场布置等多方面的特定工作有机结合在一起的一个整体。会议服务既包括发生在会议现场的租赁、广告、保安、清洁、仓储、会场布置等专业服务,也包括餐饮、旅游、住宿、交通、运输等相关行业的配套服务。

1) 会议服务的基本流程

(1) 会前服务准备。

主要包括实地考察工作;及时、准确掌握机票、船票、酒店信息;准备会议所需的音响、灯光、摄影等设备;提供平面、立体音响(Audio),视频(Video)设计;报名处理、翻译服务、纪念品制作、传媒联系、新闻稿撰写、记者会安排、文宣材料印制、资料分发、人力支持的准备工作;确认会议的报到日期、会议名称、到会的大致人数、使用会议室的日期和会议室摆设方式等;准备会议所用相关用具等工作。

(2) 会中服务。

包括提供专业外语翻译、摄像、礼仪公关和文秘服务;提供经验丰富的接待人员全天协助会务工作;会议期间可为贵宾提供特殊照顾和服务;向参会人员提供全市范围内机场、火车站接送服务;提供会议期间后勤保障工作和外围的协调服务;财务管理,如大会预算、财务报表等;礼貌热情地向客人问好,引导入座;客人入座以后,提供茶水服务;通常每半个小时左右为客人更换烟缸、添加茶水;会议期间服务员站于会议室门口直至会议结束;会议休息期间,要尽快整理会场,补充和更换各种用品等。

(3) 会后服务。

包括协助会议人员处理会后适宜,进行会议期间的工作总结;会议结束,服务员应站在门口,微笑着向客人道别,并请会务组人员签单;清场工作等。其中,清场工作包括检查会场,看是否有遗忘的东西和文件;检查设备设施是否有损坏,做好记录;将会议用具、设备整理好,关闭空调、电灯、窗、锁好会议室门;清理会场;安排参会代表的会后考察活动等。

2) 会议活动的主要内容

(1) 会议接待服务。

目前会议接待是指会议筹办方与主办方商谈,签订会议接待标准合同,对约定的事项提供全程的服务活动。主要内容包括接客(确定迎接规格、组织欢迎队伍、竖立接待标志、掌握抵达情况)、送客(安排交通工具、确定行走路线)、报到(查验证件、登录信息、发放文件、安排

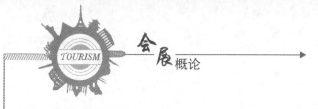

住宿)、签到等。

(2) 会议餐饮服务。

餐饮服务是会议活动的重要组成部分,能够展示会议的整体服务质量和会议所在地的地方特色。其形式主要有早餐、茶歇、午餐会、自助餐、大宴会。以成都为例,在会议餐饮上就可选择具有成都当地特色的餐饮服务,如麻婆豆腐、回锅肉、水煮鱼、宫保鸡丁等。

第二节　经济学视角下的会展

会展活动古已有之。在古代,会展被称为集市,是现代会展经济的前身。随着社会政治经济的发展,尤其在工业革命的推动下,会展在内容、形式、功能及办展或办会方式等多方面都获得了突飞猛进的发展,会展对整个社会的经济、政治、文化等各个领域的发展也都起到了积极的作用。会展业与旅游业、房地产业并称为世界"三大无烟产业"。在国外尤其是一些经济发达的国家,会展业已经成为国家经济发展中一个新的经济增长点。其巨大的社会效益与经济效益,越来越受到世界各国、各地区的重视,成为新世纪人们普遍看好和重点发展的支柱性朝阳产业。

一、会展与产业经济

(一) 会展产业经济简述

1. 概念解读

会展产业是以会议和展览的组织承办为中心,组织策划者同展馆的拥有者开展一系列活动的总和。会议和展览的组织与承办者,以会议和展览为主业,目标一致、分工合作、相互联系、相互作用,形成有序的一条龙服务。从产业角度而言,它是一个新兴的服务行业,是第三产业的一个重要的组成部分。

会展产业经济又称为会展经济。虽然会展经济发展迅速,但其概念是近几年才在中国出现,尚无科学、权威和被广泛接受的界定。在综合国内学术界提出的众多界定基础上,将会展经济定义如下。

(1) 会展经济是以会展业为基础,围绕会议、展览和节事等各种形式的会展活动,会展产业以及相关产业在为参与活动的个人或组织提供服务过程中所形成的各种经济活动和经济关系的总和。

(2) 会展经济是一种以会展产业为中心,以其相关产业为依托的综合型经济形态,不仅涉及会展产业,还涉及与会展产业相关的诸如旅游业、娱乐业、商品流通业、加工制造业等多种产业,与各产业之间具有较为密切的投入产出联系,具有综合性、关联性和高效益的特点。

2. 理论基础简介

会展产业是新型现代服务业,会展经济是整个经济运行的重要组成部分。同时在经济的发展中也催生了许多重要的经济与管理理论,而体系化的理论对实践又起到了良好的指导作用。如产业组织理论、产业关联理论、企业行为理论、平台经济理论、循环经济理论以及制度创新理论等六大理论,对会展经济的发展起到了理论支撑与指导实践的作用。

1)产业组织理论

大部分学者认为产业组织理论起源于马歇尔的《经济学原理》中提出的产业内部企业间的组织形态这一研究成果,是分析某产业组织发展的结构、行为以及绩效的最为直接的理论依据。在哈佛学派、芝加哥学派以及新奥地利学派的研究中,影响最为广泛也最为重要的分析框架便是由贝恩等学者提出的"市场结构(Market Structure)—市场行为(Market Conduct)—市场绩效(Market Performance)研究框架"(简称SCP框架)。在这一分析框架中假定市场结构决定市场行为,而市场行为决定市场绩效,因此市场结构就在产业组织分析中具有突出的地位。

2)产业关联理论

产业关联理论由里昂惕夫在1874年提出,是将国民经济的各产业部门和各部门之间的关联作为研究对象,通过对中间产品的研究去分析各产业部门之间的技术经济联系。它侧重于研究产业之间的中间投入和中间产出之间的关系,主要方法是运用投入产出表。通过对产业联系表的定量分析,研究一国或一地区在一定时期内的社会再生产过程中产业间的技术经济联系。根据产业关联理论,产业关联的方式多种多样,主要包括前向与后向关联、单向与环向关联、顺向与逆向关联、直接与间接关联等四种方式。

3)企业行为理论

企业行为理论是从决策论的观点出发研究企业的组织决策并进行验证,以决定企业行为过程的理论。该理论对于企业分工与合作、企业竞争战略、企业竞争策略等行为进行了详细分析,并提出了五力模型、钻石模型等直观且有效的研究企业行为的方法。在会展经济中,市场主体是会展企业,理解企业行为理论对于分析这些会展企业的某一特定行为或指导企业进行正确的活动都具有重要的意义。

4)平台经济理论

平台被认为是一种为交易提供或虚拟或现实的场所和空间。在该场所和空间内多方客户可以进行交易活动,同时平台通过收取适当的费用以维系其自身收益。平台经济理论是研究平台之间的竞争与垄断情况,强调市场结构的作用,通过交易成本和合约理论,分析不同类型平台的发展模式与竞争机制,并提出相应政策建议的新经济学科理论。其对现代经济发展特别是会展经济的发展起到了重要的指导作用。

5)循环经济理论

循环经济是指在人、自然资源和科学技术的大系统内,在资源投入、企业生产、产品消费及其废弃的全过程中,把传统的依赖资源消耗的线形增长的经济,转变为依靠生态型资源循环来发展的经济。也就是,循环经济是一种建立在资源回收和循环再利用基础上的经济发展模式。其原则是资源使用的减量化、再利用、再循环的"3R"原则。其生产的基本特征是低消耗、低排放、高效率。

6)制度创新理论

道格拉斯·诺思认为制度创新可以在技术等物质生产要素不变的条件下相对独立地对经济增长产生积极的推动作用。制度创新通过产权机制、动力机制、治理机制以及协调机制的作用可以带来经济的繁荣和发展。会展经济的发展中同样需要制定和完善各类制度,以推进会展经济的健康有序发展。

(二) 会展经济的三大内容

1. 产业发展

1) 会展产业组织的 SCP 分析

(1) 会展市场结构。

① 市场类型。

市场结构是产业内厂商在数量、份额、规模上的关系以及由此决定的竞争形式。根据垄断程度从低到高的次序,市场结构被划分为四个类型,即完全竞争、垄断竞争、寡头垄断和完全垄断。根据市场特征的描述,我国会展市场大多属于垄断竞争型或寡头垄断型,市场上存在少数几家实力雄厚的会展企业,市场份额主要被这几家企业占领,例如,展览设计商在会展市场上通常处于寡头垄断地位。但在实际中,以会展搭建商、会展广告服务商等为会展活动配套服务的行业又属于完全竞争市场,企业之间产品几乎不存在差异,主要通过价格进行竞争。

② 市场集中度。

在产业组织理论中,通常用市场集中度指标来衡量产业的集中度情况。会展产业的集中度就是指会展产业中最大的企业所拥有的经济资源或其产销量占整个会展产业的比重。由于会展产业的类型、地域空间分布不同,市场集中度也不同。一般而言,如果会展产业中的绝大部分经济资源被几家大型的会展公司控制,则说明会展产业的集中度很高。如果会展产业中的经济资源比较均匀地分布在各个规模大致相同的会展企业,则说明会展产业的集中度很低。

目前,我国每年举办的各种类型展览会 7000 余场,杭州的西博会、广州的广交会、深圳的高交会、昆明的世博会、北京的国际车展、大连的国际服装节、青岛的国际啤酒节等已成为知名会展,以这些城市为中心的全国性会展网络正在形成。成都会展产业的市场集中度调研结果显示,2010 年年收入超过 1 亿元的成都会展企业仅有 1 家,年收入过 5000 万元的企业仅有 5 家。从而推算出成都会展产业的产业集中度为 10.8%,即成都会展产业的 CR8 仅约 11%,属于完全竞争市场,产业集中程度相对较低。

(2) 会展市场行为。

在市场经济的体制条件下,会展产业的健康、稳定和良性循环发展离不开会展企业的发展。会展产业的市场行为是指会展企业为了实现其经营目标,如利润最大化、更高的市场占有率等,根据市场环境变化而采取的调整其行动的行为,其中市场环境主要是指会展市场结构,它是会展企业市场行为的主要制约因素。市场行为是联结市场结构和市场绩效的中间桥梁和关键环节。会展企业的市场行为受会展产业的市场结构的影响,同时也影响市场结构。由于完全竞争和完全垄断形态的市场在现实的会展经济中非常少见,本书将重点对寡头垄断市场和垄断竞争市场的会展企业市场行为进行分析。

在垄断竞争型会展市场上,企业不再是市场价格的被动接受者,它可以通过调整产品产量来调整价格。每家会展企业的营业收入主要受三个因素的影响,一是提供会展服务的销售价格;二是所提供的会展服务产品的性质,包括服务品质和服务质量的改进等;三是推销费用。在垄断竞争市场上,除了存在价格竞争之外,更为重要的是还存在非价格竞争,也即是在确定会展服务的销售价格的同时,要考虑非价格竞争因素。例如,提高会展服务产品差异化来减少产品的可替代性以增强竞争力,从而扩大市场份额;而组展企业可以在会展主题上寻求差异化,建立名优会展品牌以提升品牌质量。

在寡头垄断市场上,少数几家企业的产量占该行业总产量较大的份额。因而,企业对价格制定与调整都有决定权。然而,市场总需求往往是相对稳定的。如果某一展览场馆企业降价,展会数量会增加。但其余竞争对手的展会市场需求就会相应减少。在这种情况下,竞争对手为了保持市场占有率,也被迫降价,由此会引发两败俱伤的价格消耗战。因此,在寡头垄断市场上,各会展企业之间存在相互制约、相互影响的密切关系,寡头垄断市场上的价格是相对稳定的。但为了应对未知的竞争对手,几家巨头会展企业通常会共谋利益,限制其他厂商进入,增强市场壁垒。例如规模较大的会展中心在我国就具有一定的垄断势力,处于卖方市场,尤其是对于一些规模巨大的展会必须在某几个特定的会展中心举办时,会展中心之间就容易形成寡头联合谋取利润。

(3) 会展市场绩效。

市场绩效是指在一定的市场结构条件下,通过一定的企业行为使企业在价格、产量、费用、利润、产品质量和品种以及技术进步等方面所获得的最终经济成果。对于会展产业而言,评判绩效的主要指标是会展产业 GDP 贡献比重、资源配置效率、利润率水平。

据中国会展经济研究会发布的《2013 中国会展产业年度报告》,2013 年会展经济直接产值达到 3870 亿元人民币,较 2012 年增长 10.6%,约占全国 GDP 总额的 0.68%,与 2012 年基本持平;占全国第三产业增加值的 1.5%,与 2012 年基本持平;会展企业效益明显好转,三项管理费用、财务费用和销售费用指标较 2012 年下降 13.3%,亏损面大幅减少,盈利面大幅提升。

会展产业的市场绩效决定于市场结构和企业行为。纵观我国现状不难发现,一方面我国会展企业规模普遍偏小,发达城市的会展中心又不能满足某些城市会展产业发展的需要,小规模的会展难以实现会展产业的规模效应,绩效难以再度提高;另一方面,会展展馆集中度较低,以至于发达城市办展缺少大型展馆,中小城市展馆林立却无展可办,其展馆只能作为形象工程由地方政府买单。此类市场结构问题严重制约了企业的市场行为,导致市场绩效低下,阻碍了会展产业的快速发展。因此,会展产业要获得良好的市场绩效就必须改善会展市场结构,优化会展企业行为,使会展资源向优势企业集中,加快以市场为导向的会展企业集团化的进程。

相关案例

广州三鹰实业有限公司投资的广州花城(国际)会展中心正式启用前,业内人士认为由于花城会展中心单位展馆使用面积近四万平方米,这将对中小型展览具有强烈的吸引力,可能导致广州会展馆的重新洗牌。广州花城国际会展中心的投入使用将再次打破广州市的展馆格局,加剧市场竞争。

(资料来源:https://max.book118.com/html/2018/0509/165578822.shtm.)

问题:如果你是花城会展中心的总经理,在投资该展馆时你会作哪些市场分析?

2) 产业关联

(1) 会展产业的内部关联。

会展产业的内部关联主要体现在会展产业链内部上、中、下游各环节相关企业之间的关联。会展是一种服务性的产业,它在产业链上有很强的产业带动性。会展产业链以会展产业较有实力的会展企业为主体,以招展商、代理商、场馆、参展商、参观者等主体方为核心,整合上游、下游相关利益的企业,以某一主题或活动为纽带,通过对物流、信息流、资金流、商流的优化和组合,形成具有价值增值功能的、有较强竞争优势的链网式企业战略联盟。

(2) 会展产业的关联体系。

会展产业及其产生的会展经济,建立在所依托的产业基础之上,反过来又作用于所依托产业的一种"多边性"经济门类。会展经济几乎囊括了国民经济所有产业的各个门类,在多个门类中直接起到带动作用。会展产业具有明显的产业关联性,涉及社会经济的各个方面,且不同的业态涉及的关联产业也不尽相同。王翌在《2010世博会对上海会展产业发展的影响研究》一文中提出了会展产业的关联体系(见图2-1)。

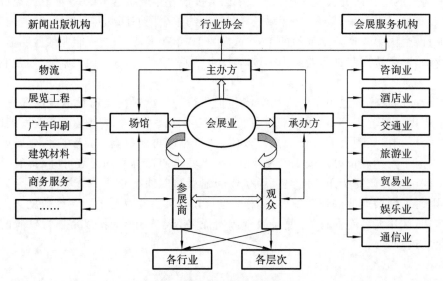

图 2-1　会展产业的关联体系

(注:资料来源于王翌《2010世博会对上海会展产业发展的影响研究》一文。)

3) 产业升级

我国会展产业的发展日趋成熟,进入快速发展阶段,但会展产业总体仍处于粗放型发展阶段,国际竞争力尚不突出,这些都对会展产业结构提出了新的要求。因此,会展产业各相关主体应秉承着"规范化、专业化、品牌化、市场化、国际化"的发展目标,将结构升级、布局优化、效率提升等作为着力点,推进会展产业转型升级,切实发挥会展产业在整个经济社会建设中的带动辐射作用。

(1) 产业升级优势。

①会展产业技术进步。大数据技术给会展产业所带来的改革,将不只是会展产业某一个环节的变动,而是会展产业链各环节都需要改变的一场变革。大数据时代将促进会展上下游产业链间的合作,使会展的服务、营销、管理都实现新的跨越。

②会展产业政策机遇。《国务院关于进一步促进展览业改革发展的若干意见》(国发〔2015〕15号)指出,我国展览业已经成为构建现代市场体系和开放型经济体系的重要平台,在我国经济社会发展中的作用日益凸显。同时,该意见还提出会展专业化、国际化、品牌化、信息化方向,倡导低碳与绿色理念,培育壮大市场主体企业、加快展览业转型升级,对推动我国从展览业大国向展览业强国发展并更好地服务于国民经济和社会发展全局具有举足轻重的作用。

(2) 产业升级战略。

①促进会展产业的品牌化发展。会展产业新的效率增长形式主要表现为会展产业的品牌化发展。从国外会展产业的发展来看,其快速发展大多是采取了品牌化经营战略,即通过在全球各地组织各种不同主题的展会以及与各地会展产业联合经营等手段来实现快速扩张。要加快会展产业创新的速度,培育我国品牌会展,必须在会展产业聚集的基础上,从场馆设计、主题选择、展会规划、组织与管理等具体方面来实施会展产业品牌化发展。

②加强会展产业融合趋势。会展产业作为一种平台经济,近年来在行业广度与合作深度多个维度综合考量,逐步形成产业融合的态势。除会展产业与旅游业、酒店业、新闻资讯行业的跨界合作,还与交通业、娱乐业、通信业等行业的相互依托发展,不断细分市场,抢占更多资源、数据与盈利,实现产业融合,进而推动会展产业的发展。

③优化会展产业布局。会展产业集群作为一种良好的产业布局,聚集放大效应明显,资源整合功能较强,集群内信息、人才等资源进一步整合,规模效应显著。例如,国内会展名城广州,其拥有大量的会展企业,在地理上高度集中,在业务上存在紧密的合作关系,具有较强的产业集群竞争力。其产业聚集主要表现在场馆设施、展览数量、累计展出面积等多方面,都具有高聚集的资源和强大的经济贡献能力。

2. 市场主体

1) 会展企业的分工

随着生产力的发展、科学技术的进步以及市场需求的增长,会展从某些企业或单位的一些事务发展成一个专门化、规模化的产业,逐渐从服务业中分离出来,会展企业也逐渐从社会分工中产生。会展的专业分工大致分为以下三个层面。

(1) 会展产业市场独立。

会展分离出来后,有了专门承接会议和展览的企业,从而使会展活动走向了专业化操作。这种专业化的优势主要体现在会展产品、会展服务和会展技术等多个方面,同时会展从业者的熟练度也得到了提升。企业在专业化的基础上形成企业的规模化,规模化促进了企业效率的提升。

(2) 会展企业职能分工。

会展企业按照其会议和展览组织策划与举办的主体职能以及运输、广告、展台设计和搭建等外围职能分工为三种类型,即会展主营企业、会展服务企业和会展场馆企业(见图2-2)。

会展主营企业主要是从事会展策划与开发、会展招商与招展、会展宣传和推广、现场组织与管理的企业。会展服务企业是协助会展主营企业在会展项目实施期间,提供各种服务的企业,主要包括设计、搭建、物流、租赁、广告等相关服务,涵盖了许多相当专业的技能和独特的资源。展览服务的专业化和展览服务的外包是目前会展发展的主要趋势。会展场馆企

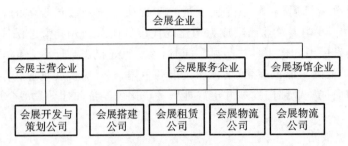

图 2-2 分工细化后的会展企业

业是为会议展览提供场馆设施和服务,拥有规范的服务人员和基础设施的企业。一般而言,地理位置较好、场馆设施完善和高水平管理运作的会展场馆更受青睐。

(3) 会展企业内部分工。

会展企业组织结构的分工可以按照会展企业运营的业务来进行。会展企业运营管理大致分为展前阶段、展中阶段和展后阶段。展前阶段主要是对展览的调研、策划和创意等,展中阶段则是对展会项目进行现场管理与服务,如观众登记、参展商服务、证件管理、布展撤展、设备管理和展品运输等。展后阶段的任务则包括效果评估、分析总结和客户信息整理和反馈等。除展会相关的运营外,会展企业还要进行日常运营管理,例如人力资源、财务管理、信息收集、市场管理等。

2) 会展企业的协作——会展企业协作平台的构建

会展产业作为服务业中日益重要的一部分,对于平台经济的运用、行业中企业协作平台的构建有重要意义。会展企业协作平台构建主要从协作网络建设及供应链管理着手。大数据背景下,会展企业间的协作不仅仅是传统产品、服务的提供,还包括信息服务、战略咨询服务等。在信息服务方面,会展企业可与进行市场调研和分析的公司合作,对宏观综合的产品市场、产品的投放渠道、成本和风险、产品收益、消费者对品牌的认知及满意度情况、品牌与产品影响力、潜在竞争力及市场竞争情况以及自身提供的服务、产品的市场反响有更加清晰的认识。在战略咨询服务方面,会展企业也可以与行业内发展更出色的企业或专业战略公司协作,在数据库巨大、数据分析挖掘途径众多的背景下,针对供应链决策、营销、风险等方面做出利于企业发展的战略决策。

3) 会展企业的竞争

竞争战略主要是指企业在产品和市场中,为了取得差别优势,扩大市场占有率和销售利润率的战略措施。被企业广泛运用的竞争战略理论是 20 世纪 80 年代的波特理论。波特提出了三种基本的竞争战略,即成本领先战略、差异化战略和集中化战略。

成本领先战略要求会展企业有效地控制成本和管理费用,在产品研发服务、销售、组织、广告、企业文化等各个环节将成本降到最低。参展商及与会者对于会展产品的需求多种多样,会展企业应努力通过产品、服务、人事、渠道和形象等方面形成消费者认可的差异,在展会的物流、广告、安保、展位搭建和设计服务方面树立独特性,形成自己的差异化战略。会展企业的集中策略包括产品集中战略、客户集中战略及区域集中战略,企业需要根据自身所处的竞争环境和所有的内部资源来选择适合自身发展的战略方向,制定具体的市场开发、营销、品牌、生态环保等竞争策略。

3. 会展经济的外部机制

1) 政府促进机制

(1) 完善基础设施与公共服务。

政府部门为会展产业提供的基础设施与公共服务有利于促进会展产业发展平台的形成。具体而言,政府部门可以通过改善交通拥挤的状况,以国际城市的标准逐步改善会展城市环境,增设现代化会议商务设施及其配套设施等方面,提高会展活动参与者的舒适度与满意度。此外,政府部门鼓励高校开设会展专业教育,培育一批与会展产业发展相适应的专业人才,为会展活动举办提供良好的智力氛围。

(2) 采取激励约束机制促进会展产业发展。

政府通过为会展企业提供一系列优惠扶持政策,如在会展企业成立初期增加银行低息贷款、土地征用时优先保证会展场馆建设需要、税收减免、奖励突出贡献的人才等,以激励会展企业的发展。同时,政府部门通过制定与会展产业相关的法律法规、明确会展市场的准入机制和主办主体的资质条件、建立展会商标注册体系和品牌认证体系以及建立会展活动规范有序发展的监督机制等,规范会展产业发展秩序。

2) 行业协会中介机制

会展行业协会是指由会展产业的经济组织以及相关单位自愿组成的,以增进会展产业共同利益为目的的,在政府、企业、市场之间起中介服务作用的、非营利的社会团体组织。中介机制的地位主要表现为以下三个方面。

(1) 政府和会展企业之间的中介地位。

会展行业协会需要了解会展企业的现状与核心诉求,以便在政府制定相关政策和法规时能够协调政府和会展企业双方的需要,尽量减少政府与会展企业之间的摩擦,特别是政策方面的抵触。

(2) 会展企业之间的中介地位。

一方面,会展行业协会能够集中向会员企业传达行业最新消息,组织和召集会员企业开展合作。另一方面,会展行业协会能够针对不同的会展企业主体之间的利益冲突甚至恶性竞争进行协调与规范,以维护整个会展产业的活动秩序,保证会展活动有一个公平、健康、有序的市场环境。

(3) 会展产业与其他产业的中介地位。

会展产业关联度高决定了会展活动的举办有赖于其他相关行业的支持与保障,如旅游业、餐饮业、住宿业、物流业、航空运输业等。会展行业协会需要代表本产业会员的利益和与之相关的行业进行交涉与协商,确保会展活动的成功举办。

二、会展与平台经济

平台被认为是一种为交易提供或虚拟或现实的场所和空间。在该场所和空间内多方客户可以进行交易活动,同时平台通过收取适当的费用以维系其自身收益。平台经济学以平台为研究对象,主要包括平台分类与业务模式、平台竞争的主要策略与表现形式、平台发展、平台布局等,而会展经济显然是一种平台经济。

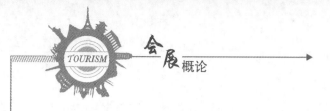

(一)平台经济理论的含义

平台经济理论是研究平台之间的竞争与垄断情况,强调市场结构的作用,通过交易成本和合约理论,分析不同类型平台的发展模式与竞争机制,并提出相应政策建议的新经济学科理论。其对现代经济发展特别是会展经济发展起到了重要的指导作用。

对平台的研究,涉及买方、卖方和平台方。在某种意义上,平台是以某种类型的网络外部性为特征的经济组织。这种外部性并不取决于相同客户群体的消费状况,而是取决于相异但又相容、处于市场另一方的客户群体的消费状况。在决定采用平台的过程中,平台上对应的另外一方的网络规模就是一种质量参数。双方或多方在一个平台上互动,这种互动受到特定的网络外部性的影响,突出表现在平台上卖方越多,对买方的吸引力越大,同样卖方在考虑是否使用这个平台的时候,平台上买方越多,对卖方的吸引力也越大。

现实生活中有很多平台企业的例子。典型的是操作系统平台,如 Windows、Linux 等。除此以外,还有国外的 Airbnb、Facebook、Amazon 等,国内的淘宝、滴滴、携程,涉及电信业、银行业、媒体广告等各个产业。它们涵盖了经济中最重要的产业。平台产业广泛存在,它们在现代经济系统中具有非常大的重要性,而且会越来越重要,成为引领新经济时代的重要经济体。

(二)平台经济理论在会展经济中的应用

会展经济的最成功之处在于某个城市通过打造以某个概念为主题的会展平台,带动一系列辅助产业经济的全面发展,形成相对稳定的产业市场。区域政府要特别重视会展经济的重要性,同时需要培养大批具有国际先进设计理念、掌握会展设计的基本技能和方法、具有现代管理知识的高等复合型会展人才。

1. 会展平台的作用

会展产业是推动经济发展的重要平台。随着经济的发展,会展产业已成为促进企业交流的重要媒介。同时,举办地城市也可借助会展平台向参展商、贸易商和观展人员展示一个城市的物质文明和精神文明建设成果,宣传一个城市的科技水平、经济发展实力,展示城市风采,提升城市品位,树立城市形象,扩大城市的影响,从而促进区域经济发展。

这种会展平台对区域城市的促进作用,具体表现在两个方面。其一,通过举办区域性最新技术或学术型会议和展览,举办会议和展览的有关专家学者和实业界人物可以抢先拥有或使用当今世界的先进科技成果,并将自己在研究开发新技术、新产品中遇到的困难与问题提出来同与会的国际专家学者进行探讨。这就加速了当地技术的传递和交流,促进城市产业结构调整,实现产业升级。其二,举办展会可以加深政府、国内外团体和商界之间的了解和沟通,推动城市间人员的互访和文化的交流,还可以通过海内外客商的参与来提高主办城市的知名度和美誉度,从而提高城市的档次,增加城市的凝聚力与亲和力。如成都成功举办的财富论坛、华商大会等就获得了良好的城市形象宣传作用,加快了成都市的产业结构转型升级。

2. 会展平台的内容与结构

会展经济学的研究是以会展产业所提供的平台作为核心内容。在这个会展平台的核心内容中又形成了不同的研究内容和结构。

会展平台的第一层，也是最内层内容便是会展企业所开展的会展管理、活动策划以及各项会展服务活动。这是会展经济研究的基础也是其核心内容。没有会展企业的活动，就不会产生会展平台作用，也就不会带来会展产业的发展。

会展平台的第二层内容是会展产业结构。不同会展企业间的竞争与合作关系决定了形式多样的会展市场竞争格局从而决定了会展企业的市场行为。所以研究会展产业结构有利于深入分析某一地区会展经济的发展状况以及为会展企业提供具体的发展策略建议。

在会展平台的最外层有一个不容忽视的因素，即来自政府的政策和法规等政府作用因素。政府作用因素为会展活动的举办提供制度空间，以制度形式规范会展产业的发展，并为会展平台提供制度保障。

会展平台运行的效率高低直接影响到各会展利益相关者的利益是否能实现。只有在有效的会展平台上，举办的会展才能紧紧围绕某一主题市场的买卖双方或各方发挥平台经济作用。因此，提供有效的会展平台商品就成为会展组织者所要面临的首要任务。同时，构建有效的会展平台是一个复杂的系统工程，首先需要对企业进行专业化分工，对客户、参展商、专业顾客等利益相关者进行系统整合，以确保买卖双方或多方的数量与质量，努力提升会展的主题品牌。其次，需要展开多维度的集中营销，体现规模经济效应，从而减少信息不对称所带来的市场交易成本，提高会展平台的市场效率。

三、会展与城市经济

（一）促进城市基础设施建设

会展产业是城市经济社会发展到一定阶段的必然结果。会展产业的发展必须依托城市的现实基础，主要包括独特的资源环境、良好的气候条件、优越的地理位置、便捷的交通、完备的展览场馆、优良的配套设施、优势的服务功能以及市场条件好、开放度高等，特别是城市的产业基础、地理位置和服务基础。

可见，会展产业对相应的基础配套设施的需要会"倒逼"城市基础设施的完善，推动酒店、住宅、办公楼、商场等配套设施集中布局，有效吸聚人流、物流、信息流、资金流，有助于在空间上形成功能综合、辐射力强的城市新极核，促进城市空间布局优化，提升城市功能。近年来，一些学者甚至提到了会展产业综合体的建设。会展相关设施不完备，或规划建设不合理就会成为会展产业发展的障碍。随着时代的发展，原有设施可能不适应会展产业的发展需要，此时就需要规划建设新的设施。会展产业相关设施除了满足自身的发展需要外，也有助于城市功能的完善，其建设必然纳入城市的规划中，并与城市生产、生活等其他规划相协调。

（二）加快人口聚集

产业链上、中、下游环节涉及的相关企业和组织较多，会展经济又属于劳动密集型的服务经济，会展产业的发展能够通过多个方面在一定程度上解决就业问题，从而加快城市人口的聚集。

首先，会展产业本身可以吸纳一定数量的人员就业，如组展商、展台搭建商、主场服务商、场馆提供商可以增加就业。每个展会所需的临时就业岗位通常也可以折算为长期就业岗位。其次,会展产业带动相关产业的发展解决一部分人的就业问题,如旅游业、物流业、旅客运输业、海关服务业、建筑业等。据英联邦展览业联合会计算得知,每增加1000平方米的展览面积,就可以创造100个就业机会。再者,会展产业服务的具体产业的规模扩大也可以解决一部分人的就业问题,如通过车展带动当地汽车产业的发展,汽车产业就能给一部分人员提供就业机会。最后,会展产业丰富了城市生活,加快了城市建设,也可以吸引一些人从农村转移到城市,或从其他城市转移到本地养老居住、投资创业、学习培训和应聘工作。

（三）优化城市产业结构

城市产业结构是指构成城市经济的各产业部门之间的比例关系。从经济上看,会展产业的发展尤其依赖于城市产业基础、市场开放程度、市场规模和居民消费能力。会展不仅能反映一个城市的综合经济实力和经济总体规模,更能反映经济发展的未来趋势。会展产业的项目数量和结构既能反映城市的产业结构,又能作为一种服务市场的中介手段优化当地的产业结构。会展产业帮助各产业的供需双方促成交易,实现供需平衡,优化企业的供应链。涉及会展产业的产业往往是当地现在或未来的优势产业,借助会展产业的广告宣传效应、资源聚集效应能够促进其发展壮大,从而优化当地的产业结构。

会展举办城市借助近水楼台先得月的"地利",通过技术示范效应和模仿效应,方便本地企业了解有关产品和技术发展的最新动态,学习、引进和吸收发达国家的先进技术知识和管理经验,加速技术的传递和流动,促进一个城市的产业结构调整,实现产业升级。展会作为时效性强、能引领行业发展趋势的展示交流平台,有助于通过引进推广新技术、新工艺、新理念,将外部竞争力量引入本地市场,推动城市产业进入全球产业分工体系,促进传统产业技术改造和转型升级。

（四）扩大城市经济贸易

会展产业中的展览业源于市场贸易。从最初的商品现场展销会、样品订货会到新产品和技术展示会,展览业无不与贸易有关。从经济学角度来看,与其他营销手段相比,会展贸易的交易成本更低。根据美国展览业中心的统计资料显示,在公司的商业营销中通过参加会展实现的商业销售所花费的成本仅是其他促销方式营销成本的1/2。英国联邦展览业联合会的调查则显示通过一般渠道找到一个客户,需要花费219英镑,而通过展览会仅需要35英镑。所以,在经济全球化时代发达国家非常重视会展产业的发展,特别是国际贸易展,往往通过会展产业来促进国际贸易的开展。

更重要的是具有集中性、直观性、便捷性和互动性的展览活动为城市引进了竞争,在一定程度有利于打破区域、国家之间的封锁和垄断,实现资金、技术、商品的跨区域流动,促进全球经济一体化,提高资源的配置效率,有利于供需均衡的实现。任何一个封闭的区域垄断市场都会限制会展产业的形成和发展。从某种意义上而言,城市的本质是交易,会展产业的发展进步促进了城市的贸易发展。

（五）树立城市形象

城市形象可分为城市视觉形象、城市行为形象和城市理念形象,其渗透到经济、文化以及人的思想观念与道德情操等各方面,具有很强的意识形态性,是城市的无形资产。良好的城市形象对外具有吸引力,对内具有自律力。

会展是一种具有独特传播功能的综合性传播媒介,不仅可以通过信息的交流与传播协助企业了解市场行情、把握市场动态,而且可以通过其放大效应,展现所在城市和区域的优势与形象。举办地通过举办各种会展活动,能够使国内外会展参与者了解当地各方面的情况,并亲身体验当地的社会风貌、文化特色和文明素质,是其对外宣传和展示该地区经济社会发展水平的一个窗口,从而提高当地的国际国内知名度和美誉度,扩大影响。一个成功的展会,不仅可以从多方面迅速提升城市知名度和城市形象,进一步拓宽其对外开放和招商引资的力度,还可以增强城市对周边地区或区域产业经济圈中的经济辐射力和影响力。不少城市因展而兴,因会而旺。

相关案例

由商务部中国会展经济研究会主办的 2018 中国城市会展业竞争力指数年度发布会暨高端学术论坛在成都举行。在这一中国会展经济研究会首次面向全国发布的国内城市会展业竞争力指数排行榜中,成都位居全国第五、中西部第一,并和北京、上海、广州、深圳一道入选为首批"中国最具竞争力会展城市"。2017 年,成都举办重大会展活动 595 个,展览面积约 366 万平方米,会展业总收入 930.5 亿元,活动参与人数超过 10300 万人次,带动临时性就业岗位 4930 个。近年来,财富全球论坛、世界华商大会、西博会、G20 财长和央行行长会议等先后在成都举行。其中,2018 年举行的 G20 财长和央行行长会议是首次在中国西部地区举办,这些都足以证明,世界性大会越来越青睐成都。会展业已成为成都建设现代市场体系和开放型经济体系的重要平台。会展经济具有极强的拉动效应,当前在国内,会展业对相关产业的带动作用也正从过去的集中在经济领域,逐渐向社会、经济、生态、文化等更广范围延伸,因此,许多城市都加大了发展会展产业的力度,商旅文会协同发展、融合发展正成为共识。

(资料来源:http://www.sohu.com/a/233428528_496813.)

问题:成都作为国际会展名城,会展业对于城市经济的带动作用主要体现在哪些方面?

第三节　文化学视角下的会展

从文化学视角去讨论会展和会展业的学者还较少见。众多国内外学者只看到会展的经济作用,却忽视了经济和文化的密切关联,没有透过经济现象看到文化本质。这和人们对旅游的理解过程颇为相似。旅游从发展初期,往往只被看作一种经济现象,是国家争取外汇、人们脱贫致富的工具。随着旅游的进一步发展,人们逐渐发现,旅游和经济紧密相关,目的地国家和居民可以通过旅游获得经济效益。到现在,人们逐渐认识到旅游还有巨大的社会文化影响,既有积极的影响,也有负面的影响。旅游和文化的关系得到了前所未有的重视。

会展和旅游的关系相当密切,会展活动可以被理解为一种旅游活动。会展和文化的关系也非常密切。会展是人类的活动,人类活动的根本属性就是文化性,不同地点的人举办的会展性质明显不一。会展业的地区发展不均衡现状不仅和经济发展基础、行业发展现状有关,还和当地的文化水平密切关联。我们理解会展和文化的关系,可以从举办地的文化和会展活动自身的文化特点两个方面来理解。

一、文化定义及内涵

可能对文化的解释和理解是目前众多名词定义中最多的一个,古今中外,解释繁多。我们既可以从我国文化典籍中探寻文化的本源,也可以放眼世界追问文化的深刻含义。首先从我们悠久的历史文化中探寻,"文"通"纹",本意指各色交错的纹理,在《易·系辞下》中:"物相杂,故曰文。""文化"则由"文"与"化"组合而成,通常有"人文化成""文治教化"之说。汉代刘向对文化的含义进一步延伸,他在《说苑》一书中有一句话:"凡武之兴,为不服也;文化不改,然后加诛。"其中蕴含文化的教化意义,鼓励人们发挥人文素养,提升道德精神。

若放眼世界追问文化的由来和意义,那么有关文化的定义很多,数量惊人。但总体来说,可以将它们分为两种不同的角度:整体的和具体学科的微观视角。文化对应英语及法语词的Culture,其词源是法语单词Cultura,原形为动词,有耕种、居住、练习、留心、注意、敬神诸义,以物质生产为主,略涉猎精神生产。总意就是通过人为努力摆脱自然状态。随着中西文化交流,文化被日本人翻译为Culture的对应词,从而获得现代意义并被赋予新的内涵。16、17世纪,英文和法文的Culture词义逐渐由耕种引申为对树木禾苗的培养,进而对人类心灵、知识、情操、风尚的化育,从重物质生产转向重精神生产。从这个发展过程来看,文化的本质内涵是"自然的人化",人通过有目的的劳作,将天造地设的自然加工为文化。因此,人是文化创造的主体。到目前为止,有关文化的经典定义首推"人类学之父"——英国人泰勒(Tylor),他最早把文化作为专门术语来使用:"文化是一个复杂的总体,包括知识、信仰、艺术、道德、法律、风俗,以及人类在社会里所得的一切能力和习惯。"美国文化人类学家克利得福·格尔茨(Randall Hagadorn)认为文化是"使用各种符号来表达的一套世代相传的概念,人们凭借这些符号可以交流、延续并发展他们有关生活的知识和对待生活的态度",是一种可以解释的文本,他强调将文化作为一种对符号的意义的解释。我国著名文化学者余秋雨将文化定义为:是一种包含精神价值和生活方式的生态共同体。文化是一种时间的"积累",但也有责任通过"引导"而移风易俗。在这个动态过程中,渐渐积淀成一种"集体人格"。通过积累和引导,文化将创建集体人格。

文化的内涵极为丰富,既包括整个物质的人工制品(工具、武器、房屋、工作、仪式、政府办公以及再生产的场所、艺术品等),也包括各种精神产品(符号、思想、信仰、审美知觉、价值等各种系统),还包括一个民族在特定生活条件下以及代代相传的不断发展的各种活动中所创造的特殊行为方式(制度,集团,仪式和社会组织方式等)。

二、会展举办地文化

文化是人类的独创,也是人类与动物的最大区别。一定时期内居住在同样地域范围的人们,经由共同的生产、生活而形成自己独特的地域文化。从文化学的角度来看,这种地域文化可以分为文化区、文化丛等。从会展的定义和属性来看,会展一定要在集中的场地举办。这个活动举办场地必然也具有地域文化特征。

人、环境和文化等是会展活动的资源、环境等基础要素,举办地的自然环境和文化环境是打造会展活动的依托,其政治、经济、文化、社会、环境等众多层面的元素都可以被视为文化的物质和精神层面的范畴。尤其在全球化和现代化的今天,会展活动的核心竞争力恰恰是能够充分展现具有地方特色的文化,因为文化才是核心竞争力。正是基于这样的认识,人们常常会说:"越是地方的,才越是世界的。"纵览国内外会展发展的历史,我们不难发现,会展活动通常在经济文化较为发达的地区和城市举办,尤其是国内外知名会展活动几乎都在城市中举行。因此,举办城市以文化特质、经济环境等构成的综合实力成为影响会展举办成功与否的重要因素。如奥运会的举办国家、城市的竞选,是会展活动与城市的完美结合。城市与会展活动的相辅相成的密切关联获得各界人士的关注。城市作为人类精神的表现,其存在是为了人类个体不断的进化。城市不仅仅包含人口规模、密度,或者建成环境等,城市的本质应该是人性化的那一面,城市能够反映并放大人类精神。2010年上海世博会的主题就是"城市,让生活更美好"。

会展活动通常在城市举行,举办城市显然具有各自的文化特点。比如北京和上海都是我国知名城市,但两者的气质、定位就存在显著差异。北京作为我国首都,具有久远的历史文化,其显著的特点体现在其政治地位和政治文化上。上海是一个海滨城市,自中国近代以来成为国际性的城市,其显著特征是国际性的商业文化,同时还兼具滨海城市的特点。香港和澳门明显不一,香港是国际知名的购物之都,其国际性贸易城市的形象突出,澳门虽然和香港在贸易上有些相似,但其最显著的特征却是博彩业,近年来也在着力发展其会展业、旅游业。同样以休闲文化著称的成都和杭州,其文化特质也明显不同。如今的杭州已不仅是旅游的天堂,更是购物、居住、投资、创业的天堂,与世界一百九十多个国家和地区建立了直接贸易关系。通过举办西湖博览会、世界休闲博览会、国际动漫节、休闲发展论坛等展会,杭州夯实了休闲城市品牌基础,实施了休闲城市发展战略。成都作为西部城市,显然没有杭州的地域优势,其休闲文化更趋平民化和日常化。这种特点可以从茶楼文化上略窥一二。成都的茶楼各式各样,数量极多,出入其中的有各阶层的人物。

相关案例

每一届财富全球论坛都为嘉宾配偶特别安排了与论坛同样精彩的会外活动。2013年的论坛也不例外,根据当地的特色,大会组委会为配偶们精心设计了一次与举办地成都的文化息息相关的旅程。有着"天府之国"美誉的成都以富庶和宜人的气候闻名于世,有着超过两千年的悠久历史。作为四川省的省会城市,成都已经

成为中国西部的经济中心、农业中心及文化中心。午宴过后,客人兵分两路开始了他们的成都体验。一边是杜甫草堂:茅屋、柴门……宾客们"穿越"了上千年,回到中国唐朝时期,感受杜甫在成都的田园生活,书法大师现场诠释,更是吸引了宾客们亲自上阵。一边是许燎源博物馆:在现场悠扬的民乐声中,大师现场作画,宾客们更是亲自在空白折扇上"自由发挥",最终制作成独一无二的"折扇礼物"。这样的互动式体验活动,让宾客们感到格外惊喜。这场为嘉宾配偶安排的"天府之国文化之旅"包括观蜀绣、编竹扇、品美食、练太极……短短三天,成都呈上了丰富多彩的特色景点体验活动,让嘉宾配偶零距离感受成都独具特色的历史文化、自然生态、民俗特色。

(资料来源:http://finance.sina.com.cn/hy/20130607/104415735573.shtml.)

问题:会展活动的目的是满足相互之间的交流需要,会展与文化的关联来源于组织者的悉心计划和组织。请你再举出一个例子体现会展与文化的联系。

三、会展自身的文化

会展包括会议、展览、节事活动、奖励旅游等,虽然门类很多,但无一不是文化的展演。我们在前文已经介绍了会展活动的一个突出特点:它是一种集体性的人类活动,活动的目的是满足相互之间的交流需要。会展与文化的关联,在我国首次被正式提出始于2005年7月10日,其在郑州举办的首届中国国际会展文化节中被明确提出来。当时国际展览局主席吴建民发表了《文化:会展的灵魂》主题演讲,首次提出了从文化的角度研究会展这样的命题,提出中国会展业界注重"会展"与"文化"的结合。在文化多元化的今天,会展不仅是经济全球化的产物,更是科技与文化的结晶。只有会展活动文化内涵丰富,艺术特色明显才能魅力无穷、活力无限。在第61届法兰克福书展上,中国展区运用汉字与活字印刷的中国文化元素组合,巧妙地表现了中国人"天人合一"的人文精神,成功引领了西方观众走进东方中国的诗情画意,最终实现了将书展发展成为横跨东西方人民心灵的桥梁。2000年,在汉诺威举办的世博会上,阿拉伯联合酋长国"沙漠绿洲"的建筑引人关注,一座阿拉伯城堡种植了几十棵棕榈树,还有一支从黑森林启程的骆驼运输队缓缓而行,设计师借用了一千零一夜的文化元素,使无数人对阿联酋这个沙漠国家印象深刻。2010年上海世博会上,中国馆的建筑形象,以"东方外观,鼎盛中华,天下粮仓,富庶百姓"的构思主题,"中国红"为基本色调,表达了中国文化的精神与气质,让全世界的人们清晰地感受到了中国馆"很中国"。第八届中国花卉博览会,在会徽设计上,层叠的花瓣宛如飘逸的彩绸,蕴含了"喜庆、浪漫"的中国传统美学,月季、武进春秋淹城"三城三河"的巧妙融合,体现了常州的地域人文特色,观者仿佛进入了美轮美奂的画境,久久不愿离去,会徽的设计,融入了文化的特质,体现了会展的主体,提升了会展的品质。这些成功的展会足以证明:有且只有文化,是会展当之无愧的灵魂。

节事活动作为会展的一种,具有很强的文化特质。以下将以节事活动为代表,探讨会展与文化的关联,加强对其文化特点的理解。戴光全、保继刚(2003)指出西方学界常常把节日和特殊事件合在一起作为一个整体来进行研究,称为"节事",英文简称为FSE。节事活动作为会展文化的典型代表,其活动主题都极具地方文化特色。主题往往就是节事活动的核心和灵魂,举办方通常要按照节事活动的理念,提炼出各种各样的活动,而这些活动的主线就是节事活动所要表达的主题思想,是组织整个节事活动的中心线索,具有统领作用。节事活动主题的确定不仅需要分析举办地现有资源,挖掘和整理本地的历史文化、地域特色,而且要顺应市场需求及其发展趋势,符合消费者欣赏和享受的心理,设计策划出能引导、创造消费者需求的景区节事活动主题。我国的节事活动众多,特别是少数民族节庆活动具有地方文化特点,它们主题鲜明,经济文化结合紧密,比如彝族的火把节、拉萨的雪顿节、黎族的三月三节等等,吸引了大量的国内外游客。但我国的节事活动相比国外的,多数知名度不高,举办届数不长,内容缺乏创新。歌舞晚会、明星献唱、招商签约等流程套路已经成为目前大部分节事活动的惯例,节事活动主题雷同,和群众的距离越来越远,俨然成为舞台表演,失去了节事活动的真正意义。

有些主题尽管一样,但因为举办城市、国家文化的不同,表现出完全不同的主题和形象。比如同样都是狂欢节,威尼斯狂欢节和巴西狂欢节就有着完全不同的特色。两个节日都具有很强的体验性,参与人数也众多,热闹纷呈,有很强的感染力。但相对于威尼斯狂欢节来说,巴西狂欢节更加火热,其极具特色的是桑巴舞的比赛和表演,美丽狂热的巴西桑巴舞女郎是其显著标志。巴西狂欢节的一系列活动相比威尼斯狂欢节更具有带动性,群众的参与度、体验感更强烈些。威尼斯狂欢节则显得更加绅士。造成两种狂欢节不同的原因恰恰就是举办地的文化特点不同。

相关案例

"2018 中国武汉东湖樱花节"于 2018 年 3 月 9 日正式拉开帷幕。从这天起,游客不仅能在樱园内欣赏到灿若云霞的樱花,同时也能在园内参与丰富多彩的文化活动。园内拥有樱花品种五十余种,定植樱花树上万株。其中既有原产于我国的特色樱花,云南早樱、中国樱等,也有引进自日本的珍贵品种河津樱、雨晴垂枝等。东湖樱花园内通过将早、中、晚期的樱花合理种植搭配,使它的赏花期得到了延长。樱树下大面积紫色的二月兰和黄色的油菜花竞相绽放,与树上粉白色的樱花汇成了绚丽花海,成为樱花节又一道独特俏丽的风景。在樱花盛开期的周末同样邀请了汉秀表演人员作为特邀嘉宾到樱花园舞台表演节目;同时他们还将身着精致的演出服饰、配上具有楚文化特色的妆容、带上一些杂技表演,到园内与游客一起游园互动。楚天台的工作人员也会在樱园内为大家带来一场场丰富的歌舞演出,歌舞"盛世花开"、女子独舞"绒花"、歌伴舞"大鱼"等,让你在赏樱的同时更能感受到绚丽的荆楚文化。

(资料来源:https://hb.qq.com/a/20180309/025523.htm.)

问题:将外来文化活动与本土荆楚文化结合是樱花节的一大亮点,请你想一想国内还有哪些节事活动是这样结合的,并提出你对于这些活动的想法。

本章小结

本章主要从管理学、经济学和文化学三个学科的视角切入,介绍会展的多学科交叉综合特性。介绍了会展与项目管理、市场营销、服务管理的联系;介绍了会展与产业经济、平台经济和城市经济间的联系;介绍并理解了会展与文化的关联,会展的发展势必与地域文化紧密结合,借助文化特色来发展会展。通过本章学习,让学生更加全面地掌握会展丰富的学科内涵,拓展学科思维,为进一步的学习打下基础。

关键概念

会展项目管理　会展市场营销　会展服务管理　产业经济　市场战略　城市经济　平台经济

复习思考题

□复习题
1. 简述会展项目管理的概念、特征、内容和过程。
2. 简述会展营销的主要策略。
3. 简述会展给城市经济带来的影响。
4. 简述会展对城市文化的推动作用。

□思考题
1. 试分析会展主办方应如何提升服务管理水平。
2. 试分析会展产业关联体系中各个主体的作用和联系。

第 3 章

会议

学习目标

通过本章的学习,了解会议的基本概念、会议的类型以及构成要素。了解国内外会议的发展历程和发展趋势。了解会议营销的内容与方法,掌握会议服务的过程与步骤。了解博鳌论坛、达沃斯论坛等重大会议案例,将会议相关理论与实际应用案例相结合,学习掌握如何办好一个会议。

案例引导

2019 年 5 月 8 日—10 日,由 IT168 旗下 ITPUB 企业社区平台主办的第十届中国数据库技术大会(DTCC2019)在北京隆重召开。大会邀请百余位行业专家,就热点技术话题进行分享,是广大数据领域从业人士的又一次年度盛会和交流平台。本届大会采用"3+2"模式:3 天传统技术演讲+2 天深度主题培训。大会不仅提供超过 100 场的主题演讲,还提供连续 2 天的深度课程培训,深化数据领域的项目落地实践方案。其中,报名参会的人员分布如图 3-1 所示。

① IT服务/ISV/SI
② 互联网/电子商务
③ 金融/银行/保险/证券
④ 政府/教育/能源
⑤ 医药/卫生/生物
⑥ 电信/通信
⑦ 交通/运输/物流
⑧ 酒店/餐饮/旅游
⑨ 零售/批发/商贸
⑩ 制造业
⑪ 房地产/建筑/其他

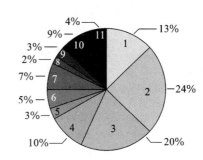

图 3-1 报名参会的人员分布

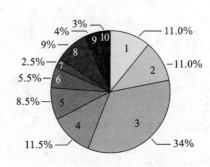

① CIO/CTO
② 数据库系统管理员
③ DBA经理/主管
④ 数据库架构师
⑤ 系统架构师
⑥ 系统管理员
⑦ ERP实施顾问
⑧ 数据分析师
⑨ 数据库开发人员
⑩ 其他

续图 3-1

（资料来源 http://dtcc.it168.com/.）

问题：

1. 该会议的参会人群是哪些？试分析他们的参会动机是什么？
2. 该会议属于哪种类型？是否具有该类会议典型的特征？

第一节 会议概述

一、会议的基本概念

（一）会议

什么是会议？通常的理解就是"聚众议事"，所谓众，至少应为 3 人以上，若仅两人，只能称为"对话"。既然是聚众，就必须有主持人，有一定的议事规则，而所议之事，应为共同关心的问题或是希望表达的意志。会议有"聚"有"散"，是一种临时性的活动。因此，我们可以这样定义会议：会议是指 3 个人或 3 个人以上参与、有组织、有目的的一种短时间聚集的集体活动方式。

作为一种管理工具，会议已经成为现代社会的经常性活动之一。会议具有决策、协调、组织领导、资讯、联络感情等功能，它是提供信息、聚集信息、讨论与解决问题、宣传、培育训练的重要途径。

会议的表现形式很多，只要是在一定时间内有目的、有组织地把有关人员召集起来，传递信息、协商事项、研究问题、布置工作、交流经验等，都可以说是会议。在竞争激烈的当今社会，人们每天都在进行着各种繁多的会议，从国家之间的大会议到家庭内部的小会议。会议已经成为人们相互沟通的生活形态，无论是面对面，或是通过电子媒体，或是通过卫星，都已深刻地影响着人们的生活。

会议是一种群体性社会活动，个人的看法或想法往往有片面性和局限性，假如将看法或想法各异的许多人聚集起来，进行交流和沟通，解决问题的角度就会呈现多元化。

会议是一种目的性很强的社交活动,会议的策划和实施均围绕着会议的目的和主题来进行。任何一个会议都是为了满足一定的客观需要,解决现实生活中一定的实际矛盾或问题而举行的。

从会展的角度,我们讨论的会议主要是指具有一定规模与影响力,产生一定社会效益与经济效益的会议。

(二) 会议产业

会议产业是指提供会议产品和服务的企业集群。其核心层是PCO(专业会议组织者),外围层是提供各种会议相关服务的DMC(目的地管理公司)。

PCO,主要是指为筹办会议、展览及有关活动提供专业服务的公司。PCO的具体工作内容包括会议或展览活动的策划、政府协调、客户招徕、财务管理和质量控制等。PCO,主要办理行政工作及技术顾问相关事宜,其角色可以是顾问、行政助理或创意提供者,在组委会和服务供应商之间起到纽带的作用。整个会展活动决策方面的事务还是要由组委会掌控和定夺。

DMC,属于一种新兴产业。自19世纪70年代以来,会议和展览的数量激增带动了对各种新型服务的需求。交通公司发现对各类交通工具(公共汽车、豪华轿车等)的需求量不断上升,同时也意识到市场对其他辅助服务的需求。地面经营商一词充分反映了这种状况。

最初,地面经营商基本上只做地面工作,为一群人在地面上提供服务并管理交通运输工具。后来,会议策划人就开始要求他们提供更多的并且更丰富的目的地服务项目、礼品、娱乐、会址外场所、餐饮和包机旅游等。

从地面经营商提供类似新型服务开始,DMC 一词也就应运而生,因为这个词能够更准确地定义DMC的真正工作内容。

今天,DMC凭借着其对当地情况的了解,主要负责会展活动在主办地的现场协调、会务和旅行安排等工作。

PCO和DMC都是会展业发展不可缺少的重要内容。国际会展的举办通常都是由PCO进行组织,在选定会展目的地城市之后,将会展服务及会展奖励旅游和主题活动交给DMC负责。

会议产业承办方的盈利来源有会议的策划、服务和管理等主营会议活动收入,还有会刊广告、现场广告、冠名、实物赞助、晚宴等活动营销收入,以及旅游陪同人员活动、食宿、周边消费等会议其他活动收入。

会议产业主办方的盈利来源主要有注册费和各种赞助等。

二、会议的类型

(一) 根据举办单位性质划分

按照举办单位性质划分,可将会议分为公司类会议、协会类会议和其他组织会议。

1. 公司类会议

公司类会议规模大小不一,小到几个人,大到上千人。公司类会议的数量极其庞大,有关机构在作会议数量统计时,很难准确统计公司类会议的数量,因为很多公司并不愿意公开公司内部会议,如果将公司类会议比作冰山,那么它们被纳入统计资料的仅是冰山一角。公司会议通常以管理、协调和技术等为主题,具体可分为销售会议、经销商会议、技术会议、管理者会议及股东会议等。

2. 协会类会议

协会类会议在会议市场中同样占有相当重要的位置。协会因人数和性质而互不相同，它们的规模从小型地区性组织、省市级协会到全国性协会乃至国际性协会不等。协会大致可以划分为行业协会、专业和科学协会、教育协会和技术协会等类型。其中行业协会被认为是会议业较值得争取的市场，因为协会的成员多为业内成功管理人员。协会类会议常常与展览结合举行。例如，我国定期举行的旅游交易会每次都吸引大批来自全国各地乃至境外旅游企业的参与。

3. 其他组织会议

这类会议的典型代表是政府机构会议，对小型会议室、套房和宴会等设施也有一定需求，在省市一级、中小规模的政府机构会议的召开十分频繁，从而形成了可观的市场。在很多国家，工会同样是重要的会议举办者。

(二) 根据会议举办时间划分

根据会议举办时间划分，可将会议分为定期会议和不定期会议两种。

(1) 定期会议，又可称为经常性会议或例会，到预定时间若无特殊情况，就必须按期召开，如我国各级人民代表大会、上市公司的股东大会和董事会等。

(2) 不定期会议，又可称为临时性会议，会议召开没有固定的时间间隔或者该会议仅召开一次就完成了其特定的任务。

(三) 根据会议规模划分

根据会议规模划分，可将会议分为小型会议、中型会议、大型会议、特大型会议和国际会议。

1. 小型会议

出席人数和列席人数量较少，一般在 100 人之内，与会者之间有条件进行个别的交流，与会者通常都能有一定发言时间的会议。

2. 中型会议

出席人数为 100—1000 人的会议。

3. 大型会议

出席人数为 1000—10000 人的会议。

4. 特大型会议

出席人数在 10000 人以上的会议。

5. 国际会议

国际会议相关组织及各国会议协会对国际会议有不同的定义和评定标准。

国际大会和会议协会(the Unite of International Association，UIA)对于国际会议的评定：至少 5 个国家参加且轮流举行会议，与会人数 300 人以上，外国与会人士占全体与会人数 40% 以上，会期 3 天以上。国际会议中心协会(AIPC)对于国际会议的评定：固定性会议，至少 5 个国家参加且在各国轮流举行，会期 1 天以上，与会人数至少在 50 人，外国与会人数占 25% 以上。

综合上述定义,我们说国际会议举办的条件应该有以下几点:至少 3 个国家参加,与会人数至少 50 人,外国与会人士至少占 20%,会期 1 天以上。

由于国际会议在提升举办地形象、促进当地市政建设和经济发展等方面所起的巨大作用,各个国家都在积极争取承办国际会议,平均每个国际会议的申办国家都在 10 个以上。

(四)根据会议本身划分

按照会议本身性质划分,可将会议分为营利性会议和非营利性会议两类。

1. 营利性会议

营利性会议是指通过会议的举办,主办方直接从会议中获取一定的利润。营利性会议的策划者要充分考虑潜在参会人员的可接受费用预算,并据此选择合适的会议举办地。营利性会议不一定收取费用。

2. 非营利性会议

不以会议盈利作为直接目的,如政府会议、专业学术会议和宗教组织会议等。对于非营利性会议,会议策划者将在会议主办方的总体预算的基础上进行项目预算分解,确定会议项目的内容,然后决定与预算相当的举办地。非营利会议不一定不收取费用,主办单位从长远来说不一定不盈利。

(五)根据会议活动特征划分

按照会议活动特征划分,可将会议划分为商务型会议、度假型会议、展销会议、专业学术会议、政治性会议和培训会议等。

1. 商务型会议

一些公司、企业因其业务和管理工作发展需要在饭店召开的商务会议。出席这类会议的人员素质比较高,一般是企业的管理人员和专业技术人员,他们对饭店设施、环境和服务都有较高的要求,且消费标准高。召开商务会议一般选择与公司形象大体一致或更高层次的饭店,如大型企业或跨国公司一般都选择当地最高星级的饭店。商务型会议在饭店召开,常与宴会相结合,会议效率高,会期短。

2. 度假型会议

公司等组织利用周末假期组织员工边度假休闲,边参加会议,这样既能增强员工之间的了解,以及企业自身的凝聚力,又能解决企业所面临的问题。度假型会议一般选择在风景名胜地区的饭店举行。这类会议通常会安排足够的时间让员工观光、休闲和娱乐。

3. 展销会议

参加商品交易会、展销会、展览会的各类与会者入住饭店,同时,还会在饭店举办一些招待会、报告会、谈判会和签字仪式等活动,有时晚间还会有娱乐消费。另外,一些大型企业或公司还会可能单独在饭店举办展销会,整个展销活动全在饭店举行。文化交流会议,各种民间和政府组织组成的跨区域性的文化学习交流的活动,常以考察、交流等形式出现。

4. 专业学术会议

专业学术会议是某一领域具有一定专业技术的专家学者参加的会议,如专题研究会、学术报告会、专家评审会等。

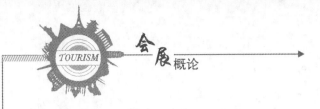

5. 政治性会议

政治性会议是国际政治组织、国家和地方政府为某一政治议题召开的各种会议。会议可根据其内容采用大会和分组讨论等形式。

6. 培训会议

培训会议指用一个会期对某类专业人员进行的有关业务知识方面的技能训练或新观念、新知识方面的理论培训,培训会议形式可采用讲座、讨论、演示等形式。

(六)根据会议形式划分

根据会议形式划分,可将会议划分为有会有议的会议和会而不议的会议。

(1)有会有议的会议,如圆桌会议上,与会者通常平等地议事。

(2)会而不议的会议,如报告会、传达会、表彰会、纪念会、动员大会等。

三、会议的构成要素

构成会议的基本要素是会议主办者、会议参加者、会议时间、会议地点、会议方式及会议的主题。其核心要素是会议主题,它决定了其他要素的选择。

(一)会议的形式要素

会议的名称、时间、地点、方式、规模、主持人等。

(二)会议的内容要素

主要指会议的指导思想、会议主题、会议议题、会议任务和完成会议任务的措施等。

(三)会议的人员要素

主办者、承办者、与会者、贵宾、与会议有关的人员(秘书处、策划委员会、地方会议及访问者办公处、总体服务承包商、主席台就座者)会场临时工作人员。

知识链接　　　会议常见英文表达

No. 1 Meeting

可以泛指各种会议,日常使用一般指比较小的会议/聚会。

We will have a meeting tomorrow.

我们明天有一个会议。

No. 2 Conference

一般指由多个会议组成的大会。

I was a keynote speaker at the conference last year.

我是去年大会的主讲人。

No. 3 Gathering

聚会/小会议,非正式场合使用。
My friends and I had a gathering this morning.
我和几个朋友早上聚会了。

No. 4 Seminar
学期/会议,一般指以传授知识或者讨论为主的研讨会。
I came across Jim at a seminar.
我是在一个研讨会上认识的Jim。

No. 5 Session
大型会议的一小段,也可以指整个大会。
The conference has a few sessions regarding online business.
这次大会有几个关于互联网业务的会议。

No. 6 Congress
议会/会议,经常指国内/党内的正式会议。
The national congress.
全国大会。

第二节　会议发展与趋势

相关案例

亚洲的会议空间供应正在快速增长,甚至比需求下的良性增长更快。如新加坡、中国香港、中国上海、印度,它们对会议空间的需求率增长更快。但普遍来看,买家转为有利一方,它们可以协商到更好的价格和条款,以及一些免费的额外服务。非常短的预订时间仍然是中国和印度市场面临的主要挑战。供应商习惯于在短时间内接受预订,但短暂的交付时间会增加供应不足的风险。在悉尼和新西兰举办会议,酒店供应不足是一个主要问题,这意味着在2019年价格将再次攀升。
(资料来源:http://www.cnki.com.cn/Article/CJFDTotal-ZGHU201904045.htm.)
问题:案例体现了会议发展的什么新趋势?

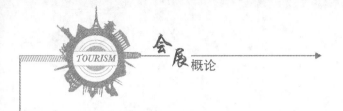

一、国内外会议的发展历程

(一)国际会议的起源

国际会议的雏形很早就出现了。在中国,早在东周即有诸侯之间的集会。公元前651年,齐桓公曾同宋、鲁、卫、吴等国诸侯会盟于葵丘。及至公元前546年,多年争霸的晋楚两国,在宋都商丘召开了评兵大会。这是一次和会,与会者来自14国。在西方,公元前8世纪出现的《荷马》史诗亦记载了希腊各邦之间举行会议讨论战争或媾和问题。应该说,国际会议始于中国和希腊。

据史学家意见,具有现代意义的国际会议当推1648年的威斯特伐利亚会议。会议签订了合约,结束了欧洲国家间的30余年宗教战争。这个会议先由战争双方,即天主教公国和新教公国代表,分别举行平行的会议,然后构成一个大会,历经4年的讨论达成协议。它开创了通过国际会议解决争端的先例。中世纪时罗马教皇也曾召开万国宗教会议,参加者不仅有僧侣代表,还有国君,但讨论的是宗教世俗问题,具有深厚的宗教特色。

具有历史意义的政治性国际会议应是1814年的维也纳会议。拿破仑战争结束之后,相互敌对多年的6个欧洲君主举行了会议,重新调整欧洲各国的疆界,达成了新的"力量平衡",使欧洲强国的均势得以持续30余年。19世纪,国际会议日趋频繁,成为国际生活的重要组成部分,被称为"国际会议的世纪"。

(二)国际会议的历史变化

随着工业革命的发生,世界资本主义进入了一个全盛的发展时期。一方面,国际贸易和交往日趋频繁;另一方面,国际间的争端和战争也与日俱增。于是,国际会议成为有关国家协调关系、解决矛盾的重要手段。有的国际会议衍生出国际组织。

典型意义的国际会议已有100余年的历史。在这100余年里,国际会议在内容上和形式上都经历了巨大的变化,反映了时代的前进步伐。这些变化主要有以下几个方面。

1. 国际交涉由双边为主转向以多边为主

正如《美国百科全书》所述:"19世纪期间,出现了诸如国际外交、会议外交、多边外交之说,表明通常以国际会议或国际组织的形式出现的谈判,是同时和一些而不是一个国家进行的。国际外交侧重于在许多国家之间,而不仅是在两个国家之间寻找共同利益。"

2. 国际会议的主题由政治问题为主演化为政治、经济、社会问题并重

第二次世界大战前,国际会议要解决的问题主要是领土纠纷、战争与和平。第二次世界大战后,交通、卫生、劳工、农业、金融、商贸等问题,日益成为国际关注的焦点。当今,经济合作、环境、难民、艾滋病、贫困、城市等问题跃居前列,是国际会议议程上经常列入的议题。

3. 国际会议的参加者不再为职业外交官所垄断

各个领域的业务专家越来越多地成为国际会议的主角或参与能手。这是由于国际会议主题渐多,而讨论又更加专业化,需要众多有专门知识的专家参加。

发生这些变化显然同经济和技术的飞速发展有关。工业革命后,世界市场逐步形成,国与国之间的商贸越来越频繁,尤其是跨国公司的出现,使国际经济关系更加复杂。相互交叉,彼此渗透,经济全球化的趋势日益明显。现代化的交通、通信手段也使国际交往更为便

捷,关系更加紧密。一个大国发生重大变化,不管是政治的、经济的还是社会的,其影响都难以控制在本国范围之内。许多重大国际问题,如裁军、环境、人口、毒品,也不是一个国家或几个国家所能单独解决的。加上高新技术的发展,社会科学同自然科学间的界线被逐渐打破。许多重大课题的深入讨论已不是一般职业外交家所能胜任。

国际会议所经历的变化说明,国际会议不具备一个一成不变的模式,而是随着时代的发展,在内容、形式、主角上不断更新。

(三) 我国会议的发展历程

从1950年到1970年,新中国刚刚成立不久,在当时特殊的历史条件下,数量有限的国际会议都是纯粹的政府行为,根本谈不上投资回报率。中国发展会议产业面临着重重困难,整个北京城,可接待外宾、举行一定规模会议的场馆,只有北京饭店和友谊宾馆。友谊宾馆前身是供苏联专家住宿的招待所。1964年,为了举办国际科技会议,才在友谊宾馆院内增盖了一座可以容纳500人的科技会堂。那时的国际会议,政治意义远远大于经济意义。

改革开放以后,伴随着市场经济的快速发展以及国际交流与合作的不断深入,会议产业迅速成长。会议产业的发展可以分为以下四个阶段。

第一阶段是1978—1988年,会议产业初露端倪。与此同时,形成了很多专业会议管理机构,如中国国际会议交流中心、中华医学会等等,接待国际会议的能力已经有了一定的提高。后来新建了很多国际饭店,如昆仑饭店、建国饭店、丽都饭店等,这些饭店的建成极大地提高了北京市的外宾接待能力。但最大的不足是,可用于同时接待数百名外国来宾的大中型饭店、会议场所,仍只有友谊宾馆、香山饭店、昆仑饭店、国际饭店等区区数家。而能同时接待千人以上的国际会议场所在当时基本上没有。

第二阶段是1988—1998年,会议产业飞跃发展。据不完全统计,1990年以后,在北京召开超过千人以上有外宾参加的大型国际会议就有数十次之多,其中较著名的有1990年的亚运会、1995年的世界妇女大会、1996年的世界地质大会等。加上中国科协举办的数十个大小会议以及数量众多的饭店、宾馆举办的国际会议,每年会议数量较多,几乎天天都有国际会议召开。

第三阶段是1998—2008年,会议产业的转型阶段。根据国际形势和市场经济的发展特点,政府逐步调整了会议产业的发展政策,纯商业运作的国际会议渐渐提上了日程。典型的代表是博鳌亚洲论坛、财富论坛以及冬季达沃斯论坛等。会议产业的发展已经引起了社会各界的广泛重视,但是会议产业的发展还受到很多方面的限制,主要表现在6个方面,概括起来就是管理政策不完善、会议扶植机构缺失、申办国际会议资金短缺、税收优惠政策有待提高、场馆配套设施不完善、思想观念滞后等。

第四阶段是2008—2018年,会议产业持续高速发展。会议组织者正走向专业化,会议策划与组织的效果越来越好;会议中心与会议酒店硬件设施快速改善,服务水平也进一步提高;作为第三方的专业会议公司更是有了突飞猛进的发展,行业影响力不断提升;会议产业从沿海城市、一线城市发展并逐渐延伸至地市级城市。纵观会议市场的发展,中国经济发展、文化的交融以及学术交流活动增多带动了会议产业的高速发展。据ICCA调查显示,2016年、2017年、2018年中国每年举办的国际会议超过350个。我国举办的国际会议整体呈现增长的趋势。

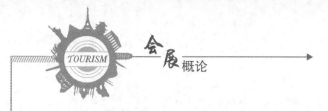

从目前世界会议活动的总体布局来看,欧洲是全球会议经济中整体实力最强和规模最大的,德国、意大利、英国、法国都是世界级的会议大国。

德国地处欧洲中心地带,作为会议目的地其非常明显的优势是交通便利性。德国的机场系统,如被称为欧洲交通中枢神经的法兰克福机场,建立了与世界各大洲十分便捷的交通网络。同时,德国具备良好的基础建设设施和舒适的旅行服务,以及各个城市高效率的会议执行能力与各种活动保障机制,另外,先进而完善的会议设施和组织服务能力,以及旅游、娱乐、体育和特殊活动等相关产业配套,丰富而独特的文化资源使德国的会议业在国际市场越来越有吸引力。

德国现有会议举办场所11000个。其中,有10000个为酒店宾馆,420个为会议中心与会展中心,330个为大学,剩余为其他。可供选择的各类活动场所大约有60500个,与1999年相比增长了10%左右。此外,大约有310万平方米的会议中心和140万平方米的会展中心可作为会议的举办场地,而且还有75个企业会议举办场地和1500个特殊活动举办地。

德国会议协会GCB(Germany Conferens Bureau)负责管理德国境内的国内外会议有关事务,它不仅是世界知名的会议业协会之一,而且在德国会议业的发展中也充分发挥了其行业管理作用。

德国会议协会(GCB)于1973年成立,原属汉莎公司一个专业职能部门,旨在推广德国会议活动,1974年属下30名成员与德国旅游中心合并成为会议局,1984年发展到120名成员,2004年已经超过200名机构会员,会员单位包括德国各类酒店、会议中心、旅游目的地、汽车租赁公司、活动代理以及活动提供商等。德国会议协会(GCB)在会议的组织者与德国会议市场供应商之间起着联系的作用,为会议事务的组织与计划工作提供建议与相关支持,也为市场提供联系人。网站主页提供会议地点、新闻在线搜索服务,同时还提供德国指南以及其他更多信息。

二、国内外会议的发展趋势

(一)国际会议的发展趋势

当今世界,科技迅猛发展,恐怖主义活动猖獗,未来经济压力增大,这些因素都将促使国际会议业发生巨大的变化,国际会议业将出现以下发展趋势。

1. 实地会议活动,即面对面(F2F)会议继续占主流地位

会议是商界人士获取知识、接受训练和教育、不断充实和提升自己的主要途径。F2F(face to face)会议形式,在激发人与人之间相互交流方面的作用要比虚拟会议好得多。头脑风暴、关系巩固和人际网络建立等更容易通过面对面的直接交谈而不是网络交流实现。互联网有其固有的局限性,但是网络也带给人们许多的变化,致使会议的举办也相应地产生一些变化,如由过去主要以某个人发言为主,变为更加注重与参会者之间的互动交流,给予听众更多的发言权等。

2. 网络会议呈上升趋势

如今许多公司、协会和其他社会团体把虚拟的在线会议(如电话会议、网上会议、视频会

议等)作为面对面开会之外的另一种信息传播渠道系统。因此,在线会议的数量还会继续增加。像录像带、DVD与电影的关系一样,虚拟会议和传统类型会议相互之间谁也不能完全将对方取代,而是沿着平行的方向共同发展。其中,网上投票可以帮助F2F类型会议扩大影响,提高会议营销的效率。基于网络、自带内置测试模式的培训,因其兼具可视性和费用相对低廉的优点而受到一些公司的青睐。网上营销工具(如在线会议营销)可以帮助公司开展营销和展示活动,使地理距离遥远的工作团队实现在线合作。今天的视频会议工具,如"远程套装"服务技术等的运用,使参加网上会议的人比通过电视电话会议系统参加会议的人感觉更真实,更生动。

3. 酒店业利润在未来一段时间难以增长

目前,酒店业正经历一场由会议产业引起的"巨浪"袭击,酒店开房率降到了30年来的最低点。同时网上购买使酒店能够为团队提供的房间数减少,这样会降低会议策划和承办商接待团队的数量,减少酒店团队客人收入,使会议策划者的谈判优势减小。从有利的方面看,酒店业通过使用新技术改善了生产管理,即使开房率创纪录新低,酒店仍能保持一定的盈利水平。尽管世界经济会出现反弹,但基本的购买方式已经发生了变化。过度供给和网上预订的盛行,在未来的几年中将继续使酒店价格下降。

4. 行业自发订立标准以提高效率

行业标准化行动,如由会议业协会发起的APEX(行规交流)行动,将在未来的两年中,成为会议业行业自律的标准,从而大大提高业内信息传递的能力。参与会议产业各方出现在同一电子网页界面,将使效率得到成倍增长。

5. 移动和无线技术将为会议业带来变革

无线网络公司将商务旅游者及他们停留的酒店、机场和会议中心视为营销目标。东芝公司2003年在美国增加10000个Wi-Fi接入节点。许多大型酒店公司都在酒店会议室、客房等处安装了无线和有线上网装置,众多的会议中心也正实施同样的计划。预测会议业将成为无线技术变革影响的最前线行业,其变革带来的影响不亚于计算机、互联网和网络技术对会议产业造成的影响。

无线技术对会议业的影响主要表现在以下几个方面:目前,多渠道高速无线上网技术(Wi-Fi、蓝牙、4G技术)已经存在于各类会议场所,为会议产业设计的种类众多的3D全息投影技术的广泛应用使许多传统的场馆的展示更加形象生动,打破了平面化、静止化的传统展示手段。参加网上会议者可以通过高速上网通道,进入设在专业网站的虚拟会议室召开会议,听众还可以通过网络发表和传递评论。熟练掌握这种技术的会议主持人和发言人可以通过网络提出问题,让听众投票表决。每一个与会者都被赋予了充分发表意见的权利,听众被动听讲的现象得到了极大的改观。

6. 会议管理和营销将更多使用互联网

新技术的发展使人们方便地走到一起,让人们的信息交流与联系更加高效。大部分会议策划和承办者使用网络进行在线登录,但他们中有许多人只是在近3年来才这么做。尽管会议策划人员对网络技术的满意度相当高,但实际上只发挥了互联网技术潜力的十分之一。对会议参加者来说,网上登录意义不仅在于方便,更重要的是它帮助实现信息交流自动

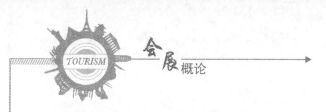

化、听众文件提交和一对一营销。这些网络工具允许参会人员提交图片、个人简历、笔记、摘要等。会议策划和承办者则通过使用这些工具完善会议预算,记录会议开销,大幅简化工作任务,为客户提供个性化营销,提高会议服务水平。

网上资源提供的有关会议场所资料,比纸质的指南所提供的资源更多、更完整。网络公司如 PlanSoft 的报告指出,通过该公司网址搜索会议场所的人次数在 2002 年一年就超过 300 万。因此,会议策划者会越来越依赖网络寻找合作者,特别是会议的发言人。

总之,一个国家的会议经济实力和发展水平是与该国综合经济实力和经济总体规模及发展水平相适应的。世界经济发展的不平衡性决定了世界会议经济发展的不平衡性。发达国家凭借其在科技、交通、通信、服务业水平等方面的优势,在世界会议经济发展过程中处于主导地位,占有绝对优势。而发展中国家的会议经济受其国内经济发展水平的影响和市场规模的限制,发展得相对缓慢。

(二)我国会议产业的发展趋势

会议产业的形成是因它传递信息最快、最直接,就是在信息化时代,报纸和网络也无法取代会议的这种功能,所以西方经济学家将它称为"信息冲浪""知识会餐""财富平台""城市经济的拉力器"。我们主张以积极、开放的心态看待事物,力图从中国会议产业的变化中,发现新的经济增长点和产业趋势。

中国会议产业未来的走势,宏观上是中国政治经济的大环境和国际环境的"晴雨表"。微观上随着社会主义市场经济的发展及对外开放程度的扩大,频繁的对外经济、贸易和文化交往将推动国际会议市场需求的增加。国家财政支出的工作和商务会议将逐渐减少或纳入政府集中采购范畴,取而代之的是市场化运作的会议。目前有关研究会议产业的机构相继成立,相关的产业理论和市场统计数据有助于政府加大对会议产业发展的引导和培育力度,建立公平的市场竞争环境。

1. 制定规范政策

政府部门通过法律、行政规章和政策等手段对我国会议产业进行宏观规范,有关政府部门共同研究制定会议产业政策,规范市场,改善环境,解决会议知识产权保护、无序竞争、损害参会者利益等问题,扶持品牌会议的形成。

2. 成立行业协会

会议产业协会、学会将陆续成立,以此解决会议产业中的突出矛盾。随着我国政府机构改革和职能转变,政府主要通过制定规则来调控市场,而市场的自律则主要依靠行业协会组织来进行。我国将借鉴那些会议产业发达国家的行业管理经验,在认真分析研究我国会议经济现状的基础上,成立全国性的市场化的会议行业组织,充分发挥相关中介机构的行业自律作用,加大协调和服务力度,加强产业内部的交流与合作,协调会议活动。

3. 制定合理税收

研究制定有利于中国会议产业发展的税收政策,使与会议相关的服务业能进一步提高,办好会议活动的各项服务。从目前市场化运作的会议情况看,要想继续扩大规模,有可能通过短暂的价格战,那些有竞争实力、有专业水准的会议经营机构通过价格优势实施品牌战略,迅速在会议市场中抢占优势地位。此外,市场促使会议经营机构苦练内功,努力提高会议组织、策划、服务的水准和经营管理水平,不断进行会议活动的创新,降低整合会议资源的成本,争创名优品牌,提升会议的国内外市场竞争力和影响力,在复杂的市场环境和激烈的竞争中胜出和壮大。

总之,我国会议产业的发展,得益于中国社会的稳定和国民经济的持续快速增长,也受益于经济全球化对国际会议市场大融合的有力推动,同时,还蕴含着中国社会法律环境的规范、科学技术的进步、会议产业理论和市场研究的推动以及经营者和参会者的成长等众多条件的契合。可以说,中国会议产业的成长已经成为独立的产业,具有广阔的发展空间和增长潜力。

知识链接　欧洲会议行业 2018 年发展趋势

欧洲各地的会议需求强劲,特别是在德国,价格也在上涨。预订酒店的时间越来越短。例如,英国大型活动的通常交付时间从 18—24 个月减少到 12 个月,而法国的小型会议现在通常只提前 4 到 6 个月组织预订。与此同时,客户希望引入更具创意的会议形式,这需要额外的时间来规划和采购。因此,在短时间内组建高质量的活动可能会遇到挑战。

采购商越来越不愿意在采购开始就披露他们的预算,因为他们担心场地将与他们给出的预算完全匹配。但这意味着买家经常发现,一旦估价完成,最初的意向就会远远超出预算。当一个更现实的缩小版本完成时,预订周期将进一步缩短。

买家还需要考虑将会议从酒店转移到独立的场地。欧洲许多新酒店都处于较低层,它们只能提供很少的甚至没有会议空间。会议组织者正在寻找不同的东西,各种被遗弃的工业场所被转变为高端的企业活动场所。远离酒店会议的趋势意味着会议策划者需要做更多的工作,因为他们现在必须寻找同时提供会议场地和住宿的资源。但是公司并不总能意识到需要增加额外的时间。在替代场地中创造更具想象力的会议活动也会增加会议成本。拆分会场和住宿也会提高最终费用。然而,公司越来越多地让其采购部门参与承包,特别是对于例行的小型会议。采购正在引领供应商进行电子拍卖。

不断增加的政治不确定性将促使客户要求更灵活的取消和减员(退出的预订参与人数)政策,但场地方可能会拒绝那些坚持过多灵活性的买家。

客户将通过要求免费额外服务来回应增加的费用。欧洲酒店可以通过削减对代理商的佣金来跟随北美大型连锁店的领先地位。如果发生这种情况,预计会更多地转向不断增长的非酒店场所组合。

第三节 会议营销与服务

一、会议营销

(一) 目标市场的选择划分

1. 了解会议市场的参与主体和运作程序

会议市场的参与主体通常包括:①政府。政府主要通过制定市场规则来培育会议市场,并设置相关机构对会议市场进行管理。②会议计划者。会议计划者是会议市场的卖方,包括非政府组织和各类公司、个人等。③专业会议组织者。专业会议组织者负责起草、申办、策划、组织、协调、安排会议各类事务并提供相关服务的会议企业,通常会议营销主要是通过这样的会议企业来进行。④目的地管理公司。目的地管理公司在会议市场运行中提供会议场所和后勤服务及管理工作,同时也承担部分会务工作,如会议中心、酒店等。⑤与会者。与会者是会议市场中的买方。⑥中介组织。在会议市场运行中,中介组织是买方和卖方进行沟通的桥梁。

会议市场的基本运作程序是:会议计划者或会议主办方通过专业会议公司(专业会议组织者)或其他中介组织将会议产品出售给买方即与会者,专业会议公司负责完成会议产品的销售、会议的接待工作和后勤管理及服务保障工作,由于目的地管理公司承担了一部分专业会议公司的职责如会务及会议服务,因此,有时会议计划者或会议主办方会直接与目的地管理公司接触,销售会议产品。

2. 选择目标市场

根据会议性质,选择会议目标市场,如社团组织会议市场、企业会议市场、教育/研究院(所)会议市场、政府会议市场等。

3. 选择会议市场销售方式

根据会议的规模、会议消费者的地区来源确定和选择会议市场的销售方式。通常会议市场的销售方式有两种,即直接销售方式和中间商销售方式。直接销售是指不经过任何中间媒介而直接向最终客户提供会议产品和服务的销售过程,当会议规模相对较小,且会议消费者来源地区相对集中时,多采用直接销售方式。会议市场直销方式的优势表现为:能为客户提供真正个性化的产品与服务;能在与客户接触的过程中直接了解客户的需要、了解客户对竞争对手产品及服务的意见,同时对销售过程可以保持较好的控制。中间商销售是指通过中间媒介销售会议产品与服务的销售过程,当会议规模相对较大,且会议消费者来源地区相对分散时,多采用中间商销售方式。会议市场销售中间商的作用是:沟通会议企业与客户的关系,及时汇总客户的意见和建议;调查市场,收集反馈信息;参与会议市场经营活动如市场调研、市场预测、促销活动等,与会议企业共同开发市场,参与销售,扩大客源;组合会议产品,向参加会议的人提供包括食宿、交通、购物在内的相关服务,与会议产品形成系列,满足会议消费者的不同需求;简化会议主办方与消费者接触的程序,降低交通成本等。

(二)会议选址的考虑因素

1. 列出会议举办地清单

通过各种途径查询会议举办地,如各地名录和宣传册、网站、出版物以及专业代理机构,然后尽可能全面地将查询到的会议举办地分类列表,整理出详尽清单,以备筛选。

2. 会议举办地初选

根据会议的议题性质、规模、与会者的要求等初步选择会议举办地。初选会议举办地时需重点考虑的有以下几点。

1)地区特点

选择会议地点要考虑会议地点所在地区的特点是否和会议的主题相关联,会议主题应和地区特点有密切的联系。如召开关于沙漠治理的会议,会议地点就不宜选在东南沿海地区,而应选在具有沙漠地理特点的西北部地区。

2)环境特点

选择会议地点要考察当地的环境情况,包括自然环境和社会环境。如该地的天气状况、治安状况以及经济状况是否良好,有无独特的历史、文化及自然风光等参观旅游价值,是否有可供购物和休闲活动的场所等。

3. 对初选会议地点进行实地考察

1)会场设施、会议场所的设施

如会议场所的容量是否足够大,是否有所需要的各类会议室,是否有齐备的照明、视听设施等。

2)服务设施

会议地点是否有方便、快捷的交通工具,是否有种类齐全的娱乐设施;会议地点是否有商店,是否有足够与会者使用的电梯;公共区域是否干净整洁,是否有足够使用的公共卫生间等。

3)住宿

是否有足够的客房;客房到会场的距离多远,是否方便;客房条件如何,是否有必要的安全设施等。

4)餐饮

公共区外观是否清洁;餐品是否合乎卫生标准;餐厅工作人员的服务态度是否良好,菜单品种是否齐全,是否能够提供独特的茶点及素食者的食物;餐品价格是否合理;是否具有举办主题宴会的能力等。

5)会议地点工作人员

工作人员是否需要特殊指导,警卫人员与服务人员是否友好;接待处的人力是否足够;询问处是否全天候有人值班;工作人员做事的效率如何等。

6)安全

会议地点是否设置了火灾报警系统,是否公开了撤退程序,是否配备了保险箱,是否有保安队伍,是否有常驻医生;会议地点距离最近的急救中心有多远等。

7)费用

会议地点各类收费价是多少;工作日和周末的收费标准是否有所不同;是否可以提供免

费使用的工作房间;是否需要交纳订金;接受哪些币种和信用卡消费;会议地点是否要求保险;一旦出现财产损失谁来负责等。

4. 会议场地的类型

1) 会议中心

会议中心是为大型会议而专门设计和建造的会议场所,提供各类会议所需的全部设施,包括各类功能性房间、各类设备、卧室、餐厅以及娱乐区,拥有能够随时为会议承办者和与会者提供帮助的专业人员。

2) 商务型酒店

这类酒店无论在外部设计,还是在内部装修,以及可提供的先进通信工具、适合会务的商用场地上(有特定的商务楼层),一般都体现了现代商务高效、快捷的内涵。酒店既能接待小型会议也能接待大型会议,有一个或多个多功能厅,有较强的服务能力,此外还有多个中、西式餐厅,各种商店、健身房、游泳池等设施。

3) 度假型酒店

这类酒店一般建在旅游胜地或海边,外部设计、园林规划、内部装修都充分体现了当地特色,集休闲、娱乐于一体。同时随着社会的发展,度假型酒店也能提供相应的会议设施和各种代表地方和季节特色的活动。

4) 高等院校

很多高等院校拥有专门的会议场所,这些会议场所除供教师和学生使用外,大多对外开放。许多院校的会议场所具备与商业会议中心和酒店相当的规模及设施,而且在会议举办过程中学校往往会提供些必要的帮助。

5) 疗养地和主题公园

一些大型的疗养地和主题公园,大多也都具备各种会议设施和提供会议服务,如北戴河、庐山、青岛、承德避暑山庄等地的疗养地和主题公园。

5. 根据考察情况对会议地点进行评估和确定

根据实地考察情况对会议地点进行评估,如果各方面条件都符合会议要求,就可以确定下来;如果有某些条件不符合要求,则与会议地点方商谈改进意见,以达到要求标准,如果经改进后仍达不到要求标准,则进行重新筛选和考察。

6. 特别提示

选择会议举办地要尽早着手进行,特别是在旺季,多数会议地点很早就被预订了,如果进行太晚,就很难保证选择到合适的会议举办地。另外,供初步筛选的会议举办地要有足够的数量,以保证留有足够的选择余地。

(三) 会议策划的关键要素

在会议产业中,为了保证会议的成功举行,必须进行周密的策划。对会议市场的研究和策划是会议能否成功举办的基础。

1. 会议策划的主要内容

1) 确定会议目标

会议目标也就是会议的意图和会议成功举办的意义、影响以及所期望得到的效应等。

确定会议的目标是策划好一个会议的基础。只有在确认和理解了会议的目标之后,才能准确无误地策划好每一个会议。

2) 策划会议议题

一个会议的议题关系到是否能够吸引应该参加会议的人前来参加,因此,会议议题要有很强的吸引力。策划会议议题一定要注意以下几个问题:是否是热点议题,会议的议题最好选择热点问题,而且是那些会持续一段时间的热点问题;是否言简意赅,会议的议题不要过于宽泛,最好短小精悍,争取在第一时间引起他人注意;是否是目标群体最关注的问题,不要让会议的主题和内容与其他同时正在进行的会议主题与内容相近,这样才能吸引那些潜在的会议代表。

3) 确定与会者范围

根据已经选定的议题,在不同行业内或者相同行业内选择不同的参加对象。对于跨行业的、综合性的会议,一般在不同行业内选择参加对象,对于一个行业内或者简单意义上的会议,一般在相同行业内选择参加对象。

4) 确定会议规模

根据会议议题的内容和与会者范围来确定会议的规模,会议按规模通常可以分为以下几种。

(1) 国际会议。

目前国际上就国际会议的规模尚无统一标准,与会人员要求一般为 50—390 人不等,外国与会人数要求占总与会人数的 20% 以上。

(2) 国内会议。

凡来自外国的与会人数占出席会议总人数的比例达不到国际会议标准的会议均可称作国内会议。

(3) 其他会议规模。

主要有社团组织的会议、企业会议、政府会议、教育会议、行业会议等。

5) 会议财务预算分析

(1) 会议活动是经济活动,需要筹措会议资金,按照预算进行成本控制,因此,会议的财务预算策划是会议策划的重要环节。

(2) 筹措会议资金。在会议筹备初期,资金筹措渠道多种多样,有单位拆借、专业会议组织垫付、企业赞助等。

(3) 会议各项支出。会议活动筹备中和会议进程中所产生的各项支出。

(4) 成本控制。这是财务预算策划的必要内容,指的是如何合理有效地分配会议资金。

(5) 会议收入。主要包括企业赞助费和会议注册费。

6) 确定会议时间和地点

策划一个会议所举办的时间和地点需要做好会前的调查工作,根据不同的会议议题和会议规模,以及成本支出等具体环节,找到适合会议举办的时间和地点。会议时间策划应该注意,如果是内部活动的会议,要将会议举办的时间与与会者商量确定;如果是地区性、国家性或国际性的会议,要尽量考虑会议代表无法参加的因素。会议举办的地点策划需要考虑会场、设备、环境等要素。

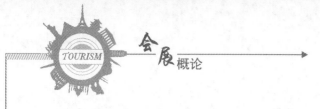

7) 确定会议议程、日程

成功的会议都应有合理的议程、日程安排,以不同的形式吸引与会者,使与会者更适应会议的主题、节奏、风格与形式的变化。会议议程包括主要发言、全体会议、讨论会、讲座、交流会等。会议日程包括会议开始时间、登记时间、休息时间、结束时间等。

8) 会务工作

会前准备工作:预订会场、宣传推广、设备租赁、资料准备等。

会中协调服务:接待服务、餐饮服务、应急服务等。

会后结束工作:会后评估、送站服务、票房服务等。

9) 特别提示

会议中会有很多预想不到的事情发生,要提前做好准备,对会议中发生的一些情况,例如发言人没到位、登记代表不足等具体情况做好另外的准备。

2. 影响会议策划的外部因素

会议策划的过程中必须考虑的因素有很多,大体上可以分为政治因素、经济因素、自然环境因素和科学技术发展因素四类。

1) 政治因素

国家的政策、法规以及政府的支持等是影响行业发展非常重要的政治因素,在策划举办会议时,要充分考虑到政治因素的影响。

2) 经济因素

国家、地区以及行业的经济发展状况会直接影响会议行业的发展和会议的举办。因此,会议策划时要充分考虑经济因素的影响。

3) 自然环境因素

策划举办会议时要充分考虑自然环境的影响。应根据不同的会议主题选择不同自然环境的会议地点,同时应制定会议环保措施,如废弃物回收,空调、照明的合理设置等。

4) 科学技术发展因素

科学技术的发展为会议的组织和举办提供了便捷。如利用现代化手段显示会议数据和信息,利用已有的软件系统进行会议管理,利用互联网实现会议代表在线登记等。

(四) 会议活动的宣传推广

会议宣传推广是指对会议议题、召开会议的意义以及会议活动项目等做的宣传,是扩大会议影响、增加与会人员的有效手段和方式。

1. 会议宣传推广的工作步骤

1) 明确宣传推广目标

宣传推广策划首先要确定会议宣传推广的任务和所希望达到的目标,这样才能有目的地实施各种宣传推广工作。

2) 预算宣传推广资金投入

就是要确定为达到宣传推广目标所需要的资金投入。在实际操作中,会议宣传推广预算可以按不同的宣传渠道分别制定,如专业媒体宣传投入预算、大众媒体宣传投入预算等,然后再将各渠道的预算汇总为会议宣传推广的总预算。

3) 确定宣传信息

宣传推广要事先确定向外界传递什么样的信息,如会议的举办理念、会议企业的优势和特点等。向外界传递的信息要具有可信度,同时信息要有自己的特色,不与其他同类企业雷同,这样才能有更好的宣传效果。

4) 制作宣传资料

会议的宣传资料是上述信息的载体。在制作宣传资料时要注意:第一,针对性,即每一种宣传资料都必须有自己具体的目标客户。第二,系统性,要求各种宣传资料既有自己的特色,又能相互配合、相互补充,为整个会议服务。第三,专业性,即宣传资料要符合行业要求,能反映行业的特点。第四,统一性,要求各种宣传资料在宣传口径上一致,对各种概念及数据的表述要统一。

5) 选择媒体渠道

会议宣传推广的媒体渠道很多,如专业媒体、大众媒体、电子商务、直接邮寄、公共关系等。宣传推广策划要选择合适的媒体渠道将会议信息传递出去。

2. 会议宣传推广的类型

1) 简明型宣传推广

主要目的是迅速提高会议的知名度,宣传推广的重点是会议的名称、时间、地点等简单明了的会议信息,对会议的详细信息不做过多的介绍。

2) 认知型宣传推广

主要目的是使受众全面深入地了解会议,增加其对会议的认知度,宣传推广的重点是会议的特点、优势等较为详细的信息内容。

3) 竞争型宣传推广

主要目的是与竞争对手展开竞争或进行防御,宣传推广多采取一些与竞争对手针锋相对的措施,是一种针对性很强的宣传推广活动。

4) 形象型宣传推广

主要目的是扩大会议的社会影响,建立会议的良好形象,宣传推广的重点是积极与受众进行信息的交流和感情的沟通,增加受众对会议的信任度。

3. 会议宣传推广的方式

1) 广告

包括在专业报纸、杂志、大众媒体、广播电视、户外媒介(户外广告牌、交通工具等)、包装媒体、网站等载体上做的各种广告。广告的主题设计要明确、突出,标题要简洁、醒目,正文要真实、具体,口号要富有创意,图画设计要引人注目、印象深刻,总体效果要令人精神愉悦。

2) 软性文章及图片

包括在报纸、杂志、大众媒体、广播电视、网站等媒体上刊登的各种对会议的消息报道、特写、评论及相关图片等。软性文章及图片是一种隐性的广告,有较高的可信度,容易被受众接受。

3) 直接邮寄

会议机构向客户直接邮寄各种会议宣传资料,是会议宣传推广常用的方式之一,有很强的针对性,效率高,效果明显。

4) 新闻发布会

新闻报道的可信度较高,所以在会议筹备期间就会议有关情况举办新闻发布会是很有必要的。新闻发布会不仅是低成本、高效益的会议宣传推广手段,也是会议企业与新闻界加强联系从而提高会议企业社会知名度的有效办法。

5) 人员推广

人员推广即宣传推广人员通过登门拜访、电话交谈等形式直接与客户建立联系,传递会议信息。人员推广能直接和客户进行一对一的沟通,方便联络和建立与客户的感情,而且灵活性强,信息反馈及时,具有一定的亲和力、说服力和竞争力。

6) 公共关系推广

公共关系推广是会议企业利用各种传播手段与社会公众沟通思想感情、树立良好社会形象的一种宣传推广方式。公共关系宣传推广有三个层次:一是公共关系宣传,即通过各种媒体向社会公众宣传以树立会议企业的形象,扩大会议企业的社会影响;二是公共关系活动,即通过支持和组织各种社会活动来宣传会议,建立会议品牌;三是公共关系意识,即会议企业全体人员在公共活动中要树立维护企业整体形象的意识。

7) 相关活动推广

相关活动推广也叫事件推广,即通过在会议期间举办一系列的相关活动来达到宣传推广的目的。相关活动包括各类表演、比赛等。

8) 机构推广

机构推广是会议企业与行业协会、政府主管部门、有关媒体、国际组织等机构合作,共同推广本会议的一种宣传推广方式,如委托上述机构代为发放会议宣传资料等。随着世界经济全球化步伐的加快和中国会议市场的日益国际化,机构推广被越来越多的企业认可和采用。

(五) 会议营销的主要方式

1. 会议关系营销

会议市场中的关系营销,是指会议企业建立和培养客户之间的良好关系并保持稳固,其核心内容是追求客户的忠诚。关系营销可以使会议企业与会议消费者、中介机构、竞争对手、政府机构及社会组织产生互动作用,并与之建立和发展良好的合作关系。

1) 主要内容

(1) 设立客户关系管理机构。

为了实现营销目的,会议企业要建立专门从事客户关系管理的机构,选派业务能力强的人员担任该部门总经理,下设若干关系经理。总经理负责确定关系经理的职责、工作内容、行为规范和评价标准,考核工作绩效。关系经理负责一个或若干个主要客户,是客户所有信息的集中点,是协调公司各部门做好客户服务的沟通者。关系经理要经过专业训练,具有专业水平,对客户负责,其职责是制订长期和年度的客户关系营销计划,制定沟通策略,定期提交报告,落实公司向客户提供的各项利益。处理可能发生的问题,维持同客户的良好业务关系。建立高效的管理机构是关系营销取得成效的组织保证。

(2) 建立个人联系。

建立个人联系即通过会议营销人员与客户的密切交流增进友情，强化关系。如经常邀请客户的主管经理参加各种娱乐活动，使双方关系逐步密切；记住主要客户的生日，并在生日当天赠送鲜花或礼品以示祝贺；利用自己的社会关系帮助客户解决工作及生活中遇到的问题等。通过个人联系开展关系营销的缺陷是易于造成企业过分依赖长期接触客户的营销人员，增加管理的难度。因此，运用该策略应注意适时地将企业联系建立在个人联系之上，通过长期的个人联系达到企业亲密度的增强，最终建立企业间的战略伙伴关系。

(3) 与老客户保持联系。

老客户关系是关系营销的重要部分。会议企业应向会议产品的经常消费者提供奖励。通过长期的联系与感情沟通，确定、保持和增加相对稳定的会议消费群体。

(4) 建立俱乐部营销。

俱乐部营销指建立会议消费者俱乐部。在我国，由于俱乐部形式较为少见，受到邀请的会议消费者往往会得到声誉和地位上的满足，因此很有吸引力。会议公司不但可以借此赢得市场占有率和客户忠诚度，还可提高公司的美誉度。

(5) 建立数据库营销。

会议企业数据库是指与会议消费者有关的各种数据资料。数据库营销是指建立、维持和使用会议消费者数据库以进行交流和交易的过程。数据库营销具有极强的针对性，是一种借助先进技术实现的"一对一"营销。数据库中的数据包括以下几个方面：现实会议消费者和潜在会议消费者的一般信息，如姓名、地址、电话传真、电子邮件、个性特点和一般行为方式等交易信息，如订单、投诉、服务咨询等；促销信息，即会议企业开展了哪些活动，做了哪些事，解决了哪些问题，最终效果如何等；产品信息，即会议消费者消费会议产品的情况。数据库维护是数据库营销的关键要素，会议公司必须经常检查数据的有效性并及时更新，公司一方面要设计获取这些信息的有效方式，另一方面还必须了解这些信息的价值，以及处理加工这些信息的方法。

2) 会议关系营销的三个层面

(1) 建立、保持并加强同客户的良好关系。

会议消费者是会议企业生存和发展的基础。企业离开了客户，其营销活动就成了无源之水，无本之木。市场竞争的实质就是争夺客户，客户忠诚的前提是客户满意，而客户满意的关键条件是满足客户的需求。要想同客户建立并保持良好的关系，首先，必须真正树立以消费者为中心的观念，并将此观念贯穿于企业生产经营的全过程。会议产品的开发应注重消费者的需要，产品的定价应符合消费者的心理预期，产品的销售应考虑消费者的购买便利和偏好等。其次，切实关心消费者利益，提高消费者的满意程度，为客户提供高附加值的产品和服务。通过产品的品牌、质量、服务等，使客户感觉到物超所值。最后，重视情感对会议消费者的影响。飞速发展的技术使人与人之间沟通的机会越来越少，但人们却迫切希望进行交流，追求高技术与高情感之间的平衡，所以会议企业在经营中要注意会议消费者的这种情感因素，并给予重视。

(2) 与关联企业合作，共同开发市场。

在会议营销中，会议企业应和关联企业实行合作经营，共同开发会议市场，在传统市场

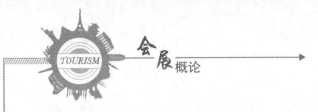

营销中,企业与企业之间是竞争关系,任何一家企业若想在竞争中取胜,就得不择手段。这种方式既不利于社会经济的发展,又易使竞争双方两败俱伤。关系营销理论认为,企业之间存在合作的可能,有时通过关联企业的合作,将更有利于实现企业的预期目标。

(3) 与政府及公众团体协调一致。

企业是社会的一个组成部分,其活动必然受到政府有关规定的影响和制约,专门从事会议产业经营的企业尤其如此。在处理与政府的关系时,会议企业应该采取积极的态度,自觉遵守国家的法规,协助政府研究国家所面临的各种问题的解决方法和途径。关系营销理论认为,如果企业能与政府积极合作,树立共存共荣的思想,那么国家就会制定出对营销活动调节合理化、避免相互矛盾、帮助营销人员创造和分配价值的政策。

2. 会议服务营销

会议市场服务营销是一种在营销过程中强调服务质量和服务人员工作姿态的营销方式。会议服务营销直接关系着会议营销的业绩。服务人员良好的工作姿态和高质量的服务项目内容能够大大提高会议企业的效益。

1) 进行服务市场细分

任何一种服务市场都有为数众多、分布广泛的服务需求者,由于影响人们需求的因素是多种多样的,因此服务需求具有明显的个性化和多样化特征。任何一个企业,无论其能力多大,都无法全面满足不同市场的服务需求,都不可能对所有的服务购买者提供有效的服务。因此,会议企业在实施其服务营销战略时需要将服务市场或对象进行细分,在市场细分的基础上选定自己服务的目标市场,有针对性地开展会议营销组合策略,以取得良好的营销效益。

2) 制定独特的服务方式

会议企业面对较强的竞争对手时,要在服务内容、服务渠道和服务形象等方面采取有别于竞争对手而又突出自己特征的服务方式,以期战胜竞争对手,在会议市场立住脚跟。制定独特的服务方式可从以下三个方面着手:一是调查、了解和分清会议市场上现有的服务种类、竞争对手的劣势和自己的优势,有针对性、创造性地开发服务项目,满足会议消费者的需要;二是采取有别于他人的传递手段,迅速而有效地把企业的服务提供给服务接受者;三是注意运用象征物或特殊的符号、名称或标志来树立企业的独特形象。

3) 建立标准化服务

由于服务产品的提供不仅仅是靠服务人员,还往往要借助一定的技术设施和技术条件,这就为会议企业服务质量管理和服务的标准化生产提供了可能,企业应最大限度地把这部分技术性的常规工作标准化,以有效地促进企业服务质量的提高,具体做法可以从以下五个方面考虑:①从方便消费者出发,改进设计质量,使服务程序合理化;②制定要求消费者遵守的内容合理、语言文明的规章制度,以引导、规范消费者接受服务的行为,使之与企业服务生产的规范相吻合;③改善服务设施,美化服务环境,为消费者等待和接受服务提供良好条件;④使用价格公开,明码实价地标明不同档次、不同质量的服务水平,满足不同层次消费者的需求;⑤规范服务提供者的言行举止,营造宾至如归的服务环境和气氛,使服务生产和消费能够在轻松、愉快的环境中完成。

4）创立服务品牌

服务品牌是指企业用来区别于其他企业服务产品的名称、符号、象征或设计，它由服务品牌名称和展示品牌的标识语、颜色、图案、符号、制服、设备等可见性要素构成。创立服务品牌，是会议企业提高规模经济效益的一项重要措施。因而，会议企业应注意服务品牌的研究，通过创名牌来树立自己独特的形象，以建立和巩固企业特殊的市场地位，在会议市场竞争中保持领先的优势。

5）设立服务公关

服务公关是指会议企业为改善与社会公众的联系状况，增进公众对企业的认识、理解和支持，树立良好的企业形象而进行的一系列服务营销活动，其目的是促进会议产品的销售，提高企业的市场竞争力。通过服务公关活动，沟通与消费者的联系，影响消费者对企业服务的预期愿望，使之尽可能地与企业提供的实际服务相一致，保证企业服务需求的稳定发展。

3. 会议网络营销

会议网络营销是利用互联网等现代科技媒体进行的会议营销活动。网络营销可以扩大会议市场氛围，大大提高会议企业的营销能力。

1）会议网络营销策略

（1）建立会议企业网站。

建立会议企业网站是会议网络营销的前提。互联网让企业拥有了一个既属于自己又面向广大网络受众的媒体，而且这一媒体的形成是高效率、低成本的，这是其不同于传统媒体的一大优势，企业网站信息由企业定制，没有传统媒体的时间、版面等限制，也可伴随企业的进步发展不断适时更新；企业网站可应用虚拟的多媒体手段吸引受众并与访问者双向交流，以便及时有效地传递并获取有关会议市场信息。

（2）进行网上宣传。

网上宣传是会议网络营销最基本的应用方式，它是在把互联网作为一种新的信息传播媒体的认识基础上开展的营销活动。媒体宣传的关键在于是否能被受众注意并留下印象。与传统媒体相比，互联网上浩如烟海的信息很可能使企业网站成为浪花一朵，因此，会议企业网站如何让人知晓并让上网者点击就成为网上宣传的难题。建立有独特风格的网站并不断更新、增添会议产品信息是网站生存发展的关键。

（3）开展网上市场信息调研。

调研会议市场信息，从中发现消费者需求动向，从而为企业细分市场提供依据。网络首先是一个信息场，它为企业开展网上市场调研提供了便利场所，网上市场调研作为一种新的市场调查方式已经受到一些国内企业的重视。会议企业通过留言簿、E-mail 等手段收集会议市场信息，进而分析会议市场状况，为会议营销积累资料，为营销策略提供有力的依据。这一无形的调研过程是高效而低成本的，同时还能起到扩大网站和企业知名度的作用。

（4）实施网上销售。

互联网是直接联系分散在广阔空间中数量众多的消费者的最短渠道，它排除了时间的延误和限制，消除了地理的距离与障碍，并提供了更大范围的消费选择机会和灵活的选择方式。因此，会议网络营销为上网者创造了实现消费需求的新机会。由于网上直接销售合并了全部中间销售环节，并能够给会议消费者提供更加详细的会议产品信息，因此使网上销售的会议份额不断增大。

(5) 网络集成。

互联网是一种新的市场环境,这一环境不是只针对会议企业的某一环节和过程,而是对整个会议的组织、运作及管理观念都产生重大的影响。会议企业要想发展就必须融入这一环境,依靠网络与消费者建立密切联系,并通过网络收集传递信息,从而根据消费需求,组合现有的外部资源,高效地输出一种满足这种需求的品牌会议产品,同时要充分利用网络伙伴的生产能力,实现会议产品设计、销售及服务的全过程。

2) 网络营销的营销优势

(1) 扩大产品线规模和市场范围。

(2) 强化与会议消费者的关系。

(3) 营销渠道多元化。

(4) 准确定位消费需求。

相关案例

2017年12月15日晚,BMW再次以家宴的形式举办一年一度的迎新年媒体沟通会,和来自全国各地的媒体朋友交流恳谈,把酒言欢,分享一年的收获,展望未来的规划,并且在宝马创新6系GT正式上市之后,全国9个重点城市的高端热点商圈陆续投入了专属的新车外展活动,利用圣诞节和新年的节庆气氛,吸引大量客人驻足品鉴,蓄积了市场关注。这说明企业善于利用会议进行营销活动,从而取得了很好的营销收益。

问题:案例体现了利用会议进行营销活动,那么会议营销有什么特点呢?

二、会议服务

会议服务贯穿于整个会议的会前、会中、会后等各个不同的阶段,广义的会议服务既包括发生在会议现场的租赁、广告、保安、清洁、展品运输、会场布置等专业服务,也包括餐饮、旅游、住宿、交通等相关行业的配套服务。

(一) 会前服务

会前服务是服务流程中的第一个环节,这一环节工作的质量直接影响以后各环节工作的开展。

1. 制定会议服务方案

(1) 与会议服务需求方商谈了解会议需求并签订合同。

(2) 选择会议酒店及旅游承办商并签订合同。

(3) 制定会议主要项目报价表。

2. 会议前期准备

(1) 成立会务组。

(2) 明确分工、进行岗前培训。

(3) 统计汇总相关资料并下发会议邀请(通知)。

(4) 会场布置。

不同形式的会议,会场布置有很大不同。会场布置应遵循以下原则。

①以人为本,标志显著、明确,通道畅通无阻,座位便于进出。

②环境幽雅、空调适中、适量绿色植物或鲜花装饰,尽量不用假花。

③符合礼仪规范,注意座次排列,国际通行居中为上,以右为上,面门为上。

④事先做好预案并征得主办者首肯,避免临时改变。

(5) 会议文件、证件及会议相关物品的准备。

(二) 会中服务

1. 会议报道、接待服务

负责会议接待的人员要提前到岗,专人负责机场和车站的礼仪、接站、公关等服务。提前在酒店、会议室摆放好欢迎条幅、欢迎牌、签到台、指示牌等。随时掌握与会人员抵达情况、发放会议资料。会议住宿安排应根据实际情况,按照规定标准,尽可能地满足与会人员住宿上的要求。

2. 会场服务

(1) 会场检查。主席台搭建布置、桌签摆放、安排会议座位等。

(2) 会议设备安装与调试。灯光音响及其他租赁设备。

(3) 礼仪服务。一些政府级会议一般按照事先排定的座位图就座,因此需由专业礼仪服务人员引导。此外,一些颁奖会、表彰会均需提供礼仪服务。一些重要的国际会议,对礼仪服务有更高要求,礼仪服务必须符合会议参加国的礼仪规范。

(4) 会议记录服务。会议记录一般由参会代表的随行秘书来完成或者由会议服务商提供秘书服务。重要会议为保证记录全面,可以由几位秘书同时记录,会后共同整理汇总。记录人员在做会议记录前要做好充分的准备,例如对会议的目的、议题、议程、方式等必须事先全面了解。特别是一些专业性较强的会议,记录人员还应当事先阅读会议文件,掌握有关的专业知识,熟悉主要的专业术语。

(5) 编写会议简报。会议简报是反映会议动态、进程和主要会议内容和会议信息的内部性简要报道,它是一种迅速反映会议动态的信息载体,多用于大中型会议上,是会议领导机构和领导人了解会议情况、掌握会议动态的重要渠道。

(6) 会议合影。为了体现会议的纪念意义,一般会议都会安排集体合影,如果会议中有高级领导出席或安排领导接见会议代表,通常在会议召开前安排并与会议代表留念合影;若领导能够参加整场会议,那么一般安排领导与会议代表在会后照相。组织会议合影一定要做到有序,尤其是规模较大的会议。前排就座的嘉宾需要制作座次名单以便引导入座,一般情况是先组织安排参会代表就位后再请嘉宾就座。

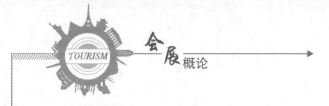

3. 后勤配套服务

1) 餐饮服务

餐饮服务往往是会议期间最容易出现问题的环节,因此会议服务提供商必须高度重视。菜品的安排上既要照顾到不同地域代表的餐饮习惯,又要体现出会议举办地的餐饮特色。会议茶歇对于一般的大型会议而言可能不需要,中小型会议,特别是公司或者组织高层会议,会间茶歇是很重要的。

2) 活动安排

会议期间活动分为酒店正常娱乐活动与会议主办方设计提供的专项活动。例如,国内会议中在一些少数民族省份往往会安排与风味餐饮结合的歌舞表演,国际会议中往往会安排具有中国文化特色的京剧、杂技等专项表演晚会。

3) 安全保卫工作

安全保卫工作,主要用于一些有国家领导出席的大型会议或者是国际会议,一般的小型会议是不用特别安排的,酒店通常都可以保证。

4) 医疗服务保障

中小型会议一般不设立专门的医疗服务台,会务组应准备一些如治疗感冒、外伤等方面的药物。

5) 会议代表返程服务安排

落实参会代表的返程机(车船)票,确保会议结束后参会代表能够按时离会,也是会议服务的一项重要服务内容,要严格按照多会代表报到时预订票务需求来落实,如确有困难须电话或当面征得参会代表的同意可更改。

(三) 会后服务

1. 会后事务

1) 安排会议代表退房

会议服务人员应配合酒店客房服务员查房,帮助会议代表整理所带物品,协助酒店前台服务员安排会议代表退房,退房时要尽量缩短客人的等候时间。

2) 送站服务

送站服务是会议服务的最后环节,按照会议代表预订返程票情况汇总统计时间,根据客人离开的时间和站点位置,考虑路程、检票等因素,合理安排调度车辆。最好集中送站,如客人有特殊要求可派专车送站。

3) 整理会议资料及会议物品

清点、整理会议资料,把会议资料包按照文字资料、照片、录音、录像等资料形式进行分类整理,以便以后进行归纳及后期加工立卷、制作光盘等。另外,要特别注意保存参会人员资料以便作为以后的潜在客户资料,资料整理后打包运回公司。同时归还租借的会议用品,会议服务商自己带来的会议用品进行包装后运回公司。

4) 费用结算

与酒店进行费用结算,包括房费、会场租借费、设备使用费、餐费及其他杂费等会议所需要的费用,按照事先与酒店约定好的价格逐条进行核算。为了结账方便,会务组财务负责人应与酒店每日进行对账,如对账目没有异议,双方负责人核查后签字。

5) 会后总结

会议结束后,会议服务商应与会议酒店及相关配合单位进行总结,征求各方对会议服务的意见和评价,为以后会议服务工作积累经验。

2. 会议旅游服务

会议旅游是会议后期组织的活动,也是会议的重要项目和必要组成部分。因此,会议旅游服务的质量也成为衡量会议服务质量的重要标准。

1) 组建会议旅游服务组

会议服务单位要派出经验丰富、素质高的工作人员,组成会议旅游服务组,负责会议旅游的全程工作。

2) 与旅游合作单位(旅行社)接洽

根据会议代表的需求,会议旅游服务组与当地旅行社联系,确定最佳旅游景点和旅游路线及旅游项目,商谈并确定费用和服务项目。

3) 登记会议旅游情况

为使参观旅游活动顺利进行,会议旅游实施前要详细填写登记表,登记参加者的姓名、性别、单位、房间号、特殊要求等,以便掌握旅游参加者的情况。

4) 安排旅游参观

根据事先设定的旅游线路,由专人带领参加者游览自然风光或参观名胜古迹。在旅行过程中,大家都很疲劳,所以安排好饮食和住宿是非常重要的,做好此项工作方能保障旅游的顺利进行。旅游购物活动在旅游过程中,客人通常要购买一些旅游纪念品,所以会议旅游服务人员有责任介绍一些旅游地的特色产品及价格,并建议客人到信誉度较高的商店购买,避免客人上当从而造成损失。

5) 做好安全保障工作

在旅途中难免会遇到各种问题,会议旅游服务人员在事先要做好充分的准备。

(四) 特殊与会者相应的服务要求

1. 国际与会者

应努力为国际与会者参加会议提供方便,如在会议通知中说明签证的细节、翻译、饮食服务等。

2. 行为障碍者

需要比其他与会者提供更多的针对性帮助,如盲人与会者特殊的会议简介、上下电梯的帮助等,乘坐轮椅与会者需要坡道及其他类型方面的设施,听障与会者需要手语帮助等。

3. 老年与会者

需要特别考虑到老年人的某些特殊要求,如紧急医疗保障,使用不同以往的视听设备以适应老年人的视力、听力的要求等。

4. 女性与会者

需要注意她们在某些需求上与男性与会者的不同,如在酒店房间增加女性用品(如乳液、洗发用品、化妆镜)及设置女性楼层,在停车设备方面加强停车场灯光与安全设施。

5. 贵宾

采取保密措施避免在会议过程中因贵宾出现引起骚乱或受到恐怖袭击,安排会场保安人员。

知识链接　　会议服务人员的服务范围

1. 会议开始前,负责与会人员的注册登记,包括签到和领取代表证件、会议文件及纪念品等。

2. 每次会议开始前,在进门处检查与会人员的证件;会议开始后,将记者请出会议厅室,将会议厅室的大门关上。

3. 迎接嘉宾,引导代表等至指定席位。

4. 记录会议的进行过程及代表的发言内容。

5. 对要求发言的代表进行登记,及时将名单按报名先后顺序送交会议主持人或会议秘书。注意记录下代表的姓名、所代表的国家或机构及发言顺序的先后要求。有的代表要求靠前安排发言时间,有的要求靠后,有的要求居中,有的不提要求。

6. 在场内分发代表发言稿、声明、提案草案、修正案稿等。发言稿通常在该代表发言期间分发,如稿件未到,可在主持人发言小结时分发,或在下次会议开始前分发。为保证记录的准确性,如代表临时发言且有手稿,可在其发言后向其暂借,复制后随即退还。

7. 随时准备提供必要的会议文件及有关资料,供讨论时参阅。

8. 每次会议开始前检查灯光、室温、卫生、名牌、桌椅、纸笔、饮水杯、木槌(主持人用)、投影设备等是否均已符合要求。

9. 接听紧急电话并通知所要求的通话人。会议厅室内的电话机通常只闪光而无铃声,秘书接话应轻声。其他人员应在会议厅室外的分机接话,以免干扰会场。

10. 会议服务负责人要检查各类工作人员如同声传译译员、警卫、电工等是否均已到位;各种设施如电力、空调、音响、通风、同声传译等是否均已通畅待用。

第四节　案例分析

在开放性的会展市场竞争中,品牌已成为会展行业内竞争的焦点,塑造良好的品牌形象,并在外延和内涵上延伸其价值,对于会议的举办方在竞争中赢得优胜是十分重要的。

一、博鳌亚洲论坛

(一) 论坛概况

博鳌亚洲论坛(Boao Forum for Asia，BFA)，或称为亚洲论坛、亚洲博鳌论坛，是一个非政府、非营利、定期、定址的国际会议组织。博鳌亚洲论坛以"平等、互惠、合作和共赢"为主旨，立足亚洲，推动亚洲各国间的经济交流、协调与合作；同时又面向世界，增强亚洲与世界其他地区的对话与经济联系。为政府、企业及专家学者等提供一个共商经济、社会、环境及其他相关问题的高层对话平台。

近半个世纪以来，亚洲各国通过自身努力，在经济与社会发展方面取得了显著成就，在国际和地区事务中的影响力日益上升。特别是近二三十年来，亚洲经济总体发展迅速，东亚经济实现了腾飞，创造了令世人瞩目的"东亚奇迹"，并成为世界较具经济发展活力的地区之一。

由于亚洲大多数国家和地区现已实行开放政策，彼此间的贸易和投资联系日益密切，双边、区域、次区域及跨区域的合作逐步展开，各国(和地区)间工商、金融、科技、交通、文化等领域的合作与交流不断增加，东亚地区合作已进入实质性阶段；东盟内部经济一体化、澜沧江湄公河流域合作、图们江流域合作等次区域合作正在进行，亚太经济合作组织(APEC)、亚欧会议、东亚-拉美论坛等跨区域合作也在向前推进。可以预言，亚洲经济发展与合作的前景十分广阔。

跨入新世纪，在经济全球化和区域化不断发展、欧洲经济体化进程日趋加快、北美自由贸易区进步发展的新形势下，亚洲各国正面临巨大的机遇，也面临许多可以预见和难以预见的严峻挑战，一方面要求亚洲国家加强与世界其他地区的合作，另一方面，也要求增进亚洲国家之间的交流与合作。如何应对全球化对本地区国家带来的挑战，保持本地区经济的健康发展，加强相互间的协调与合作已成为亚洲各国面临的共同课题。

亚洲国家和地区虽然已经参与了亚太经济合作组织、太平洋经济合作理事会等跨区域国际会议组织，但就整个亚洲区域而言，目前仍缺乏一个真正由亚洲人主导，从亚洲的利益和观点出发，专门讨论亚洲事务，旨在增进亚洲各国之间、亚洲各国与世界其他地区之间交流与合作的论坛组织。因此，1998年9月，澳大利亚前总理霍克、日本前首相细川护熙和菲律宾前总统拉莫斯倡议成立一个类似达沃斯"世界经济论坛"的"亚洲论坛"。

"亚洲论坛"的概念一经推出即获得了有关各国的一致认同。1999年10月8日，胡锦涛在北京会见了专程为"亚洲论坛"来华的拉莫斯和霍克。胡锦涛在认真听取两位政要有关"论坛"构想的介绍后，表示中国政府要重视和支持多层次、多渠道、多形式的地区合作与对话，认为论坛的成立有利于本地区国家间增进了解、扩大信任和加强合作。中方将对"论坛"的设想进行认真研究和积极考虑，并尽力提供支持和合作。同时，胡锦涛还强调，中国也希望进一步了解其他国家的反应，因为论坛的建立必须得到有关国家政府的重视、理解和支持。此后，亚洲有关国家的政府均对成立"亚洲论坛"做出了积极反应。

在此背景下，博鳌亚洲论坛成立大会于2001年2月26—27日在中国海南博鳌举行。包括日本前首相中曾根、菲律宾前总统拉莫斯、澳大利亚前总理霍克、哈萨克斯坦前总理捷列先科、蒙古前总统奥其尔巴特等26个国家前政要出席了大会。此外，中国前国家主席江

泽民、马来西亚总理马哈迪尔、尼泊尔前国王比兰德拉、越南副总理阮孟琴等作为特邀嘉宾出席了成立大会并发表重要讲话。大会宣布博鳌亚洲论坛正式成立,通过了《博鳌亚洲论坛宣言》、《博鳌亚洲论坛章程指导原则》等纲领性文件,取得圆满成功并受到了国际社会的广泛关注。

博鳌亚洲论坛是第一个永久定址在中国举办的国际会议组织,论坛总部选择在中国海南博鳌,这是亚洲地区的一些前领导人向中国高层领导提出的建议。他们认为,海南作为中国最大的经济特区,是中国深化与国际社会联系的实验区;海南省以建设生态省为目标,说明它当前和未来的发展重点是生态产业,这是亚洲和国际社会所看重的领域,符合世界经济发展潮流,海南博鳌是一个专门为论坛设计的集生态、休闲、旅游、智能和会展服务为一体的综合功能区,有着十分宜人的自然地理环境;2004年4月,博鳌亚洲论坛理事会成员达成一致意见,今后,论坛年会将于每年4月的第三个周末定期举行。

(二)历届论坛主题

2002年4月12—13日博鳌亚洲论坛举行首届年会,主题是"新世纪、新挑战、新亚洲——亚洲经济合作与发展"。此后,论坛每年定期在博鳌召开年会。

博鳌亚洲论坛2003年年会于2003年11月2—3日举行,主题是"亚洲寻求共赢:合作促进发展"。

博鳌亚洲论坛2004年年会于2004年4月24—25日举行,主题是"亚洲寻求共赢:一个向世界开放的亚洲"。

博鳌亚洲论坛2005年年会于2005年4月22—24日举行,主题是"亚洲寻求共赢:亚洲的新角色"。

博鳌亚洲论坛2006年年会于2006年4月21—23日举行,主题是"亚洲寻求共赢:亚洲的新机会"。

博鳌亚洲论坛2007年年会于2007年4月20—22日举行,主题是"亚洲寻求共赢:亚洲制胜全球经济——创新和可持续发展"。

博鳌亚洲论坛2008年年会于2008年4月11—13日举行,主题是"绿色亚洲:在变革中实现共赢"。

博鳌亚洲论坛2009年年会于2009年4月17—19日举行,主题是"经济危机与亚洲:挑战与展望"。

博鳌亚洲论坛2010年年会于2010年4月9—11日举行,主题是"绿色复苏:亚洲可持续发展的现实选择"。

博鳌亚洲论坛2011年年会于2011年4月14—16日举行,主题是"包容性发展:共同议程与全新挑战"。

博鳌亚洲论坛2012年年会于2012年4月1—3日举行,主题是"变革世界中的亚洲:迈向健康与可持续发展"。

博鳌亚洲论坛2013年年会于2013年4月6—8日举行,主题是"革新、责任、合作:亚洲寻求共同发展"。

博鳌亚洲论坛2014年年会于2014年4月8—11日举行,主题是"亚洲新未来:寻找和释放增长新动力"。

博鳌亚洲论坛 2015 年年会于 2015 年 3 月 26—29 日举行，主题是"亚洲新未来：迈向命运共同体"。

博鳌亚洲论坛 2016 年年会于 2016 年 3 月 22—25 日举行，主题是"亚洲新未来：新活力与新愿景"。

博鳌亚洲论坛 2017 年年会于 2017 年 3 月 23—26 日举行，主题是"直面全球化与自由贸易的未来"。

博鳌亚洲论坛 2018 年年会于 2018 年 4 月 8—11 日举行，主题是"开放创新的亚洲，繁荣发展的世界"。

二、APEC 会议

APEC 是亚太地区最具影响的经济合作官方论坛，成立于 1989 年。1989 年 1 月，澳大利亚前总理霍克访问韩国时建议召开部长级会议，讨论加强亚太经济合作问题。1989 年 11 月 5—7 日，澳大利亚、美国、加拿大、日本、韩国、新西兰和东南亚国家联盟 6 国在澳大利亚首都堪培拉举行亚太经济合作会议首届部长级会议，这标志着亚太经济合作会议的成立。1993 年 6 月改名为亚太经济合作组织。

APEC 会议宗旨：保持经济的增长和发展；促进成员之间经济的相互依存；加强开放的多边贸易体制；减少区域贸易和投资壁垒，维护本地区人民的共同利益。

APEC 会议精神：APEC 的大家庭精神是在 1993 年西雅图领导人非正式会议宣言中提出的。为本地区人民创造稳定和繁荣的未来，建立亚太经济的大家庭，在这个大家庭中要深化开放和伙伴精神，为世界经济做出贡献并支持开放的国际贸易体制。

在围绕亚太经济合作的基本方针所展开的讨论中，以下 7 个词汇出现的频率很高：开放、渐进、自愿、协商、发展、互利与共同利益，被称为反映 APEC 精神的 7 个关键词。

主要议题：APEC 主要讨论与全球及区域经济有关的议题，如促进全球多边贸易体制、实施亚太地区贸易投资自由化和便利化、推动金融稳定和改革、开展经济技术合作和能力建设等。近年来，APEC 也开始介入一些与经济相关的其他议题，如人类安全（包括反恐、卫生和能源）、反腐败、备灾和文化合作等。

合作方式：APEC 采取自主自愿、协商一致的合作方式。所作决定须经各成员一致同意。会议最后文件不具法律约束力，但各成员在政治上和道义上有责任尽力予以实施。

工商参与：APEC 工商咨询理事会成立于 1993 年，是工商界参与 APEC 合作的主要渠道。理事会的主要任务是，就如何为 APEC 贸易投资自由化和经济技术合作创造有利的工商环境提出设想和建议。理事会由各成员选派的 3 名工商界代表组成，主席由当年 APEC 会议东道主担任。理事会每年召开 4 次会议，理事会设有常设秘书处，位于菲律宾马尼拉。理事会较为活跃，为 APEC 合作发挥了积极的推动作用。

运作：亚太经济合作组织是经济合作的论坛与平台，其运作是通过非约束性承诺、开放对话平等尊重各成员意见，不同于世界的其他政府间组织。世界贸易组织及其他多边贸易体要求成员签订具约束性的条约，但亚太经济合作组织与此不同，其决议是通过全体共识达成，并由成员自愿执行的。

APEC 现有 21 个成员，分别是中国大陆（内地）、澳大利亚、文莱、加拿大、智利、中国香

港、印度尼西亚、日本、韩国、墨西哥、马来西亚、新西兰、巴布亚新几内亚、秘鲁、菲律宾、俄罗斯、新加坡、中国台湾、泰国、美国和越南,1997年温哥华领导人会议宣布APEC进入十年巩固期,暂不接纳新成员。此外,APEC还有3个观察员,分别是东盟秘书处、太平洋经济合作理事会和太平洋岛国论坛。

组织结构:APEC共有5个层次的运作机制。

领导人非正式会议:自1993年来共举行了16次,分别在美国西雅图、印度尼西亚茂物、日本大阪、菲律宾苏比克、加拿大温哥华、马来西亚吉隆坡、新西兰奥克兰、文莱斯里巴加湾市、中国上海、墨西哥洛斯卡沃斯、泰国曼谷、智利圣地亚哥、韩国釜山、越南河内、澳大利亚悉尼、新加坡和秘鲁利马举行。2010年、2011年的领导人非正式会议分别在日本和美国举行。

部长级会议:包括外交(中国香港除外)、外贸双部长会议及专业部长会议。双部长会议每年在领导人会议前举行一次,专业部长会议不定期举行。

高官会:每年举行3次或4次会议,一般由各成员司局级或大使级官员组成。高官会的主要任务是负责执行领导人和部长会议的决定,并为下次领导人和部长会议做准备。

委员会和工作组:高官会下设4个委员会,即贸易和投资委员会、经济委员会、经济技术合作高官指导委员会和预算管理委员会。贸易和投资委员会负责贸易和投资自由化方面高官会交办的工作,经济委员会负责研究本地区经济发展趋势和问题,并协调结构改革工作,经济技术合作高官指导委员会负责指导和协调经济技术合作,预算管理委员会负责预算、行政和管理等方面的问题。此外,高官会还下设工作组,从事专业活动和合作。

秘书处:1993年1月在新加坡设立,为APEC各层次的活动提供支持与服务。秘书处负责人为执行主任,由APEC当年的东道主指派。

三、达沃斯论坛

世界经济论坛(World Economic Forum,WEF)是一个非官方的国际组织,总部设在瑞士日内瓦。其前身是现任论坛主席、日内瓦商学院教授克劳斯·施瓦布1971年创建的"欧洲管理论坛"。1987年,"欧洲管理论坛"更名为"世界经济论坛"。论坛因每年年会都在达沃斯召开,故也被称为"达沃斯论坛"。

每年在达沃斯召开的论坛年会,一般是在一月下旬,会议持续约一周时间,每年都要确定一个主题,在此基础上安排200多场分论坛讨论。

达沃斯位于瑞士兰德瓦瑟河畔,海拔1560米。这里群山环抱,风光旖旎,一条宽阔的中心大街横穿市区,两旁山坡上错落有致地排列着色彩和谐的楼房。达沃斯虽小,却因举办世界经济论坛闻名遐迩。

每年的论坛年会均有来自数十个国家和地区的千余位政界、企业界和新闻机构的领袖人物参加。达沃斯论坛已经成为世界政要、企业界人士及民间和社会团体领导人研讨世界经济问题较重要的非官方聚会和进行私人会晤、商务谈判的场所之一。

随着国际形势的发展和变化,世界经济论坛所探讨的议题逐渐突破了纯经济领域,许多双边和地区性问题及世界上发生的重大政治、军事、安全和社会事件等也成为论坛讨论的内容。

论坛组成的核心是其会员和合作伙伴。目前,论坛拥有1000多名会员,全部是世界知名企业和公司。此外,论坛还有各种性质的会员制组织,涉及政治、经济、文化、宗教、传媒和学术等领域。世界经济论坛每年还与若干国家的政府或企业联合主办各种国际经济讨论会。

知识链接　　会议筹备工作十要点

1. 确定会议名称

会议名称也就是会议的题目,如"全国卫生工作会议""全国新型农村合作医疗试点工作会议"等。规范的会议名称一般由三部分组成:一是会议范围,二是会议内容,三是会议性质。其中会议性质包括"现场会""启动会""工作会""座谈会""研讨会"等。

2. 初定会议步骤

会议步骤包括会议的议程、程序、日程等。议程是会议议题的先后顺序,是会议程序的基础。程序是对会议各项活动,如各种仪式、领导讲话、会议发言、参观活动等,按照先后顺序做出安排。日程是对会议的活动逐日做出的安排,是程序的具体化。会议的步骤是会议有条不紊进行的保证,一旦经过领导批准,切不可随意变动。

3. 草拟会议通知

会议通知一般包括会议的名称、开会的目的和主要内容、会期、会议地点和食宿地点、与会人员、报到的日期和地点、需要携带的材料和数量及材料的打印规格、个人支付的费用、主办单位、联系人和联系电话等要素。会议通知最好由与会议主题相关的人员起草,这样更有利于通知的顺利起草。报请上级单位批准的会议,报送请示时,要附上会议通知的代拟稿。

4. 会议经费预算

会议经费预算开支的项目一般包括与会人员的食宿费、会场的租用费、会标的制作费、会务组和工作人员的房费等。如果需要邀请专家学者讲课、做报告,还要将专家的讲课费交通费和食宿费等预算在内。

5. 办理会议报批

重要的会议必须报请领导审批。会议的请示要讲清开会的理由、会议的议程、会议的时间及会期、地点、参加会议的人数和人员级别、会议的经费预算和准备情况等。

6. 下发会议通知

会议通知务必经过处室领导审核,主管领导签发。下发会议通知要专人负责,避免遗漏、错发和重发。下发会议通知应注意两点:一是会议通知下发要及时。下发过早,参会人员容易遗忘;下发太迟,与会人员收不到会议通知,即使收到通知,难以安排手头的工作,也会降低会议的出席率。二是会议通知发出后要抓反馈。

涉及多个部门、内容重要的会议要随会议通知；附一份会议回执，内容包括参加会议人员的姓名、性别、民族、职务（职称）、联系电话、到会的日期、车次和航班号以及返程的日期、车次和航班号等。会前1至2天还要再次联系，以确保与会人员能够按时参会。

7. 准备会议材料

会议材料主要有三种：一是会议文件，包括下发的正式文件、文件讨论稿或征求意见的文件；二是讲话材料，包括领导讲话材料、书面交流材料和会议发言材料；三是会议主持词。在这里重点谈谈如何准备会议主持词，主持词又叫程序稿，通过主持人在会议期间的讲话来体现会议的程序。主持词的起草要注意三点：一是要力求文字口语化。因为主持词仅供主持人使用，其他与会人员没有主持词的文字稿，所以文字要通俗易懂，切忌出现晦涩难懂的古诗词，或过分华丽的辞章。二是要注意会议程序的衔接。讲话要承前启后，简明扼要地总结前面发言人的讲话要点，顺理成章地引出下一个发言人。语言要力求简洁，避免重复，切忌话中套话，使人听不出头绪。三是主持词的内容要提纲挈领，不要有论述性的话语，篇幅不宜太长，以免冲淡会议的主题。

8. 选择布置会场

开会要借助一定的场所。会场条件的好坏、舒适程度的高低，对与会人员的心理会起到不可忽视的作用，直接影响到会议的效果。因此，要重视会场的选择和布置。

会场的大小要根据参会人数的多少来定，还要根据会议的需要考虑会场的设备，如会场的照明、空调、音响、录音、多媒体等设备。会场的布置是办会工作的一项重要内容，主要有：一是会标的布置。会标应与会议的名称一致，字数要少而精，如"全国卫生工作会议"。二是席位卡的摆放。主席台上摆放席位卡的原则是"左为尊，右为次"。主席台上就座的人数最好为单数，最主要的领导居中，其他席位卡按照先左后右的顺序，分别依次摆放。三是主席台的摆放。一般有两种形式：其一，主席台高于台下的座位。适用于人数多、比较重要的会议，如报告会、工作会等，会场显得比较庄重、严肃、正规；其二，主席台与其他座位处于同一平面。适用于人数较少的会议，如座谈会、研讨会等，会场显得较随和，与会人员之间的关系显得平等。四是座位的安排。安排座位一般根据会议的性质，如果是座谈会，座位摆成回字形，回字的两边和底边可以多摆放座位；如果是向检查组、检查团汇报情况的汇报会，座位摆成回字形，但是回字的顶部和两边各摆一排座位，底边可多摆放几排座位。此外还可以根据会议的气氛和会场的本身条件安排座位。

9. 明确人员分工

会议的会务人员可分三个小组，一是秘书组，负责会议文件、领导讲话稿等材料的起草、整理会议记录、编发会议简报和会议材料的归档等工作；二是材料组，负责会议材料袋的购买、材料的装袋和分发，以及会议的签到等工作；三是接待组，负责与会人员的食宿安排、会场布置以及工作人员的安排，如礼仪人员、服务人员和摄影人员等，此外还要做好会议经费的预决算工作。

10. 会前全面检查

会前的全面检查是进一步落实会议准备工作的重要环节。会前检查一般分为三个步骤,一是听取会议所有筹备人员的口头汇报;二是到现场实地检查,包括会议材料的准备情况和会场的布置工作;三是针对可能出现遗漏的问题,进一步采取补救措施。会前检查一般要邀请有关的领导亲临现场给予指导。

(资料来源:http://www.hui.net/news/show/id/2482.)

本章小结

本章介绍了会议的相关概念,按照不同维度列举了会议的几种主要类型以及构成要素。介绍了国内外会议的发展历程和发展趋势、会议营销的内容与方法、会议服务的过程与步骤。列举了博鳌论坛、APEC等重大会议案例,全面地帮助学生了解、掌握会议相关的知识。

关键概念

会议　会议选址　会议营销　会议服务

复习思考题

□复习题

1. 简述会议的基本概念和构成要素。
2. 简述会议选址需要考虑的因素。

□思考题

试分析会议策划中的关键环节。

第 4 章

展览

学习目标

通过本章的学习,了解展览的基本概念以及构成要素。了解国内外展览的行业现状和发展趋势。了解展览的一般运作过程,了解展前、展中到展后的全过程管理,掌握组织、管理一个展览的知识和技能。

案例引导

有着中国食品行业"晴雨表"之称的全国糖酒商品交易会,始于1955年,是中国历史悠久的大型专业展会之一。全国糖酒会由中国糖业酒类集团公司主办,一年两届,分春、秋两季举行。每届糖酒会的展览面积均在10万平方米以上,参展企业3000家左右,专业采购商达15万人,成交总额200亿元左右,是中国食品行业规模最大、影响最广的展览会,被业内人士称为"天下第一会"。

第98届全国糖酒商品交易会于2018年3月在成都举办,展览面积为12.5万平方米,参展企业2965家,接待入场观众约27万人次,总成交额226.67亿元。

(资料来源:http://4659.hshuiyi.com/.)

问题:展览会对举办地城市的经济发展有哪些推动作用?

第一节　展览概述

一、展览定义

展览是会展业的最初形态和目前国内外会展业的核心产业之一。会展业的雏形就是农贸市场,换句话说,农贸市场就是一种早期的市场,这种早期市场就是农村多余商品的集中展示的场所。所谓"展示",表示将思想、信息的交流或实物产品进行展览。无论是思想、信息交流还是实物展览,两者都以一定规模的公众为主体,以促成思想和信息、产品的供求双方达成共识或协议为最终目标。有学者提出,"商业类展览会是一种既有市场性,又有展示性的经济交换形式"。为此,专门提议将展览会三个字拆开来解释其含义:"展",即陈列、展示;"览"就是参观,观看;所谓"会"就是为了实现某种目的集中到一起进行交流,这种交流既是参展商之间和观众之间的,更是观众与参展商之间的。

综合目前已有的研究成果,对展览会的界定可以从产品、信息传播和价值三个角度入手。

（一）从产品角度的定义

从一般工业产品的运作角度来分析,展览会的基本流程可以描述为:产品研发（市场调研、确定展览会主题及定位、策划论坛等相关活动）—产品生产（组织专业观众、邀请演讲嘉宾、租赁场馆和会议场地、员工培训与配备）—产品销售（展览会宣传推广、招展、广告及赞助销售）—产品消费（参展商参展、专业观众参观、听众与会、现场管理与服务）—售后服务（答谢客户和演讲嘉宾等相关人员、开展展览会评估）—产品改进（更新数据库、改善薄弱环节、开展新一轮营销）。

有一点值得特别指出,在上述流程中,将组织专业观众和邀请演讲嘉宾放在产品生产环节,然后才是展览会宣传推广以及招展、广告销售等工作,以突出组织专业观众和邀请演讲嘉宾的重要性。事实上,这正是目前许多国内展览公司和国外著名展览巨头办展理念的差距所在。

（二）从信息传播角度的定义

从传播学的角度理解,巫蒙的说法最具代表性。他提出了这样的展览会定义,"在特定的时空中,有组织、有目的地向特定而来的受众传递特定信息的传播活动"。尽管这不是一个十分科学的定义,但它为业界重新认识展览会提供了一个新的视角。展览会自发生之日起,就是有明确目的的为信息交流而进行的传播活动。但是,由于其隐藏在经济效应的背后而被人忽视,那就是它作为传播活动的本质。展览会只有在传播上取得成功并长久地发展,才能在经济上获得胜利。

巫蒙还进一步提出,展览会的直接传播者是参展商,间接传播者是展览会的组织者即主办单位。其中,参展商是直接面对观众的传播者,是展览会主角。然而,在整个展览会活动中,参展商在对外展示自身的同时,还要接受和收集其他参展者的信息,这也是参展的另外一个主要目的,因而参展商在展览会中既是传播者也是受传者。因此,参展商具有双重身份。

展览会组织者是参展商和观众之间的桥梁。在项目策划确定之后,组织者需要开展大量宣传活动,传达有关展览会的信息。一方面,通过招徕参展商,告诉潜在参展企业通过参展能达到怎样的效应;另一方面,通过广告等途径,告诉观众,在这次的展览会上将有什么样的参展商出现。高质量的参展商才能吸引大量的观众,同样,高质量且适合的观众才能吸引高质量的参展商。参展商和观众是一种相互作用和相互促进的关系,他们是构成展览会的两个主体,对展览会的成败起至关重要的作用。

(三) 从价值角度的定义

这里所说的价值包含两层含义,第一层含义指展览会的能力要素。重庆海纳会展研究所(中德合作)的张西振先生曾经在《中国贸易报》上以《展览会评估刍议》(2004)为名提出了展览会的五大价值,即信息传播价值、认证价值、体验价值、观念价值和领袖价值。第二层含义是指一个展览会对不同利益主体有什么不同的价值和意义。展览公司参展商、专业观众和服务商是构成一般展览会的四大要素。概括而言,展览公司、展商、专业观众、服务商与一般观众有以下关系:①对展览公司而言,参展商是展览会价值的主要体现者,通常也是展览会收入的主要来源;参展商交纳的参展费用是展览公司收入的最主要来源;②专业观众虽然不会给展览带来很大的现金收入,但却间接关联到展览的最终收入和展览的价值、品牌,专业观众带来的直接现金效益往往较少,但其质量和数量将直接影响参展商对展览会的满意度,因此,他们将最终影响展览会的效益;③参展商与专业观众相互促进、相互吸引,并且专业观众是参展商参加展览会获得收益的最终来源;④服务商与展览公司签订合同,并同时为参展商和专业观众提供各种服务。

二、展览的主要构成要素

(一) 主办方

展览的主办方是指促成展览活动实现、制定展览主题、进行展览策划、负责招商招展等一系列工作的政府部门、会展公司、广告公司等,其核心力量是展览经理、场馆经理和公司其他员工。

大多数情况下,展览组织者组织策划展览的目的是使自己能够从一个成功的展会中获得利润。这里所讲的"成功"是指多年来参展商和观众人数不断增加,以及建立和维持一个公平良好的形象。这些目标可以通过运用针对性的营销和公关方法,达到国际性的高度,定位全球领先展会行业的某一个分支等这些方式来实现。展会组织者也需要从展会管理的未来趋势、展会运营商的技术发展及其相关服务做一个长远的考虑。

1. 目标

为了实现设定的展览目标,展会组织者应注重以下几个方面:参展商和参观者的收获;为参展商和参观者提供高品质的服务;基础设施的不断完善和建设;与参展商和媒体保持紧密而有效的联系;为参展商、观众和记者提供相关资料。

2. 确定展览主题

确定一个展览主题有很多方法。最简单的方法是采用现有展览会中的一个部分,把它发展成为一个独立主题。另一个选择是与行业协会商讨,建立一个相关的展会业务部门。最难的一步就是根据市场调查和研究结果确定展会主题。

3. 进行市场调查

一旦确定展会主题,接下来确定可能参加的参展商的数目就显得尤为重要,要能够保证一些比较具有行业代表性的参展商参展。这个数目的确定一般是根据区域、国家和国际性调查来进行。

另外,建立一个全国、国际贸易协会以及特定商业部门组织的清单,以便通过该清单,主办方可以随时找出一些积极支持你的合作伙伴。

市场研究的根本目的是更好地了解可能参展的参展商、观众的需要和愿望,要让参展商和观众及时地了解展会的相关信息和最新发展情况,以便他们根据自身情况及时做调整,从而更好地融入展会当中。

4. 展览发展观

通过已有展会,同一个与展会有关的贸易支持合作伙伴合作,一起发展新展会,这种观点和想法是非常可取而有效的。因为这些已经举办过的合作伙伴完全具备了办展览的经验,尤其是在主题的选择和创新上已经有了适当的经验储备。

5. 吸引潜在的参展商和观众

根据展会和已经定义的产品门类的概念,参展商可以采取全方位的营销手段来进行采购产品出价、价格、条件、分配、通信等信息的宣传和推广,以便于在展会开始之前吸引观众。首先,需要公布展览的时间、门票、相关会议和其他补充方案等信息。然后,当一定数量的参展商签署了参展合同后,应该及时将他们的相关信息补充进去。组织者可以为参展商提供需要的广告和宣传资料,并站在他们的立场上去向客户描述他们对客户的欢迎态度。另一项重要活动就是为参展商和观众之间的合作提供沟通平台。

6. 展览效果分析

在一个展会结束时,调查参观者和参展商的意见,以此来评定展会是否成功,这对于展会组织者来说是很重要的。另外,对组织者来说,通过分析一些数据,判断是否达到之前设定的目标,从而来判断展会的成功与否也是很重要的。如果一些目标尚未实现,重要的是分析展会的原因,然后制定一项战略,以此避免将来同样的错误再犯。

界定展会成功的定量指标通常有:收入、租出场地的面积、售出的门票数量、商品成交的数量、从服务所产生的收入、参展商数目和参观人数。界定展会成功的定性指标一般有:参展商的类型、客商类型、媒体对展会的反应情况、展会的氛围。通过和客商代表的面对面的访谈,调查和分析参展商的意见。对这些参展商的调查应考虑以下几个标准:客商的来源(国际、国家、区域);客商在自己公司的位置;客商所代表的行业;客商的访问时间;客商参加本次展会或者其他同类展会的频率。这些客商的信息通常由主办单位公布,因为这是一个说服将来展览潜在参展商参展的常用方式。

除了对客商进行分析外,通过采访几个特定的人选来调查参展商的意见、意愿和关于展会的感受也很重要。结果可以用来改善展会的概念,以此来提供更好的服务和加强与参展商的关系,也可以与媒体进行沟通交流。

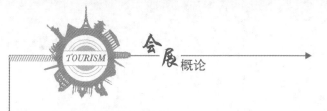

7. 展览的盈利计算

贡献利润是一次短期内的控制型工具,非常适合于计算贸易展会的收益率。它清晰地从固定成本(在短期的基础内无法被影响)内区分出可变成本(在短期基础内可以被影响)。

特别需要注意的是:贡献利润计算的优点在于,可变成本的估价是每次任务所花成本的内在配置的基础,固定和可变成本的严格区分是每次任务能够有一个清楚的成本配置,它促进了目标的管理,因为一次成本分配到每个任务当中,这样成本可以要好地被规划、分析以及控制。

在计算一次展会的收益时,管理组织公司的大体花费以及经常开支必须被考虑进去,贡献利润计算满足了不同等级制度的需求。对于展会的项目管理者来说,中肯的控制型工具是贡献利润1,指用展会收益减去固定和可变成本,直接关联到了展会;对于部门的领导来说,中肯的控制型工具是贡献利润2,指把部门的固定成本包含在贡献利润1中;对于执行董事会而言,中肯的控制型工具是贡献利润3,指把公司相关的固定成本包含在贡献利润2中。贡献利润3最终在一个展会的利润或亏损上给予一个反映。

ROI是两个目录的产品(营业额收益率和资产营业额),同时描述了投资资产的年收益性。营业额收益率分析了在营业额上的利润关系,资产营业额分析了在投资资产上的营业额关系。投资回收率周期是在必要的时间里回收投资资产并放入一个展会当中。投资回收率的周期不能超过3年。

(二)参展商

自20世纪80年代以来,会展业已成为现代服务业的一个新兴产业,对城市经济发展特别是第三产业的发展以及打造、经营城市品牌具有巨大的作用,日趋成为刺激经济增长的强劲力量。在会展活动中,参展商的营销成为重中之重。这是因为,一个商业性的会展,组织者的收入主要是来自参展商。足够多的参展商的介入,是会展得以运转的关键。那么会展组织者如何才能赢得参展商的青睐,取得会展的成功呢?

1. 会展,千里之行,始于展商

赢得参展商的参与是会展成功的开始。"顾客就是上帝",会展的组织者要赢得参展商,必须明确参展商在展览价值链中的地位,树立以参展商为中心、为参展商服务的思想。而这一思想可以体现在会展组织者为参展商所做的准备工作上,即为重点参展商策划参展计划。

一般而言,参展计划是参展商进行会展营销的依据,是参展商实现目的的保证。会展组织者依据自身特点,为参展商精心准备的参展计划则更具有实际意义,更有助于参展商预期目标的实现。其中,为重点参展商策划的参展计划主要包括以下几个方面的内容。

1)行业调查

行业调查即参展商专业结构调查,尤其是参展行业发展趋势的信息调查。通过为参展商提供这些信息,帮助参展商了解市场动态、获取与企业经营活动密切相关的市场信息,从而使企业把握行业发展的脉搏,找到市场切入点,及时调整营销策略。对重点参展商而言,这是具有实际价值的"增值"服务。

2)统计分析

统计分析即历届展览专业观众的分类与构成比例。展会招商和招展是互相影响、互相

作用的。一方面,如果展会招商效果好,到会观众数量多,质量上乘,参展商的展出效果就有保证,企业就更乐意来参展;反之,参展商的展出效果就难有保证,企业参展的积极性就会降低。另一方面,如果展会的招展效果较好,参展企业尤其是行业知名企业较多,展品新,信息集中,观众到会参观就会更加踊跃。对历届会展专业观众的统计分析则可以协助重点参展商评估展览,理解参展价值。

3) 场地规划

明确指出重点参展商可优先选择的特色区域,为重点参展商进行场地规划和展台设计提供建议。展位选择至关重要,选择合适,可以事半功倍;选择不合适,则事倍功半。但企业参展如何选择展位,很多企业并不在行。因此,会展组织者为重点参展商提供这一方面的建议,是吸引参展商参展的一项重要因素。

一般来说,确立标准、选好展位、设计好展位造型,这是参展商必须要考虑的3步棋。这3步棋怎么走,如何走好是参展成败的关键。总之,选择展位一定要大小适当、得体。

首先,确立好展位标准。这个标准就是参展商所需要的展位规格的大小以及资金的投入问题。在展位的大小方面,一般是大企业大展位,中企业中展位,小企业小展位。什么是大展位、中展位和小展位呢?国际标准化的展位规格是 3×3 平方米为一个标准展位。这种展位对一个小型企业或某一个单项性产品的展出是很适宜的,而对大型企业则可以考虑更大一些的。这要根据参展的实际情况和展出的内容多少来确定。否则,不是显得大小不当,就是花钱不讨好,空摆花架子。因此,选择展位一定要大小适当、得体。

其次,选择好展位。一般来说,展位的地点最好选择以下地方:开幕式主席台对面及两侧;入口处的正门口,或正门口的两侧;出口处的后门口或后门口两侧;主要人行干道的两首或"十"字形干道的中心四角处;上述4个地方的邻近处;知名大企业及有影响的团体或组委会附近。总之,参展企业要多留心观察,分析和比较展馆内不同展位位置给企业带来的影响,争取利用选择展位位置的有限权利,选择一个对企业交易、洽谈、形象展示都有利的位置,用最小的投入去争取最大的回报。

最后,设计好展位造型。展位造型的设计(也叫展厅造型设计)是一项非常重要的课题,直接影响到展览是成功还是失败。可以说设计好展位造型也就等于成功了一半。那么,展位造型的设计该如何考虑呢?需要注意3个方面:一是整个展位的造型,二是展位的组合内容,三是展位的陈列摆放。展位造型的设计是一个多姿多彩的世界,是一个艺术创作的王国,它的可塑性、创新性的空间非常大,很难确立一个固定的模式。

4) 参展价值

参展价值即分析重点参展商的会展营销可以取得的成果。如利用会展这一营销工具,企业可能实现很多营销目标:首先吸引目标顾客,促成交易。绝大多数展览会都有其特定的展览对象及参与者,在展览会上,企业可以面对面地对顾客进行产品介绍和宣传,现场演示产品的功能,就产品的各种问题开展讨论和交流,这种双向沟通能够促使顾客尽快做出购买决定。其次,参加会展能使企业低成本接触客户,节约营销费用。

5) 增值服务

增值服务即会展组织者为重点参展商能提供的一系列增值服务措施与策略的列表,如网络服务、贸易撮合服务、商务旅行服务等。通过提供尽可能多的免费增值服务来吸引尽可

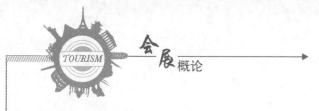

能多的参展商参展。

6）媒体信息

媒体信息即会展组织者所确定的媒体推广计划，对计划的详尽介绍是重点参展商有效评估参展对其企业的重要影响力的依据。为重点参展商策划参展计划，使参展商更全面地了解会展的举办情况，增强参展商参展的信心，是赢得参展商的一个妙招，值得会展组织者一试。

2. 服务，惟展商是瞻

做好参展商的组织、服务工作是会展能否成功的关键。从参展商报名参展开始，会展组织者与参展商之间的合作关系正式开始。作为会展的组织者，要为参展商提供一系列专业、周到的服务。这些服务涉及内容广泛而繁重，组展商应特别注意为参展商提供以下几项服务。

首先，同参展商进行沟通，明确参展商的参展需求、企业产品的定位、寻求合作的贸易方式、寻求贸易对象的类别等，进行针对性服务。

其次，做好专业观众的组织工作，通过展会的宣传、广告、网站等发布信息，邀请一定数量和质量的专业观众到会参观，这是展会提供给参展商的重要服务。

再次，解决参展商的其他具体问题。参展商有可能会遇到许多实际问题，如了解场馆环境、展位尺寸及结构、展位设计、展品运输、现场搭建；形象宣传、现场广告、展期活动安排和工作人员吃、住、行等具体问题，作为会展组织者应尽量向参展商提供详细、周到的服务，使他们得到更直接的专业服务。

最后，从专业或行业的角度，邀请国内外同行专家举办讲座，提供咨询服务，也是做好展会综合服务的一部分。

3. 发展，携手才能共进

与参展商建立长期的合作关系是会展发展的根本。保证长期的合作关系，是会展组织者与参展商共同努力的结果。

从会展组织者方面，会展组织者必须关心参展商，重视彼此的忠诚度。第一，作为会展的主办者应及时总结每次展览举办的情况，发现问题及时改进或在下次办展时改进。需要强调的是，对参展商的服务方面，应做出详细的检讨，一条一条予以落实改进。第二，应关心参展商成交情况的落实，总结参展商的经验和教训，并通过适当途径向其他企业介绍，以提高参展商的参展效果。第三，举办参展企业培训班，就参展企业的有关问题开办专家讲座，传播新思想，转变旧观念，提高参展企业的实际操作水平。第四，开展相关群体的联谊工作，如通过会员俱乐部等组织形式加强相互之间的常规化联系，或许可以形成牢固的友谊，结成相关利益者群体。加强会展组织者与参展商的连续参展，这是会展组织者的利益所在，是衡量一个会展成功与否的重要指标。这是因为，展览中的成交统计虽然是一个统计指标，但常常不能准确反映会展的实际成效。参展商连续参展的情况，在相当意义上可以弥补成交统计不完全准确性的不足，成为商业会展成效的一个客观评价指标。总之，会展组织者与参展商之间的良好合作并持之以恒，是会展发展的最高追求目标，更是会展发展的根本所在。

综上所述，参展商作为会展举办所必不可少的要素之一，会展组织者作为为参展商营销提供平台的主体，只有两者共同努力，密切配合，做好各自的相应工作，才能充分发挥展会的功能,取得共赢之效。

(三) 会展观众

会展观众是展会上的主角。这个观点为国外众多学者及会展从业人员所共知。但令人遗憾的是,直到现在,我国的会展界对会展观众的认识还明显不足,存在着很大偏差,形成了一种重视参展商、忽视观众的现状。

1. 问题的提出

2005年5月16日至19日,第二届中国电子商务及网络博览会暨企业信息化建设软硬件产品推介展览会在辽宁工业展览馆召开。本次展会由辽宁省人民政府主办,辽宁省经济贸易委员会、辽宁省信息产业厅、辽宁省科学技术厅、辽宁省广播电视局以及辽宁省展览贸易集团承办。此次展会展出的产品主要以计算机软硬件产品及通信技术设备为主,展会的参观者都聚集在与电子商务、网络、信息化建设相关的展位上。其中,中国移动通信、中国网通、招商银行以及昂立电子等几大厂商以其独特且规模较大的展位吸引了众多观众的目光。而参展商也以此次展会为契机,在展示产品的同时更将推广品牌作为重点,沈阳昂立电子有限公司就在此次展会上加大了形象宣传的力度。

虽然几个大厂商对此次展会寄予很大的希望并投入很高的热情,但有些参展商对观众中行业用户少、针对性不强等问题表示了遗憾。"本次参会的目的主要是想扩大自身影响力以及能够接触到更多的行业用户,可观众没有预想中多,而且行业用户比例不大,效果不是很理想。"也有观众表示,"参展厂商数量还是不够,很多国际、国内的知名品牌都没来参展,例如HP、IBM、明基、联想等"。一位前来参观的业内人士也表示,"今年的展会在形式和内容上与往年相比都没有突破,而且除去'5·17世界电信日'及5月16日网通挂牌引来大批电信运营商参展的因素外,IT参展商与去年相比也有所减少"。当然,对展会持正面意见的人也有,一位来自辽大的学生参观展会后说:"展会办得还不错,让我认识了很多新的IT产品。"此外,还有很多观众表示事先并不知道此次展会及其内容,"只是路过进来看看,没有明确的目标"。不难看出,在如何对待展会与观众的关系上,展会各方面的参与者存有很大的分歧。

2. 怎样正确认识展会与观众之间的关系

1) 专业展会观众贵精不贵多

会展观众有专业观众与普通观众之分,其中专业观众是会展组织者宣传和吸引的主要目标,因为专业观众是对参展商构成吸引力的主要因素。

展会的成功与否很大程度上取决于参观者的数量和质量。展览不仅需要参观者,而且需要达到一定数量和质量的专业参观者。参展商参展主要是为了拓展产品销路和市场,展览会交易额是衡量参展成功与否的主要标准,而专业观众是参展商真正的潜在客户,专业观众的数量和质量直接影响参展商的参展效益和以后再次参展的可能性。所以组织者应在尽可能大的范围内选择和吸引符合要求的目标观众。

按照国际惯例,专业展会并不是以参观者数量的多寡取胜。目前,展览会评估与认证在国内还属空白。然而,对参展商而言,展会评估的结果可以给参展商在不同的展会与其他营销手段之间的选择提供参考依据。对观众而言,尤其是为专业观众选择参观展览会提供客观的标准;对展会主办者而言,为打造品牌展以及更好地改进对参展商及观众的服务提供客观的依据。

德国被誉为展会王国,在展会的各个方面都已有一套相当成熟的做法。就观众的定义及会展统计问题,德国会展统计数据自愿控制组织(FKM)主席兼慕尼黑国际博览集团首席执行官胡明峰先生介绍说,购票入场或是在观众登记处登记了姓名和联系地址的人都被称为观众。记者、展商、馆内服务人员和没有登记的嘉宾不在观众之列。这个行规在欧洲普遍通用。在美国,参展公司的工作人员和其他的团体被称为"展会参与者",部分也计算在观众数量中。只有有兴趣和展商建立商业关系的人才能算作观众。这对观众的定义是最为严格的。

有专家认为,对中国来说建立一个全国性的审核系统是很必要的。目前中国的展会组织者使用的统计标准五花八门。对展商、观众和媒体来说,要了解展会真正的规模和影响十分困难。展会统计数据的透明化会使整个中国展会市场受益匪浅。然而,一部分展会组织者缺乏长远目光,仅仅从短期自身的局部利益出发,抵触这种透明度。他们从自己制定的标准中得利,这是不利于会展统计和评估的普及的。

2) 观众的质量比数量更重要

专业观众参展的比例,是参展商衡量会展服务质量的首要参数。参展商的主要目的是扩大成交额,扩展新客户。他们费心地将自己的产品筛了又筛,选了又选,反复包装,不惜重金设置展台,全部心思都是为了吸引目标观众,因为目标观众中有合作伙伴,有潜在客户。

另外,专业目标观众中决策者的比例也是至关重要的。目标观众中如果缺少决策者,那么进行洽谈的多数将是意向性的。能真正拍板定案的并不多,这自然会影响参展效果。

如果说其他方面的服务差些尚可忍受,缺少目标观众,参展商是最不能忍受的。为了更好地进行交易洽谈,一些著名展会往往会对一般观众做限制性限定。德国在中国举行的展会,和中国同类展会相比,对媒体宣布的观众人数要少得多。对于慕尼黑博览集团5月份在上海举办的物流展的展会报告,虽然现场人气看上去比较旺,但会后统计的观众数量只有9000多人。对此,专家分析,慕尼黑国际博览集团在中国所办的展会主要是针对专业观众。观众在拿到入场券之前必须进行预登记。因此,慕尼黑国际博览集团知道准确参展观众的人数和性质(专业观众或普通观众),媒体和未登记的嘉宾并不算作观众。

与中国的同类展会相比,慕尼黑国际博览集团所办展会公布的观众人数通常较少,但这并不影响展会的声誉。慕尼黑国际博览集团认为,对于展会,最重要的是观众的质量,而不是数量。展商和其目标观众有了密切接触的机会后才更有可能进行商务交流,展商参加展会的目的也因此达到。如果展商面对的是数量更多的普通观众,他们就需花费更多的时间和精力从其中分辨出真正的客户。

不同的国别、地区、学历、职业、年龄有着不同的展览意识,也会形成不同的展览观众,这是分析展览观众时不可忽略的一个重要因素。国内展览会通常人较多,特别是看热闹的人多,经常有拥挤火爆的现象,三米宽的通道经常会被挤得水泄不通,而展位内却无人问津。看热闹的人多,其主要原因是观众的邀请工作只注重数量,却不注意质量的提高。

3. 如何为展会招徕更多的专业观众

展览会的观众邀请工作至关重要,它关系到展览会的生命力,决定着展览会的成败。认识到观众邀请工作的重要性,首先必须处理好展览会中的招展和招商两方面的相互关系。招展决定着展览会能否举办,而招商却决定着展览会是否能够圆满成功。因此,从某种意义上来说招商比招展更为重要。然而,展览会不仅需要参观者,更需要一定数量和质量的专业参观者,专业观众的数量与质量直接影响着参展商的参展效益,决定着下届展览会参展客户的回头率和各项工作是否能够走向良性循环,也是展览会主承办单位服务质量的重要体现。

1) 招商方式:传统与现代并存

展览宣传是吸引目标观众的主要手段。所谓展览宣传,就是利用各种手段将有关展览的各种信息传递给现有的和潜在的观众,激发他们的兴趣,促进他们参加展览会。

招商方式多种多样,传统的做法通常有:印发参观券和邀请函,并有针对性地向政府有关部门、商协会、协办单位、经贸机构、团体、大型企业发送;向外国驻华使馆或机构发送;网上链接宣传;在各种新闻媒体和专业刊物发布广告(软性、硬性);召开新闻发布会;电话、传真、寄邮件、登门拜访等。

近几年随着展览会的主办者对专业观众重要性认识的不断提高,观众邀请工作五花八门,出现了许多新的方式,以下列举几种,各有利弊,可供分析借鉴和评判。

有些政府主导型的展会,地方政府十分重视,主要领导轮流带队,各级分管部门抽人组成规模庞大的出国招商团,分批到各国举办推介会,成本费用极高。因多数团组人员是轮流或照顾性质出国,所以招商效果参差不齐;有的办展单位公开在邀请函上承诺组委会为前往参观的客商提供在本地的吃、住、行等,以此来吸引专业观众;有的请各地对口行业协会组织采购团,然后按规模给对方提取组织费,因此也经常出现滥竽充数的现象;有的给需求方代表发了邀请函,但担心流于形式得不到落实,特地在请柬上注明凭请柬现场领礼品(有的甚至标明礼品名称和价值)和几天餐券,或凭请柬现场抽奖等;有的在拜访重要客商时直接送去请柬、贵宾卡和礼品;有的办展单位充分利用信息传媒,将展览消息用手机短信的方式发给所有专业观众,这种方法既有目标的针对性和操作的简便性,又快又节省费用,正被越来越多的人采用。

有的参展单位干脆派人拉客商(在展厅或宾馆酒店门口拦截),因厂家争抢客商而引起吵架的情形也时有发生,让客商感到十分尴尬。有的办展单位要求每家参展单位必须提供一定数量的客户名单,报组委会后统一以办展机构的名义发邀请,而参展单位则担心自己的客户被别人带走,因此经常"留一手"。有的地方政府主办的"洽谈会"、"招商会"招商工作有较大难度,采用商业化运作,请相关单位或人员协助邀请外商赴会,按外商报到的实际数量提取招商佣金(每位数百元至数千元不等),这种做法可称作"商托"。出于"商托"的利益,有些虽然持有海外护照但长期在境内的人员经常成为前来凑数的对象。

当今展览市场竞争激烈,焦点已从争取参展商转为争取和组织专业观众,谁能够拥有一定数量和质量的专业观众尤其是大采购商,谁就能够取胜。因此,在展览策划立项时就必须重视招商工作,同时确保足够的招商费用,选择确有成效的招商方式。

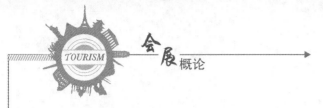

2) 招商理念多种多样

品牌展览会的组织者通常将招商工作放在举足轻重的位置,经常研究专业观众的地位,以争取其参展。各种招商理念可概括如下。

(1)"上帝之上帝"理论。即展览主承办单位或展览公司在租用展馆办展时,是展览馆的"上帝"。厂商报名参展时,是主承办单位的"上帝"。专业观众参观订货时,是参展单位的"上帝"。因此展览场馆面对着三重"上帝",主承办单位面临着两重"上帝"。对服务对象而言,订货的专业观众是涉及办展各层次人员的最终服务目标,是最终的"上帝"。所以,做好观众的邀请和服务工作是招商工作的核心。

(2)"观众三层次"理论。将参观的观众分为三个层次,决策层(各级政府部门负责人、企事业单位负责人)、经办层(经贸业务、科技、情报等人员,他们带有一定的任务要在展览会上进行经济贸易和技术交流活动)和潜在层(指一般参观者),三者呈金字塔形。上两层统称贸易观众,决策层对展品的采购或项目的开发合作具有决定权,经办层人员对展品或项目有推荐权或承办权,主办单位邀请的重点是这两层的贸易观众。一般观众也并非完全是无关人员,如:有些参观者虽然当时还是学生,但他们毕业后可能会成为该展会某些产品的用户;有些设计人员对某类展品留下深刻印象,在今后的工作中会有涉及和推广的机会;布展装修人员则收集拍摄了大量资料,今后在使用借鉴过程中会有意无意地起到宣传和推介该厂商及产品的作用;随行人员则有可能经常回忆对展品的印象或提出看法等等。因此,一般观众都属于潜在层。总之,如何瞄准决策层、留住经办层、争取潜在层,是招商工作的重点。

不同的展览会需要不同的观众,"商品展销会"需要的观众是一般的商品消费者,以购物为主。"专业订货会"、"交易会"需要的观众则主要是贸易商或各类需方代表,以贸易订货为主。而"洽谈会"、"招商会"需要的观众则主要是项目开发和准备投资的合作者。"国际博览会"的观众则是各界多层次愿意接受新的科技成果与应用和项目开发的综合型观众。

3) 观众管理推陈出新

据芝加哥一家展览公司的经理介绍:在美国的专业展览会上,70%的参观观众是对其中某些产品的采购起决定或有作用的人,美国的进出口贸易40%是在展览会上实现的。在德国,则几乎没有无关人员进入专业展览会。由此可见,"经贸展览——专业观众——实现贸易合作"这三者密切相关。

随着社会的发展和科技水平的不断提高,各种观众管理的方式不断出现。国外有的展馆采取"敞门入场——出门收票"的做法,即先进馆参观,然后随时买门票,待出馆时检票。此做法实施后,许多参展单位就先买门票寄给自己的客户,或通知客户展览期间到自己的展位见面洽谈,临别时赠门票送其出馆,这虽然是展览馆避开入场高峰期而采取的措施,但也是参展单位邀请客户表示的诚意。

最近,国内有的专业展览会主办单位为了证实自己进行了客商的邀请工作,创新了观众入场和管理的方法。给凡是登记了资料后的参观客商身上贴上"买家"字样的不干胶标签,犹如旅行团随行的人员。被贴了标签的客商代表也是表现不一,有的昂首挺胸满面春风,有的则哭笑不得无所适从。

观众登记资料后免费领证与卖高价门票创收是一对矛盾,有些展览会的承办单位注重门票的收入,尚未形成品牌时,就想高价出售门票,造成观众冷场,参展商意见很大。相反,有的主办单位怕冷场到处拉人,忽略对现场的管理,造成无关的闲杂人员也可以随时进入展厅,展览环境混乱,参展商甚至部分参观商意见都很大。因此,确定展览会是卖门票或是登记后发证入场等,都是主办单位在总体策划的时候就要考虑各方面因素并慎重决策的。它是招商工作的一个重要组成部分,需要通盘考虑,切不可随意。中国经济正持续、稳定、健康地高速发展,它对会展业的需求将进一步扩大。中国会展业也必将成为中国经济的一个重要亮点,这一切都要求中国会展业尽快走上一条健康发展的道路。中国会展业走向成熟的重要标志是真正实现展会的规模化、规范化、国际化、品牌化和专业化,这是中国会展的发展方向。从这些方面的资料来看,中国会展业将在世界上有自己的会展舞台,所以观众选择是尤其重要的。如果能够真正认识到观众是展览会上的最重要因素,那么,"上帝"的意义也就更深刻了。

(四) 场馆

1. 会展场馆的定义

会展场馆作为会展经济发展的载体,被誉为会展经济发展的火车头。会展场馆一般指的是举办会议、展览会等的场所。它是为各种类型的商品展示、行业活动、会议交流、信息发布、紧急贸易等举办各种活动的场所。会展场馆是一种建筑产品,同一般工业产品相比,其显著特点是体型庞大。会展场馆一般场地规模很大,拥有的设备设施种类繁多,投资额巨大,需要建设维护的费用也很高。

作为一个会展场馆,应该具备以下几个条件。

(1) 它是由一个建筑物或者由多个建筑物组成的接待设施。

(2) 它必须能够提供会议或展览设施,也能够提供其他相关设施。

(3) 它的服务对象是公众,因此服务对象既包括外来的参观者、参加者,也包括当地的社会公众。

(4) 它是商业性质的,所以使用者要支付一定的费用。

随着社会的进步和发展,场馆的设施和功能日趋多样丰富。现代会展场馆是由展览馆、会议室、停车场、餐厅、休息场所以及通信、娱乐、新闻、商务、住宿、其他临时办公场所等服务设施组成,以满足顾客多种需求的商业性综合建筑设施。

2. 会展场馆的作用

1) 是推进或阻碍会展产业发展的必要条件

会展场馆所处的区域产业基础、市场规模等因素都能推动当地会展产业的发展,但一个先进适用的展馆无疑更是举办展览的硬件基础。会展场馆经营的准确定位是推进会展业必不可少的前提。如大连星海会展中心的建成、投入和使用,带来了大连会展业的"一鸣惊人"。深圳会展业曾因"深圳国际展览中心"的建成而客商云集,但是,后来因展览面积过小,致使"国际家具展"等品牌展览离开深圳去异地举办。自1999年以来,高交会展览馆的建成和高交会的成功举办,再次给深圳会展业带来了发展的契机,并逐步形成了一个发展高峰期。德国的汉诺威、慕尼黑、杜塞尔多夫在上海投资建设展馆和办展,不仅加剧了上海展览场地方面的竞争,而且一定意义上影响了上海整个城市会展业的发展方向。

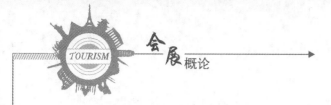

2）能够积极培育城市的展览品牌

会展场馆不仅仅是为会议和展览提供场地和相关服务，其经营策略还关系到城市展览品牌的培育。按照国际惯例，展馆存在着六个月内不承接相同题材展览的行业规则。接哪些展不接哪些展，对展览品牌的成长甚至生存至关重要。

3）能够提高会展业的市场化程度

会展场馆的市场化运作有助于会展业的市场化经营。会展业市场化经营的主体主要包括展览公司、展台搭建公司、展品运输公司、酒店、餐饮、礼仪服务公司等。如果会展场馆采用垄断经营及提供垄断性展览服务，那么行业内的展览公司、装修公司、运输公司等经营主体就无法获得公平竞争的市场环境及发展空间。

4）能够适度调控会展业的市场运作

通过会展场馆经营，能够给需要予以扶持培育的展览品牌以发展的空间，能够在一定程度上对会展市场的健康发展起到宏观调控作用。

5）能够大力培养会展业人才

作为会展市场主体之一的会展场馆，需要大量高素质的专业人才，以保证会展场馆管理、展览服务专业化工作的圆满完成。如香港会展中心有正式员工817人，大部分是从世界各地招聘和自己培养的高素质专业化人才。因此，会展场馆的经营和运作可以为城市会展行业吸引大批高素质、高水平的专业人才并培养大量本土专业化人才。

6）能够强化城市的服务职能

会展业具有极大的产业带动效应，除直接产生经济效益外，还对社会和经济发展有着巨大的影响和催化作用。会展业作为一个城市服务业的重要组成部分，对强化城市的服务职能有积极的推动作用。其中，会展场馆的带动作用不能低估。强化和提高会展场馆的服务水平及服务质量，可以推动会展业的发展，同时，对完善城市服务功能起到积极作用。

3. 会展场馆的类型

1）按照会展场馆的主要用途划分

（1）博物馆。

博物馆是指对有关历史、自然、文化、艺术、科学、技术的实物、资料、标本等进行收集、保管、研究，并陈列其中一部分供人们参观、学习的专用建筑。比如杭州，除了西湖等旅游名胜以外，还有位于龙井的中国茶艺博物馆、与同仁堂齐名的胡庆余堂中药博物馆、展示丝绸发展的中国丝绸博物馆等。

（2）展览馆。

展览馆有两种含义，一种是指展览专用建筑物，还有一种是指从事展览馆业务的具有法人资格的事业或企业单位。

（3）美术馆。

美术馆是指以陈列展出美术工艺品为主，主要收集有关工艺、美术藏品，进行版面陈列和工艺美术陈列的建筑物，有的也设立美术创作室。比如2002年3月27日，"朱屺瞻艺术展"在杭州西湖美术馆开幕。

（4）纪念馆。

纪念馆是为纪念具有历史意义的事迹或人物而建造的建筑物。如江西省吉安县文天祥纪念馆兴建于1984年,1992年对外开放,1996年被命名为"全国中小学爱国教育基地"。这座建筑面积2200平方米,具有民族建筑风格的纪念馆,是京九线上的一处重要旅游景点。

(5) 陈列馆。

陈列馆是指一般为单纯的陈列展出,或设于建筑的一角,或成为独立的建筑,其中多陈列实物以供人们参观学习。如陆仰非95周年诞辰画展暨《陆仰非纪念文集》于2003年3月31日在常熟博物馆陆仰非艺术陈列室举行。

(6) 会议中心。

会议中心主要是为各种会议活动提供专门场地、设施设备和服务的场所。它一般以承办接待国际、国内会议及展览等其他大型活动为主要经营项目。一般来说,会议中心具有最新的视听和通信技术装备,能够提供专业的会议视听服务,还配套提供餐饮、商务、信息咨询、票务、旅游等服务以及视听、办公等实施设备的出租服务。会议中心的场地和实施与公共装置、绿化、步道、停车场等构成一个有机整体。在会议中心室内,温度、湿度、采光、音响以及室外的交通等均符合以人为本的需要。

(7) 展览中心。

展览中心是指有固定场馆来展示陈列和举办一些定期及不定期的临时性展览会、博览会的场所。其基本工作内容是:主办者为了一定的目的,提出一定的主题,按照主题要求选择相应的展品,在展厅里或其他场所,运用恰当的艺术手法,在一定的材料和设备上展示出来,以进行宣传、教育或交流、交易。它既有认识、教育、审美、娱乐等作用,又有传递信息、沟通产销、指导消费、促进生产等多种功能。如上海中苏友好大厦(今上海展览中心),1954年5月开工,1955年3月竣工。该工程由中央大厅、工业馆、东西两翼的文化、农业馆及电影院5个项目组成,建筑面积5.8万平方米,大厅顶部鎏金金塔标高110.4米。

(8) 体育场。

体育场是指为开展群体性体育活动而设置的体育活动教学、训练和竞赛的公共体育场所。有单项的,也有综合性的,体育场设有专职或兼职的技术指导和管理人员,负责日常工作。

(9) 体育馆。

体育馆是室内体育运动场所的统称。大规模的体育馆包括篮球、排球、乒乓球、羽毛球等的比赛馆和练习馆。

(10) 文化广场。

文化广场是指面积广阔的文化场地和场所。

(11) 文化馆。

文化馆是国家设立在县(自治县)、旗(自治旗)、市辖区的文化事业机构,隶属于当地政府,是开展社会主义宣传教育及组织辅导群众艺术(娱乐)等活动的综合性文化部门和活动场所。据统计,我国文化馆的展览用房面积占总使用面积的10%,由展室、展廊等展览空间及储藏间组成。

(12) 城市规划展示馆。

城市规划展示馆是供人们传授、学习或增进知识等活动的公共建筑。它要求幽静的环境、必要的设备、适宜的空间和充足的光线等。如上海城市规划展示馆,建筑面积为2万平方米,主体结构高43米,地上5层,地下2层。

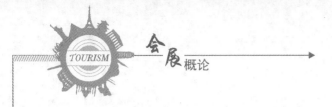

(13) 剧院。

剧院是只用于戏剧或其他表演艺术的演出场所。

(14) 剧场。

剧场是供演出戏剧、歌剧、曲艺等的场所。

2) 按照会展场馆规模大小划分

按照规模可以分为大型会展场馆、中型会展场馆、小型会展场馆和临时会展场馆。

大型会展场馆是指会展场馆规模庞大,一般举办大型的国际性会议和综合性的展览活动,如广州国际会展中心、上海国际展览中心等。

中型会展场馆是指会展场馆规模比较大,一般举办区域性的国际会议、大众性的行业会议和行业性的展览活动,如西安国际会展中心、昆明国际会展中心等。

小型会展场馆是指会展场馆规模较小,一般举办地区性的会议和地区性、专业性的贸易展览活动,如广州锦汉展览中心、广州百越展览中心等。

临时会展场馆是指不是专门用于会展的临时性会展场所,一般不会经常举办会展活动,如广东国际大酒店等各种大型物业展览馆。

3) 按照会展内容不同划分

按照会展内容可分为综合型、展览型、博览型和会议型会展场馆。

综合型会展场馆是指可同时和分别举办会议和展览活动的场所,如上海国际会展中心、大连星海会展中心等。

展览型会展场馆指举办各类产品和信息的展览活动的场所,一般不举办交流会议,如广东现代国际展览中心(东莞)、上海国际展览中心等。

博览型会展场馆是指举办各种画展、花卉展、艺术品展、文物展等博览性活动的场所,如上海新国际博览中心、广州花卉博览园等。

会议型会展场馆是指主要举办国际会议、行业会议等大型会议的场所,如北京国际会议中心、博鳌亚洲论坛会议中心等。

4) 按照会展场馆性质不同划分

按照会展场馆性质可分为项目型、单纯型和综合型会展场馆。

项目型会展场馆是指不是专门用于会展,只是偶尔举办会展的场所,如白天鹅宾馆展示厅、广东国际大酒店展览馆等。

单纯型会展场馆是指专门用于某种产品展览、某个行业展示或某种会议举行的活动场所,如广州花卉博览园、中国农业展览馆等。

综合型会展场馆是指可以举办各种商贸展览和交流会议的活动场所,如上海光大会展中心、武汉国际会展中心等。

5) 按照会展场馆功能划分

按照功能会展场馆大致可以分为三种类型:大型展览中心、大型会议中心和会展中心。大型展览中心和大型会议中心的功能较为单一,主要是各类展览和会议,如上海新国际展览中心、香港会议中心等。会展中心又可分为会展建筑综合体和会展城。大型会展建筑综合体是当今较为流行的一种会展场馆类型,包含了展览、会议、办公、餐饮、休憩等多种功能,如加拿大大厦、墨尔本国际会展中心、上海世贸商城、大连星海会展中心等。会展城是指超大规模的会展中心,如英国国家展览中心、德国汉诺威会展中心、澳门的威尼斯人等。

4. 会展场馆的特点

1) 规模大

规模宏大是现代化会展场馆的重要标志。比如,巴黎北会展场馆的占地面积达15万平方米。而且,国内外的会展场馆建筑呈越来越大的趋势,一些会展场馆的展馆面积达20万平方米,并且出于前瞻性考虑,国外新的会展场馆均有一定比例的预留地,以便将来增建场馆。更令人吃惊的是,国外许多新建的会展场馆占地面积增长迅速,一般都超过了100万平方米。

2) 设施全

现代化会展场馆不仅有展馆,还有会议中心、餐饮服务等设施。会展场馆既可以展览、开会,又可以进行文艺表演、体育比赛等活动。因此,它是完整意义上的会展场馆。会展场馆的建设必须考虑到停车难问题,所以大多建有大面积的停车场。比如,德国慕尼黑会展中心就建有可容纳一万辆车的停车场。

3) 智能化水平高

高科技在现代化会展场馆得到充分利用。国际上发达国家的会展场馆基本上都配备了智能化程度很高的网络系统。比如观众、参展商电子登录系统、电脑查询系统等。此外,多媒体、手机短信等多种通信手段也在场馆内得到了应用。

4) 规划设计"以人为本"

会展场馆是为参展商和观众提供服务的场所。因此,在会展场馆的规划和建造中,如何满足他们的需求,是建设规划之初就必须加以认真研究的问题。现代化会展场馆需要突出"以人为本"的建设理念,具体体现在如下几个方面:首先,场址选择"以人为本"。现代化会展场馆的选址一般都选在城乡接合部,并将交通、环境和地形等条件作为选址的三大要素进行论证,同时场址选定后仍要与市政规划相吻合。其次,内部布局"以人为本"。会展场馆内部布局合理,可以使会展场馆内部管理有序,方便参展商和观众,提高工作效率。最后,展馆设计"以人为本"。现代化的会展场馆基本上都是单层单体,面积约1万平方米,高度为13—16米。这一设计具有科学依据。单层单体1万平方米的场馆,正好是长140米,宽70米,处于人眼的正常视觉范围内,观众不容易迷失方向。而高度13—16米是基于展台特殊装修设计的要求,更加适合于布展作业。

5) 经济实用

现代化的会展场馆,占地规模虽然大,但在总体规划上,要求做到不浪费一寸土地,达到既经济又实用的目的。

6) 政府支持

现代化会展场馆公益性很强,因而它从规划到建造都需要政府的大力支持。有些城市在建设会展场馆时,政府不仅在土地方面给予了很多优惠政策,而且还提供建设需要的专业人才。

(五) 服务承包商

1. 服务承包商的定义

总的来说,会展服务承包商是任何为会展经理人和参展商提供产品或服务的公司或个人,他们所提供的产品或服务——展厅层以及内部所有相关物,能够为会展创造良好的环境。一个承包商可能为会展提供所有的外部服务,它或是通过独家转包商而完全受限于某一个公司,或是两者联合。承包商一词,也可以指提供任何一项专门产品或服务,例如摄影或花卉设计的公司。

(1) 会展总承包商(GEC),又称为综合服务承包商(GSC):提供全方位服务的综合服务承包商由会展经理人指定,他们有充分的设备为一个200个展位以上的商贸会展提供服务。

(2) 专业承包商:为商贸会展提供某项专门服务的公司,包括AN(视听设备)提供者、电力供应商、花木公司、摄影公司、搬运公司、展台搭建公司、保安部门、专业家具租赁公司、登记服务公司、参展商指定的承包商等。

(3) 合伙人:综合承包商或专业承包商的供应商。

许多会展公司与某些特定的服务公司就其所从属的参展公司的办展事务订有合同关系,这些服务公司或是商号便是所谓的参展商指定承包商。它们通常是会展设计制作公司或会展装卸公司,与会展公司签有合约并为其提供参展商的展出或展位的设计、制作和装卸服务。在实际中,参展商必须注意到会展经理和综合服务承包商都希望有一个参展商指定的承包商在展出场地,但参展商指定承包商必须遵从综合服务承包商制定的方针(包括劳动力政策和实际做法)。

正如前文所提到的,综合服务承包商是由会展经理选定的,但仍存在着总承包商无法完全控制会展服务的情况。如综合服务承包商在面对独家承包商时便无法直接安排有关服务事宜。一些会展地点可能与特定的供应商有合同约定,在该场地举办的任何会展都必须对此予以认可,而此时,综合服务承包商仍然需要与他们协调合作。

某些情况下,服务供应商必须由第三方批准或授权以决定其立约资格,这从消防规范、保险条例、工会劳动规章或地方法令等方面不难看出。虽然这些规章制度并非总是由专门的服务承包,但却可以限制会展经理对某一专门职能的服务承包商的选择。

2. 综合服务承包商的作用

综合服务承包商在筹办会展的整个过程中是一个重要角色。在很多方面,综合服务承包商可以被视为精心管理的、高质量的而且多能的智囊团。承包商所要完成的许多工作都是耗费脑力的,而这些工作直接关系到会展效益。承包商工作的复杂性直接与会展的规模和所需的服务数量挂钩。

知识链接

以下是综合服务承包商为会展活动提供或安排的代表性服务。

安排设备和材料的运输至会展场地。

负责货架至储存室的搬运。

负责货物的储存,随后运至场内。

展台的搭建、维修和拆卸。
装卸处至展位货物的往返运送。
现场需要劳动力或设备的其他服务。
固定展位或过道的界限以使展览品保持笔直。
在展览区设置地板覆盖物或是铺设地。
用管子和帷幔来分隔展位。
保证电力、燃气、蒸汽和水的接入。
为整个展厅或各个展位装置特殊的照明设备。
为参展商和主办方设计展位或定制其他特殊结构样式。
解决音响系统和特殊视听需要。
布置花草植物和其他特殊装饰。
提供特殊人员,包括模特、演艺人员等,提供影视资源。
为参展商和制作人承办绘图和标牌。
提供其他转包商。
如果生产商需要,安排额外的营销服务。
展台架构、场地规划的认可。
临时办公室、登记处和其他轴助区域的设立。
展后跟踪调查、结账和评估会议。

一些情况下,只需提供上述部分服务。而在另外的情况下,会展需要的是所有服务及其他附加服务。同样,部分服务在一些特定的会展中由设施方或是会展经理人提供,其他则由服务承包商提供。为大型会展安排和管理这些事项是非常复杂的,它涉及各种技能和领域及利用重型设备和高科技系统的潜在可能性,以及为参展商和会展经理制订详细后勤计划时可能遇到的时间冲突。

劳动力工资、消费物品的成本、空间使用和各种租赁的费用,这些成本都由需要这些服务的参展商或会展组织方支付。

服务承包商在竞争激烈的市场中是一个营利性组织,承包成本是整个会展预算上的一项,它们向展会经理人提供服务是在扣除直接成本和管理费用后获取利润。而个别参展商的服务则是直接寄送账单的。与其他许多行业一样,这里虽然竞争激烈,还是存在着相当的利润空间。

3. 综合服务承包商的选择

为了选择一个合适的综合服务承包商,"需要对自身的会展有详细了解,对可选的服务承包商做一个评估,同时要对如何促进会展和承包商顺畅的合作具备敏锐意识。"初期规划过程中详细的需求分析会使我们了解到在一个特定的会展活动中,哪些需要服务承包商来提供服务。

总的来说,小型会展只需要综合服务承包商所有潜在资源的小部分。中等规模的会展所需要的服务则主要取决于参展商和会展经理人所需服务的数量和复杂程度。大型会展通常都需要综合服务承包商来提供全方位的服务和管理一支大型的服务团队。

这里有七项选择综合服务承包商的标准,包括个人经验、可用性、有无推荐和声誉、对场地的熟悉情况、现有资源、成本以及行业联系。显而易见,如果有原先的合作经历,会展经理可以以自己的经验做出判断。一个重要的问题是看中的服务承包商在预定的时间上能否在会展期间安排服务,而没有与其他活动冲突。他们必须有足够的资源来为会展提供专业服务。此外,这些服务的成本也是影响决策的因素。为了保持出色的业务表现,许多有经验的会展经理倾向于服务承包商能以一至三年为周期提供一次服务,尽管他们之间已经建立了良好的业务联系。这样做的目的是使账单与行业价格相一致,同时对双方关系的价值做一个评估。

地理位置是否方便已经不是一个大问题,因为综合服务承包商能够在任何需要的地点开展业务。大型的综合服务承包商可能在多个地区设有办事处、设施或代理人,其中一些甚至在每个较大的会议城市都以上述一种或多种方式设立了分点。还有些综合服务承包公司有着国际业务。必须认识到,行业内的成功是能力的表现,而在多个地区开展业务也正是行业内成功的一个方面。

在当前服务承包商之间竞争激烈的情况下,许多会展经理通过招标为当地和国内的服务公司提供了平等的竞争机会。通常,如与大型的全国性企业签订了合同,就会终止与当地公司的关系。同时,无论是当地公司,还是区域性或者全国性服务承包公司,对其进行调查研究都是非常有意义的。

如果没有原先的关系,会展经理人可以通过在现场观察综合服务承包商的服务操作来获得反馈;如果会展经理人与综合服务承包商之间有良好的关系,而此承包商目前没有承接其他业务,那么这就是有竞争力的推荐;此外,也可以从其他会展经理人那里获得对某些承包商公正的评价和推荐。

其次,参展商也是有价值的反馈来源。许多参展商参加过多次会展,大多数都在会展期间使用过综合承包商的服务。通过集合访谈或是电话采访可以从参展商的角度观察承包商,展后参展商调查提供了获得反馈的绝好机会。许多会展经理用这些反馈作为指定服务承包商的标准之一。

还有一个可用资源是当地的会议与旅游者管理局(CVB),他们提供本地区综合服务承包商的名单,但是会议与旅游者管理局不做任何推荐,也不参与相关的资格考评。

如果综合服务承包商对会展的场地有所了解,就能更有效或者更早地参与到会展的策划中来。许多服务或其他工作将是轻车熟路的,这就使服务承包商能够对场地提出专业意见,同时有利于他们做出有创意的建议和推荐。也许有人认为当地承包商更熟悉会址,有人认为在该场所提供过数次服务的大型公司会有绝对优势。但请注意承包商了解的是哪些方面,对场地过于熟悉也有可能导致错误结论。

在选择承包商的过程中,不能过分强调专业化,因此在会展服务承包商协会(ESCA)的成员中寻找综合服务承包商也是明智的一步。他们不仅遵守行业的道德规范约束,而且经常参加一些培训会议,与该领域的最新发展趋势保持一致。这将减少会展经理在选择承包商过程中的担心。

利用会展服务承包商协会的另一个好处是许多专业的承包商是它的会员。除此之外,也可以在国际会展管理协会(IAEM)的会员名单上找到专业的服务承包商。

无论是出席国际会展管理协会的全国性聚会还是地方性聚会,都能够结交许多服务承包公司的代理人。事实上,在一个竞争激烈的行业内,利用行业网络和同行关系是非常关键的。"这只是你认识的人而非你掌握的事"这句话并不正确,应稍修改为"你所认识的人肯定会影响你所掌握的事"。

利用会展服务承包商协会、国际会展管理协会和当地的会议与旅游者管理局的信息资源,会展经理在寻找合适的综合服务承包商候选人时不再有很大困难,真正的注意力应该放在如何决定哪个承包商才是最适合这个会展的。所选的综合服务承包商正是会展经理人在展前、展期和会展尾声时的左右手。因此,选择合适的对象为你的承包商是至关重要的,他必须是你乐意授权,能够多方面有助于你,并且能与你建立起长时间信任关系的商家。

相关案例　展馆成为中国会展业发展的主要瓶颈

与发达国家相比,我国会展业起步较晚、规模还小、水平尚低,在馆场建设、管理机制、组织手段、配套服务等诸方面离国际水平还有相当差距。专家指出,我国会展业目前存在的主要问题是:在会展建设上缺乏长远规划和合理布局,展馆规模较小,供需矛盾突出。

目前,全国展馆面积超过 5 万平方米的展馆只有北京国际展览中心、山东博览中心和福州展览中心。上海自 20 世纪 90 年代以来先后兴建了国际展览中心、世贸商城农展中心、光大会展中心等新馆,但是展览面积都在 2 万、3 万平方米左右,布局分散,加上原有的上海展馆中心,全市的展览面积不到 10 万平方米。上海新国际博览中心的兴建,将改变这一局面。

以 2001 年汉诺威 CEBIT 亚洲信息展为例,它就是因为受到展览面积的局限,让人感到"盛名下的遗憾"。此次在上海光大会展中心举行的展览,521 个参展商净展览面积 1.1 万平方米,这个规模不仅无法与诺威 CEBIT 超过 41 万平方米的展览面积、近 8000 家参展商相比,就是与在北京举办的国际通信展 5.5 万平方米的展出面积、600 多家参展商相比也逊色。上海给 CEBIT 的施展空间实在是太小了。CEBIT 展的组织者也不无遗憾地向媒体表示,虽然这个展览的整体概念是德国风格,但是很多好的想法在目前的光大会展中心没有办法实现。比如在汉诺威 CEBIT 上设有一套很好的电脑查询系统,它要求整个场馆都是联网的,而光大会展中心不具备这样的条件。展览面积有限,展会的规模、参展商的数量都会受到限制,并且展区的划分也无法像汉诺威 CEBIT 那样以专业展馆的形式得到体现,难怪参观者会有拥挤、嘈杂、混乱的感觉了。

在此之前举办的上海车展也一样受到了这个问题的困扰。通用、福特、丰田、大众、戴姆勒-克莱斯勒等每年被当作上海车展的顶梁柱,2001 年不约而同地表示不来参展。上海车展因为场地狭小,总会把它们分在三处——与延安西路一路之遥的上海世贸商城和上海国际展览中心以及与这两个展馆相距 7 千米左右的上海

光大会议中心。由于场馆限制,要在三个不同的地方举行,分散不说,各个场馆及其周边的硬件条件也不尽相同。这就决定了厂家参展必须先定场地,后做策划,再布展,"工作人员在烈日下到三处展馆奔波劳累不说,这种场地布局必会导致观众分流"。这样一来,也就难怪汽车巨头们异口同声地对上海车展说"不"了。更为严峻的是,21世纪初,我国会展业步入成熟期。届时,不少国际专业展都将超过10万平方米甚至15万平方米的规模,展馆面积不足的矛盾将会更加突出。

第二节 国内外展览的发展现状和趋势

一、行业现状

展览业在世界各国依然是不平衡的。其中西欧、北美、澳大利亚以及亚洲的中国香港、新加坡等地会展行业发展较为成熟完善,它们不仅在规模还是在经济总量上,都超过了其他国家和地区。世界范围内会展行业发展的两个地区是西欧和美国。并且,西欧展览业比较美国而言,规模更大,经济实力更强。德国是西欧地区会展行业最为发达的一个国家,拥有最大的展馆总面积,每年在德国本土举办的展览会数量为300场左右。

会展行业作为一个经济产业在国内出现约是在20世纪80年代,随后在90年代中后期快速发展。跟随我国外向型经济的发展,会展行业已经是一个新兴产业,极具发展空间。展览业实现了低耗能,低污染,并且对其他产业有着很强的带动作用,亦能在带动产业链发展的同时,提供更多就业岗位。展览业已经是我国第三产业的一个重要组成部分。展览业的发展,有利于我国经济结构的调整,有利于我国经济发展方式的转变,有利于促进经济贸易,增加出口,为我国经济发展注入新动力。我国会展行业发展较好的区域有北京、上海、广州、深圳等城市。"广交会"有着"中国第一展"之称,是中国目前最负盛誉的综合性国际贸易展会,成交额甚至可以达到全国进出口贸易额的1/3。截至2017年,中国室内可供展览的面积在5000平方米以上且正在运营的展馆达到200多个,可供展览的室内面积将近1000万平方米,其中5万平方米以上的展馆有50多个,20万平方米以上的展馆有7个。2017年,中国共赴70个国家和地区参展、办展1581项,比2016年增长5.8%;展出面积86.7万平方米,比2016年增长3.8%;参展企业6万家,增长3.4%。当年,中国共赴36个"一带一路"沿线国家或地区参展、办展650项,比2016年增长1.1%;展出面积40.8万平方米,比2016年增长8.4%;参展企业2.8万家,比2016年增长7.6%。国内会展中心主要包含广交会展馆、国家会展中心、上海新国际博览中心(SNIEC)、国家会议中心、成都世纪城新国际会展中心、上海世博展览馆等。

二、行业的发展趋势

会展的发展与经济水平的发展有着很强的正相关关系,会展行业随着经济发展而不停发展。会展通常对经济的波动具有较强抵御能力。

整体上而言,会展行业的发展与国际经济水平发展基本保持一致。国际会展发展趋势具有以下特点:会展规模增大,会展项目国际性增强,会展公司形成集团,会展设施现代化,举办国家增加,举办机构专业化,辐射程度扩大化,电子商务的广泛应用。国内会展行业今年来取得了较快的发展,但是我国仍然处于会展行业的发展阶段,随着我国经济的快速发展,我国会展也即将进入成熟期。我国会展行业发展是与改革开放同步发展的,我国当前会展行业依旧处于一个快速发展的阶段,将成为各种经贸活动的桥梁和重要场所。国内会展行业发展趋势和特征主要体现为:会展规模扩大,会展数量扩大,内容多元化,会展国际性增强,会展公司集团化,会展人才高端化。

第三节 展览的运作与管理

一、参展的一般流程简介

对于企业或组织而言,参展的过程就是自己利用多种手段进行全方位营销的过程。本节从参展商的角度,介绍企业在参展前、展中和参展后3个阶段的主要工作。曾有专家将企业参展的要诀概括为4点,具体包括:选择有效的展览会、提前联系买家、识别意向买家以及跟踪潜在买家。

(一)第一阶段:展前准备

(1) 研究参展与整合营销战略之间的关系。

(2) 确定参展目标。

(3) 获取展会信息,选择合适的展览会。

(4) 拟订参展预算。

(5) 选择合适的展位。

(6) 制订具体参展计划。

(7) 筹备组织参展。

(8) 签订合同。

(9) 展品选择。

(10) 展台设计。

(11) 展品运输。

(二)第二阶段:现场管理

(1) 展台搭建与布置。

(2) 进行展台管理。

(3) 策划组织活动。

(4) 接待专业观众。

(5) 撤展管理。

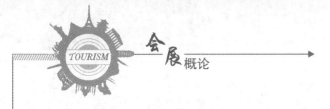

(三) 第三阶段：展后工作

(1) 参展后续工作。
(2) 致谢。
(3) 效果评估。
(4) 客户跟进。

二、展前准备

(一) 展览会立项策划

所谓展览会立项策划，即指展览公司的公关研发部人员对开发一个展览会所需要的各种信息资料进行综合分析，发现某一行业展览市场的变化规律，进而为企业经营者进行项目决策提供依据。具体而言，就是展览公司在纷繁复杂的市场环境中，设计合适的项目，明确合适的发展目标，选择合适的目标市场，制定合适的参展价格策略等，以保证展览项目能在未来一段时期获得最佳综合效益的活动，寻找合适的促销。

(二) 展览会市场信息分析

展览会市场信息分析是以解决展览公司经营管理中的某个或若干个特定问题为主要目标，把通过各种渠道获得的市场信息进行归类研究，进而将分析结果提供给企业相关部门的行为过程。具体而言，它包括展览会市场信息的收集、整理和分析等。若以市场信息的内容为标准，展览会市场信息分析大致可分为三类，即专业客户方面的信息研究、市场开发方面的信息研究以及展览技术方面的信息研究。

(三) 外部经营环境研究

外部经营环境指展览公司不可控制的各种因素的总和，包括政治、经济、社会文化、科学技术、法律和竞争对手六大方面。展览公司对外部经营环境进行研究的主要内容便是分析上述不可控因素对展览公司经营的作用方式及影响程度，以指导企业内部的可控因素，动态地适应外部经营环境，从而保证展览公司在日益激烈的市场竞争中立于不败之地。在上述六种因素中，经济因素对展览公司经营活动的影响最为明显。经济因素的内容十分复杂，但能直接影响展览公司健康发展的因素主要是产业发展政策、对外贸易发达程度、国民经济增长状况、交通运输及公共事业的发展水平。此外，科技教育、法律规范以及行业竞争等因素对展览业发展的影响同样较大，因而也是展览公司外部经营环境研究的重要内容。例如，海关在货物进出口、报关及关税等方面的政策会影响到海外公司参加他国展会的行为。一般说来，如果一个国家限制某类商品的进出口或关税税率很高，海外公司参展或观展的积极性将会明显降低；报关手续越复杂，展览会的筹备时间就越长。另外，有关针对参展商品的特殊规定也是举办国际展览会时必须考虑到的。

(四) 市场供求关系研究

对于展览业而言，供给是指在一定时期和特定的行业内，展览公司向市场提供的各类型的展览会的总和；需求则是指在一定时期内，参展商对展览会有支付能力的需求量。对于单个的展览公司而言，供求关系则指展览项目与潜在参展商和专业观众之间关系。

开展供求关系研究的最终目的是实现市场的供求平衡，在这个过程中企业也将获得理想的经济效益。鉴于此，展览市场供求关系研究必须在下列四个方面发挥积极的作用：有利于一个国家或地区对展览产品结构进行调整；有利于展览管理部门对大型展览会进行规划、控制；有利于展览公司发现额外的市场机会；有利于展览公司分析新展览的市场潜力。

（五）参展商购买行为研究

参展商购买行为研究属于消费者行为研究的范畴，它是现代展览公司以顾客需求为中心的经营观念的具体体现。参展商购买行为直接关系到展览会的规模和市场价值，因而对其进行分析是展览会市场研究的核心。参展商购买行为研究的实质就是通过分析参展商的购买过程，明确影响参展商购买行为的主要因素，从而帮助展览公司制定经营决策。

（六）市场竞争者研究

对展览会市场竞争者的研究，即分析某个展览公司及其主要竞争对手的竞争能力以及策略。竞争者研究的核心问题是明确某企业的优势，对于展览公司来说，竞争者研究的主要内容包括：在顾客心目中形成的定位；在一定地域范围内，某行业展览会市场的竞争态势及结构；竞争者的资金、人才、技术实力；以及专业观众的结构等；同类展览会尤其是重点展览会的定位、规模、数量与分布、参展展商的来源与本展览公司的独特竞争优势；一定地域范围内未被发现的市场机会。

（七）展览公司经营策略研究

对展览公司经营活动的目的是在满足参展商和专业观众需要的同时获取理想的经济利润，为实现这一目标，企业必须合理运用各种经营策略。所谓经营策略是指展览公司选择和占领最有利的目标市场的经营手段，其内容相当广泛，主要包括市场定位策略、市场竞争策略、市场发展策略和营销组合策略。经营策略研究对于优化展览公司的经营效果具有重要意义。虽然每种经营策略反映的只是展览公司经营过程的不同方面，但它们都有一个共同的目的，就是带动展览公司连接目标市场，并充分发挥企业的优势。

（八）展览会主题的选定

所谓展览会主题是指办展机构对题材的选定，即决定开发一个什么样的题材，直接表现就是展览会的名称。对于已有的展览项目而言，主要指展览会将以什么理由吸引参展商和目标观众。选择主题是展览会立项策划的一项重要内容，它是其他办理的基础。展览会主题选择是否得当会直接影响到展览会的展品范围，对未来的招展等活动也将产生深远的影响。

一般来说，为合理选定展览会的主题，策划人员应根据展览会举办城市及其周边地区的区位条件、经济结构、产业结构和场馆设施等条件，首先考虑该区域的主导产业和优势产业，然后再考虑国家或本地区重点发展的产业以及新兴产业。在详细掌握了产业发展情况、展览公司的经营环境等各种市场信息后，策划人员可以利用市场营销中的市场细分法来确定在哪个行业办展；当选定行业之后，才能使用合适的方法选择特定的展览主题。

市场细分揭示了进入某个行业举办专业展览会的市场机会。恰当地选择细分是进行有效市场细分的基础。为选择合适的办展行业，办展机构可以使用的细分变量主要有 4 种：最终客户、客户规模、行为标准（包括购买行为、购买习惯等）和地理位置。按一种变量来细分

市场都具有不同的功能。例如,地理位置可以反映该行业中生产厂家及研究机构等不同利益主体的地理分布状况,这对于办展机构正确认识行业的地区优势和未来的招展工作等有重要的指导作用。然而,是否最后决定要进入该行业办展,办展机构还必须对该行业的各细分市场评估,然后选择合适的细分市场。一般而言,在对各行业的细分市场进行评估时,办展需要重点考虑以下5个方面:细分市场是否能给企业带来合理的利润;细分市场是否具有一定的规模和良好的发展潜力;办展机构的资源条件及经营目标是否与细分市场的需求相吻合;办展机构是否在所选定的细分市场上具有竞争优势;在该细分市场上举办展览会是否具备可操作性。

在选定了办展的行业后,下一步就是要明确展览会的主题。一般来说,选择展有5种常用方法,即全新主题、分离主题、拓展主题、合并主题和协同办展。

(九) 项目可行性分析

在尽可能多地掌握了各种市场信息后,办展机构需要对新项目进行可行性分析,以期为最后是否举办该主题的展览会提供科学的依据。如果某个主题的展览项目具有良好的市场前景,在经济上可行,经营风险不大且有一定的社会效益,就可以付诸实施了。

开发一个全新主题的展览会,必定会存在风险:首先,办展机构对某个主题甚至对其所在的行业不了解,这样就不利于进行准确的市场定位,同时也很难把握该行业的发展重点和热点问题,从而使得展览会的号召力不强;其次,由于不熟悉新进入的行业,因而对该行业的行业协会、生产厂家和买家等的数量和分布都缺乏深入的了解,这势必会影响展览会的筹备工作。

(十) 人员安排计划

对于展览会而言,人员安排主要包括工作人员安排、参展人员安排、媒体记者接待安排三个方面。首先,应由一个经验丰富的项目经理来指定下属各部门负责人,并确定各部门的工作职责和员工人数。因此,如果展览会的主要策划者不知道展会的项目经理,则需要尽快确定项目经理。其次,要正确估算参展和观众人数,邀请嘉宾,并做好各类参展人员的住宿、餐饮、活动和交通等安排。最后,要安排专门媒体记者的接待,以期和媒体建立良好的关系。

(十一) 进度控制计划

展览会进度计划即对展览会筹备以及举办期间的各项工作进行统筹安排,其目的是让办展机构的所有单位和工作人员都明确各个阶段的具体工作及任务,以确保展览会的各项工作有条不紊地进行。在制订展览会的进度控制计划时,应遵循四个基本原则:各项工作目标明确、各阶段安排统筹兼顾、各项任务切实可行以及进程合理有序。

(十二) 招展和观众组织计划

招展计划是为招徕参展商而制定的各种策略、方法和安排;专业观众组织计划是为招揽观众而制定的各种策略、方法和安排。两者都是展览项目计划执行的重要环节,内容杂、方法多样,将在后面用专门的章节进行论述。

(十三) 服务供应商计划

合理选择供应商既能有效地降低办展的成本,又可以提高对参展商和观众的服务水平。

要成功地举办一届展览会,策划人员必须制订可行的服务供应商计划。

(十四) 展览项目风险预测

项目风险是指某一行动的结果对项目所带来的不确定性。对展览项目风险进行评估,以提高策划人员对总体风险的觉察度,并揭示许多可以被轻易消除的小问题,从而减少损失。一般而言,展览项目最可能面临以下六种风险。

1. 政策风险

尽管策划展览项目首先需要考虑的是市场,但了解并遵守相关政策法规也很必要。有时候一个展览会确实有广阔的市场前景并已经完成所有策划工作,但就差有关部门的一个批件,或者就在即将开幕前夕因国家有关部门一纸规定,展览会不得不取消。在中国现有展览管理体制下,这样的现象时有发生。

2. 展览行业政策法规

展览项目策划人员应熟悉展览行业的现行政策与法规。由于展览活动涉及的部门和行业十分复杂,所以国家许多部门都发布了相关的规定和通知。目前,国内现行的与展览有关的主要政策法规如下。

(1) 海关总署《中华人民共和国海关对进口展览品监管办法的通知》(1997年)。

(2) 国务院办公厅《关于对在我国境内举办对外经济技术展览会加强管理的通知》(1997年)。

(3) 对外贸易经济合作部《在祖国大陆举办对台湾经济技术展览会暂行管理办法》(1998年)。

(4) 科学技术部、外交部、海关总署、国家工商行政管理总局《国际科学技术会议与展览管理暂行办法》(2001年)。

(5) 国务院办公厅《关于重申和明确境内举办对外经济技术展览会有关管理规定的通知》(2001年)。

(6) 国家经贸委办公厅《关于举办全国性非涉外经济贸易展览会有关事项的通知》(2003年)。

(7) 中国国际贸易促进委员会、外交部、商务部、公安部、海关总署《关于进一步加强出国举办经济贸易展览会管理工作有关问题的通知》(2003年)。

(8) 文化部《文化部涉外文化艺术表演及展览管理规定》及修订决定(2004年)。

(9) 商务部《设立外商投资会议展览公司暂行规定》(2004年)。

3. 展览会举办地以及参展商所在国家和地区的政策法规

展览策划人员应认真分析展览会举办地以及参展商所在国家(和地区)的有关政策法规,前者可能会影响展览会是否能在目的地顺利举办,后者直接关系到未来的展览会招徕工作。例如,以往参加计算机经销商展览会(Computer Dealer's Exposition,COMDEX)的厂商可以从网上预订参展证件,然后由旅行社或个人就可以全部领出。但在"9·11"事件后,计算机经销商展览会主办方严格禁止代领证件,所有参展证件都必须由本人持护照或驾驶执照才能领取。如果是组织国内企业参加该展览会,就必须了解这种变化,并预先做好相关准备工作。

展览会所涉及行业的政策法规也会在很大程度上影响展览项目的策划。业内许多专家认为,能够抓住国家政策和行业发展趋势,可以成为成功举办会展活动的契机。

4. 技术风险

目前,技术风险尚未引起展览界的足够重视,但随着高新技术特别是信息技术的迅速发展以及环保要求的提高等,技术革新将成为展览会主办单位甚至参展商面临的重要问题之一。如果展览项目打算运用复杂或高新的技术,或采取非常规的方法,例如展览会采用最新的专业观众统计分析系统,就可能存在潜在问题。对于完全新开发的展览项目,尤其需要重视技术风险。

降低展览项目技术风险的最好办法就是大力推进科技成果在展览会中的运用,这是展览业发展的必然趋势。当然,各个展会公司应该根据实际需要量力而行。

5. 财务风险

对于展览项目而言,财务风险是指办展机构的筹资(借款)决策给资金投入和财务成果带来的不确定性。如果展览项目的税前利润不够支付借款利息,或者投入的资金不能按照预期收回,都会导致展览公司的财务风险。

现金流贴现技术是项目财务分析的基本方法,但展览策划人员在运用这种方法时有两点需要特别注意:首先,在计算项目现金流量时,不仅要考虑直接的现金流情况,还要考虑直接现金交易的机会成本。其次,一般情况下,一个展览项目不是孤立的,它必然会对展览公司的其他项目产生影响。如果一个新展览项目降低了老项目的现金流入,则在分析新项目的现金流量时要同时考虑其造成的老项目现金流量的损失,两者之差才是新项目所产生的净现金流量。总之,办展机构应保持合理的资金结构,并慎重选择展览投资项目,以期尽量降低财务风险。

6. 市场风险

市场风险是指与整个市场波动相联系的风险,它通常对某个行业甚至所有行业的所有企业都会产生影响,因而又被称为"不可分散风险"。经济、政治、利率等都可能成为导致市场风险的原因,例如经济衰退、战争、恐怖活动、通货膨胀、疾病等。对于这样的风险,展览会主办单位只能积极采取措施进行预防或规避,努力将不利影响降至最低限度。为了回避和减少不可抗力因素所带来的损失,展览策划人员在进行项目可行性分析时,应该认真研究相关的社会、政治、经济环境,并提出相应的对策,如选择合适的举办地点和时间等。

经营管理风险指在经营管理过程中,由于办展机构自身的决策失误,展览会定位不合理、专业观众组织不力、招展严重不足、人员损失的可能性。从理论上讲,经营管理风险可能发生在展览会运作的各个环节,行为不当会造成服务水平低下和秩序混乱等。

企业可能没有财务风险,但不可能没有经营管理风险。财务风险只是加大了经营管理,对于各种可能出现的经营管理风险,只要主办单位采取预防措施,一般是可以避免的,即使发生了也能迅速、有效地进行控制。

展览项目的合作风险是指办展机构各单位之间、主办单位与展览场馆、主办单位与各营销中介(比如招展代理商)、主办单位与服务商等之间可能出现的矛盾和分歧。这些矛盾和分歧不仅会影响招展和专业观众组织工作,从而影响展出效果,更严重的是,合作风险事件往往会给展览会的品牌形象带来明显的负面影响。

因此，办展机构各单位之间以及主办单位与代理商、服务商等之间的合作事宜都应该以合同的形式确定下来，而且合同条款越细致越好，以期在合作风险发生后能有效克服。另外，策划人员应充分估计合作过程中可能出现的各种不确定性，并提出预防和处理的主要办法。

三、现场管理

（一）开幕式

开幕式应该围绕鲜明的主题来展开，一般来说，这个主题应该与展会的定位一脉相承。明确了开幕式的主题后，活动程序的设置、领导发言稿和新闻通稿的撰写、表演活动的安排等便有了基调和依据。

确定展览会开幕式的时间时应遵循"三不宜"原则，即不宜过早、不宜过晚、持续时间不宜过长，因此，大部分展览会都将开幕式的时间定在早上9:30左右。

举行开幕式的地点需要对开幕仪式所用典礼台的背景、台面、音响、灯光等及仪式所用场地进行设计。如果在户外广场举行开幕仪式，舞台往往需要临时搭建，其环境设计一般包括广场广告设计（如气球标语）、开幕仪式庆贺表演设计（如军乐演奏、舞龙舞狮表演、锣鼓表演、礼炮礼花施放等）、参加开幕仪式的观众组织等内容。

确定开幕式的时间和地点时，主办单位还应该充分考虑到天气状况。如果恰逢天气炎热或雨天，应提前通知嘉宾、媒体记者等做好相应准备。这个问题求助当地气象部门就可以解决。

开幕式程序一般包括介绍来宾、重要人士致开幕词、相关人士致辞、权威人士宣布展览会开始等内容。

在开幕式上，主要领导的讲话稿和主办单位的新闻通稿是媒体及广大公众全面了解本届展览会基本情况的重要材料，且往往是新闻媒体报道的基础，因而必须认真准备。例如讲话稿和新闻在核心内容上应大同小异，两者都应说明本届展会的亮点、创新之处以及对整个行业发展的重要意义，但相比较而言，前者更加口语化，而且可以带有个人的感情色彩；后者则会对展览会进行全面的介绍，可供新闻记者获取背景资料。

（二）创新之处

一般来说，展览会尤其是著名展览会的开幕式应该不断创新，否则很容易给人一种走过场的感觉。而且，开幕式创新的渠道很多，既可以是形式上的，也可以是内容上的，甚至文化上的。例如，在2004年第六届中国住交会上，主办单位邀请200多位民工为开幕式嘉宾，增添了展览会的人文色彩，并受到了媒体的广泛关注和好评。

（三）布展工作

布展工作一般在展览会开幕前几天进行，时间长短依展览会的不同规模和主题而定。例如，大型汽车展或机械展等往往需要近一个星期的时间，而消费品或珠宝首饰等主题的展览会通常只需要一两天的时间。对于主办单位而言，布展就是对展览会现场环境进行规划，对参展商、搭建商、运输商等的有关工作进行协调和管理，从而为展览会正式开幕做好准备的筹备阶段。其主要内容分为两个阶段。

一是搭建展台之前,主办方需要到管理部门办理相关手续,与指定搭建商和运输代理展台商协调,安排餐饮、旅行等服务,争取其他部门的支持等。二是搭建展台期间的工作则有展位画线、铺设地毯、参展商报到和进场、现场施工管理、搭建标准摊位、海关现场办公、现场安全保卫工作、消防和安全检查、布展清洁工作、接待媒体等。

（四）观众登记和入场管理

为了提高工作效率,绝大多数展会组织者都偏向于把预先登记的观众和现场注册的观众分开,有些展览会还进一步将现场注册的观众分成两类,即有名片的和无名片的,前者只需凭名片在观众登记处办好相关手续就可以换取胸卡,后者则要在主办方人员的指导下填写登记表,然后再到登记处办理手续。

为了消磨人们在登记处的等待时间,一些展览会的主办单位还在入口处设置了展览活动及论坛议程牌,这样无疑也便于人们尤其是现场注册的观众预先了解展览会的总体结构和主要活动安排。

（五）现场广告管理

在一次大型展览活动中,主办单位获取广告收入的渠道很多,如展览快讯、展会会刊、户外广告牌、气球、标语等,但无论采用什么样的广告载体,展会主办单位都必须制定明确、统一的广告政策,做到对所有参展商一视同仁。即使制定有相应的优惠措施,也应该让所有参展商都了解,而不应简单地根据参展企业的规模大小来决定是否给予其优惠。

（六）参展商行为管理

参展商行为管理的主要工作依据是参展合同。在布展（尤其是某参展商需要进行特装时）、开展和撤展等不同阶段,展览会主办单位都应和参展商进行有效的沟通,确保它们的行为符合参展合同尤其是场馆的使用规定。必要时主办单位可以采用强制性措施,以维护绝大多数参展商的正当利益和保证整个展览会的顺利进行。

（七）现场安全管理

自"9·11"恐怖袭击事件后,安全问题被提上世界展览业发展的重要议程,时至今日,安全的办展环境已经成为现代城市发展展览业的重要竞争力。2003年,受"非典"疫情的影响,中国展览业损失惨重,但与此同时也给国内展览业带来了许多冲击,表现之一便是加强了展览会组织者对卫生及其他安全隐患的防范意识。

展览会的现场安全管理主要涉及三个方面,即盗窃、火灾和卫生。为此,主办单位治安和消防、卫生和公安等部门主动联系,积极争取这些部门的支持。第十届上海国际汽车工业展览会举办时正值"非典"疫情肆虐时期,在严峻的形势下,主办单位和卫生部门合作,加强人口管理和现场卫生防范,终于成功渡过了难关。

（八）新闻管理

一般来说,国内1万平方米以上的展览会都会在现场设立新闻中心或新闻办公室,以便参展商和主办单位能及时发布各种信息。新闻中心的硬件设施和人员配备应根据展会规模等实际情况决定。另外,展览会主办单位往往会安排专门的新闻主管,负责统一发布展览会的官方信息,并接受媒体的采访;所委任的新闻主管必须善于言辞,举止落落大方,并十分熟悉展览会的相关情况。

四、展后管理

(一)撤展管理

拆除展台,参展商退还展具,处理展品,展品出馆管理,展场清洁,安全管理。尽管由于展览会的类别不同,搭建拆除还原的具体工作相差甚远。但是,撤展的主要工作内容、注意事项等有其因有的要求。展览会主办方只有做好撤展的服务工作,才能使参展商或自己的撤展工作得以安全、快速地进行。

撤展不仅仅是拆除展台,还包括参展商的展品重新打包和转运离馆、组展方和参展商的场地清理、组展方和场馆方的场地检查等多项工作。具体来说,展览会组织者应做好如下撤展服务工作。

(二)撤展便利服务

与其他服务项目一样,为参展商提供撤展便利服务也是展览会主办方塑造展览会形象、培养忠诚客户的重要途径之一。主办方较容易做到的常见的撤展便利服务包括以下几点。

第一,高效办理撤展审核工作,尽量减少参展商的等待时间。

第二,统一安排展品集货区。即按照撤展的时间,以不影响交通为前提,在装货地点附近设置展品集货区,杜绝"车等货",实现"货等车",车到就走,从而减少拥挤。

第三,统一提供展品推送车,方便参展商将撤下的展品安全快速地运到集货区,等待搬运。

第四,统一提供展品包装物销售、打包和包装服务。

第五,统一展品搬运服务。一般有两种方式,一是现场收费搬运,主要是应对那些自行搬运出现故障或临时决定找服务商的参展商。二是"事前统一收费,现场统一搬运",采用这种方式的多为展馆出口处的一些展区。当然,有些展览会为了提高效率,也会在整个展览会的撤展工作中采用这种方式。不同的展览会可以选择最合适的方式,但要注意,在搬运过程中参展商务必跟随展品,以避免遗失和错搬。随着现代科学技术的发展,撤展工作也将逐步实现智能化,例如运用无线射频识别技术等。

(三)撤展物品和押金退还服务

退还物品和押金包括再检验、退还物品、还押金等环节,包括的物品有电话、展台灯箱、插座灯具、无线网卡、物流电话、电脑等,这些物品虽然都在一个展台上使用,但是它们往往由不同的部门提供和管理。参展商撤展完毕后,参展商才可办理退还押金手续。场馆方要派人对场地进行检查,确保没有人为损坏后,在清场押金单上签名确认。为保证撤展物品退还工作的顺利完成,需要提前告知参展商物品借还服务程序,确保所有参展商熟悉相应的工作流程。对于比较大的场馆,在展览会结束时,还应该在场内设置明确的引导标识,避免参展商满场寻找退还处。

(四)撤展安全服务

第一,人员安全。撤展环节往往是展览会现场最混乱的时候,展会组织方应特别强调所有人员注意人身安全,必要时应配备专业的保安人员巡视监督。例如,防止人流、车流逆向

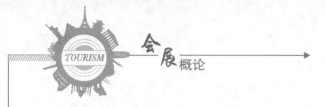

行驶而形成的混乱。杜绝工人野蛮施工而造成人身伤害等。

第二,物品安全。例如,避免展品随意堆放而造成的拥堵。防止野蛮、不正当地搬运而损毁展品。防止外来人员顺手牵羊而发生盗窃事件等。

第三,环境安全。按照各种安全管理制度,对撤展时的水电、展台、搬运等工作进行检查和监督,及时消除安全隐患。

(五)垃圾清理服务

参展商将物品和展台撤出展馆后,主办方和场馆经营者要在第一时间安排人员全面清理垃圾和剩余物品,并有权按照相关规定,就清除过多废物(展位搭建垃圾、板箱、货盘、箱纸、包装材料或印刷品等)向参展商收取费用。

(六)配套服务

很多主办方不注意撤展期间的餐饮、医疗等配套服务,这样就留下了服务盲区,给参展企业造成诸多不便。扫清服务既可以给参展商省掉许多麻烦,又可以扩大主办方的业务范围,对其而言是名利双收的机会。

(七)撤展管理中的注意事项

为维护展览现场的整体秩序,整个撤展过程应尽量按照撤展计划来进行,特别是要做好撤展相关工作。撤展工作要有计划,撤展工作计划应该在展览会开始之前制订好,并与相应的规定或条例一起提前向参展企业公布。撤展工作的主要内容包括撤展时间、车辆的进出路线、展品临时集货区、废弃板材及垃圾临时堆放点、撤展证件办理、展品统一搬运服务、租赁物品退交流程、押金退回方法等。在正式撤展前,主办方要及时提醒参展企业,了解他们的具体准备情况,及时发现准备违规撤展的行为并坚决劝阻,同时要认真处理好特殊问题。坚决防止参展商过早撤展,因为过早撤展,不仅会造成展览会现场的混乱,还会影响观众参观展览会的情绪,让观众感到无所适从或感到失望,进而影响展览会的形象。

撤展工作应按照主办方对整个展期的安排进行,一般应在整个展期结束并对观众清场后统一有序地撤展。为防止参展商过早撤展,可以在参展合同中做出相关规定。如果发现参展商有提前撤展的行为,应及时沟通,让其遵循有关规定。如确实有特殊紧急情况,应给予必要的协助。若有参展商工作人员只是因为个人着急返回等原因,执意违背撤展合约,则应说明利害关系,并进行相应处罚。

(八)运输代理商管理

妥善处理参展品。展览会结束前夕,参展商需要和所委托的运输代理商提前沟通,事先约定好运输地点、时间等事宜。另外,由于相同主题展览会的存在,有些企业有时希望在展览会结束后再去参加另外一地举办的展览会。如果是进口展品,要事先与运输代理商沟通,因为海关监管的产品手续比较烦琐。若两个展览会不在同一个国家,参展商除了要考虑海关转关时间的因素外,还应考虑运输的问题。每年都会有某些季节是航空公司空运的旺季,有时候空港运输时间很紧,航空公司不接受订舱,这样会使展品无法及时运抵目的地。

第四节 案例分析

中国国际进口博览会

中国国际进口博览会（China International Import Expo，简称 CIIE）（也可简称进博会），由中华人民共和国商务部、上海市人民政府主办，旨在坚定支持贸易自由化和经济全球化、主动向世界开放市场。首届中国国际进口博览会于 2018 年 11 月 5 日在国家会展中心（上海）开幕。本届进博会吸引了来自五大洲 172 个国家、地区和国际组织参会，3600 多家企业参展，超过 40 万名境内外采购商到会洽谈采购。其中，包含了 58 个"一带一路"沿线国家的超过 1000 多家企业参展，将成为共建"一带一路"的又一个重要支撑。

本届中国国际进口博览会的主题为：共建创新包容的开放型世界经济。习近平主席在首届中国国际进口博览会开幕式演讲中强调：举办中国国际进口博览会是中国坚定支持贸易自由化和经济全球化、主动向世界开放市场的重大举措，有利于促进世界各国加强经贸交流合作，促进全球贸易和世界经济增长，推动开放型世界经济发展。

一、展会概况

中国国际进口博览会作为世界上第一个以进口为主题的大型国家级展会，包括展会和论坛两个部分。展会即国家贸易投资综合展（简称国家展）和企业商业展（简称企业展），论坛即虹桥国际经贸论坛。国家展是本届中国国际进口博览会的重要内容，共有 82 个国家、3 个国际组织设立 71 个展台，展览面积约 3 万平方米，各参展国将展示国家形象、经贸发展成就和特色优势产品。国家展中，印度尼西亚、越南、巴基斯坦、南非、埃及、俄罗斯、英国、匈牙利、德国、加拿大、巴西、墨西哥等 12 个主宾国均设立了独具特色的展馆。作为东道主，中国设立了中国馆，包括港澳台展区。

中国馆以"创新、协调、绿色、开放、共享"的新发展理念为主线，将展示中国改革开放的巨大成就，以及中国发展、共建"一带一路"给世界带来的新机遇。企业展分为 7 个展区，展览面积 27 万平方米，来自 130 多个国家的 3000 多家企业签约参展。

二、展会内容

（一）展馆展区

国家贸易投资综合展区：展示贸易投资领域有关情况，包括货物贸易、服务贸易、产业状况、投资旅游，以及各国有特色的产品。该区域内的展品只展示不成交。

消费电子及家电展区：移动设备、智能家居、智能家电、虚拟现实与增强现实、电子游戏、健康运动产品、音频产品、视频与高清设备、生活科技、显示技术、在线与家庭娱乐、产品与系统解决方案等。

服装服饰及日用消费品展区：服装、纺织品、丝绸产品、餐厨用品、家居用品、礼品、家居装饰品、节日用品、珠宝首饰、家具、婴童用品、玩具、文化用品、美容美发护理产品、运动及休闲产品、箱包、鞋、钟表、陶瓷和玻璃制品等。

汽车展区:智能驾驶汽车与技术、互联网汽车与技术、新能源汽车与技术、品牌汽车等。

智能及高端装备展区:人工智能、工业自动化与机器人、数字化工厂、物联网、材料加工及成型装备、工业零部件、信息通信技术装备、节能环保装备、新能源电力电工装备、航空航天技术装备、动力传动与控制技术装备、3D打印等。

食品及农产品展区:乳制品、肉制品、水产品、蔬果、茶和咖啡、饮料及酒类、甜食及休闲食品、调味品、罐头及方便食品等。

医疗器械及医药保健展区:医疗器械、药品、健康及保健品、传统医学产品、养老与康复、制药机械与设备等。

服务贸易展区:新兴技术、服务外包、创意设计、文化教育、旅游服务、物流服务、综合服务等。

(二)贸易论坛

虹桥国际贸易论坛于2018年11月5日在国家会展中心(上海)举行,直接服务于进口博览会的总体目标,紧扣当前国际国内经贸发展的新趋势和新变化,体现开放发展新理念,着眼于推进开放、包容、普惠、平衡、共赢的经济全球化和构建开放型世界经济,促进全球贸易增长。有关国家政要以及全球商界和学界领军人物将纵论世界经济大势,直击国际贸易发展关键问题,新经济新业态等展开精彩纷呈的思维交锋,为新时期国际贸易发展建言献策。

论坛包括开幕式和三场平行论坛,将聚焦"贸易与开放"、"贸易与创新"、"贸易与投资"等议题,并重点就推进贸易投资自由化便利化、构建开放型世界经济、推动贸易创新增长以及促进贸易投资可持续发展等内容进行讨论。此外,将邀请世界贸易组织、联合国工发组织等相关国际机构作为合作单位,为论坛提供智力和技术支持。

(三)展会亮点

1. 中国市场巨大,消费和进口快速增长

中国拥有全球最多的人口,是全球第二大经济体、第二大进口国和消费国。中国已经进入消费规模持续扩大的新发展阶段,消费和进口具有巨大增长空间。未来五年,中国将进口超过10万亿美元的商品和服务,为世界各国企业进入中国大市场提供历史性机遇。

2. 上海优势突出,辐射全国效果明显

上海地处长江三角洲经济区,区位优势突出,经济实力雄厚,服务行业发达,具有全球资源配置能力。上海港集装箱吞吐量连续七年位居世界第一,空港旅客吞吐量超过1亿人次,航班网络遍布全球282个城市。

3. 展会规模盛大,配套活动丰富精准

首届中国国际进口博览会有约100多个国家和地区的企业参展。进口博览会将举行供需对接会、行业研讨会、产品发布会等配套活动。

4. 多种措施并举,保障服务全面高效

进口博览会主办方将提供通关、检验检疫等方面的便利措施,长期提供线上线下一站式交易服务,加大知识产权保护力度,保障客商权益。

5. 采购需求强劲,专业采购商数量众多

进口博览会主办方将以中国各省、自治区、直辖市为单位,组织各地企业到会采购。同时,邀请第三国客商到会采购。预计国内外专业采购商将达到15万家。

（四）配套活动

首届进博会期间,国资委和中央企业充分利用博览会的资源,发挥各方的积极性,组织开展一系列高层次、高水准、高质量的配套现场活动,丰富展会功能,提升展会价值,促进展会的成交。

总体来看,这些配套活动主要具有以下三个特点。

1. 活动主办方范围广泛

配套活动的主办方既有联合国工发组织等国际机构,也有中央部委办;既有参展国家和地区的政府、贸易促进机构,也有国内各省区市人民政府;既有大型的央企,也有世界五百强的跨国公司;既有中外行业协会,也有有关的研究机构。

2. 活动内容丰富多彩

配套现场活动多以政策解读会、行业论坛、采购对接签约、新技术新产品发布、投资说明会等形式呈现。比如,有关的国际组织将发布其所在领域的年度报告,一些"一带一路"相关国家将主办商务论坛、地方合作论坛等等。

3. 活动主题特色鲜明

配套活动中,很多参展国家将举办商务合作推介、国家发展成就展示、合作前景推介等,一批参展企业将举办行业发展趋势前瞻、技术解决方案分享、新产品发布等活动。比如一些大型的电商将就供应链、贸易新动能等主题举办论坛活动,介绍和展示中国电子商务的发展情况,交流探讨跨境电商新课题和全球供应链新构想。这些活动将在很大程度上丰富此次展会的内容,成为首届中国国际进口博览会的新亮点。

本章小结

本章主要介绍了展览的基本定义以及构成要素、国内外展览的行业现状和发展趋势以及展览的一般运作过程,详细介绍了从展览举办前到展览举办后的全过程管理内容,并介绍了两大国际会展组织,使得学生对于展览业有一个更为清晰的了解。

展览定义　展览构成要素　展会立项策划　现场管理　撤展管理

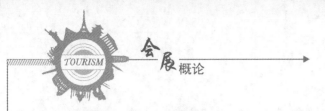

复习思考题

□ 复习题
1. 简述展览的定义和构成要素。
2. 简述展览立项策划书中应涵盖的内容。
3. 简述展览会现场管理工作包含的内容。

□ 思考题
1. 试对展中管理工作的内容及重要性进行分析。
2. 目前我国会展场馆发展存在的主要问题有哪些?
3. 结合材料说明如何促进我国会展场馆的发展。

第 5 章

体育赛事

学习目标

通过本章的学习,首先,让学生了解大型赛事的概念、类型以及相关基本问题,让学生了解赛事管理方法的各大要素;其次,以体育赛事为例,了解国内外赛事的发展历程和趋势;最后,了解赛事带来的经济效益与社会效益。

案例引导　　体育赛事是影响广泛的活动

世界杯全称为国际足联世界杯(FIFA World Cup),每四年举办一次,为世界上知名度和含金量最高的足球比赛,冠军奖杯大力神杯可谓是代表了足球界的最高荣誉。2018 年俄罗斯世界杯于 6 月 14 日至 7 月 15 日在俄罗斯境内 11 座城市的 12 座球场举行,这是世界杯首次在俄罗斯举行,也是首次在东欧举行。世界杯是全球球迷的狂欢节,受关注程度极高,比赛期间吸引众多资本投资世界杯及周边产业,既是足球的盛宴,也是资本的狂欢。

世界杯因其巨大的魅力,吸引着全球球迷参与其中,最直观的表现是世界杯期间相关电视节目收视率飙升。从我国电视端观赛情况来看,2014 年巴西世界杯期间,CCTV-1、CCTV-5 和 CCTV-5+全程直播了全部的 64 场比赛,短短一个月内超过 7.9 亿观众通过央视观看世界杯赛事和相关节目,累计收视时长超过 34 亿小时。在世界杯的拉动下,即便转播集中在凌晨时间段,主要转播频道 CCTV-5 的收视率依旧获得明显飙升,收视排名从世界杯开赛前的第 9 名跃升至第 1 名,平均收视份额高达 6.29%,而 6 月 15 日开赛后的第一个周日收视份额更是高达 10.30%。而从分时段的收视率情况来看,虽然时差并没有阻挡球迷看球的热情,但零点开球的比赛获得的关注度明显高于凌晨 2 点后开球的比赛。从 CCTV-5 的全天收视走

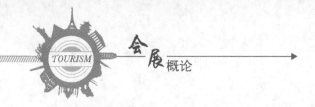

势来看,0:00—2:00 和 4:00—9:00 两个时段收视提升明显,其中 0:00—2:00 收视率是世界杯开赛前的 14 倍,高达 2% 左右,4:00—6:00 因基数较低收视率跃升 30 倍,但也达到了 1% 以上的收视率。

(资料来源:http://www.chyxx.com/industry/201806/651324.html.)

问题:本案例体现了体育赛事在哪些方面的影响?

第一节 赛事概述

一、概念与类别

(一)概念

1."概念性"定义

所谓"定义",就是用简短和明确的词语揭示概念的内涵与外延以反映对象的本质与特点的过程与方法。"属+种差"是一种常用的基本定义方法。这种定义方法的过程是:首先找出被定义项的"邻近属概念",然后找出被定义项与其他同级概念之间的差别"种差",最后将二者相加形成定义。

从词源上讲,体育赛事这一概念来源于欧美国家,对应的英语词汇即 Sport Event。西方一些较早从事节事研究的学者普遍认为,体育赛事是特殊事件(Special Event)的一个亚类。因此,本书认为特殊事件是最适合的体育赛事邻近属概念。

首先,体育赛事的本质是以人体运动为载体的竞争性活动(用比赛决定胜负),有别于其他活动(如工作、学习和休闲等)。活动的构成要素包括比赛项目、竞技者、裁判、承办(或举办)方、观众、赛场、技术/战术、资本、时间和地点 10 个方面。其次,这种活动的目的在于显示人体运动竞争性活动能力的大小,并予以公开昭示,人体运动和公开竞赛是体育赛事的本质属性。最后,赛事活动性已超出传统的体育竞技范畴,而具有一定的经济、社会、文化甚至政治属性。

2."技术性"定义

从项目管理角度上,体育赛事是具有市场营销、项目管理和组织文化背景特征,受运动项目、竞赛规则以及社会经济等多种因素制约的,能提供体育竞赛产品和相关服务产品以满足体育消费多种需求的特殊活动。根据这一定义,体育赛事除了基本的"项目性"和"竞赛性"属性以外,还具有文化性或目的多样性以及市场产品性等属性。

从产业经济学角度上,体育赛事是赛事参与人员(含运动员、教练员、裁判员等)以各类运动设备和劳务为投入产品,生产可供人们观赏和消费的各类人体运动的动作组合产品以及在此基础上可用于再生产的衍生产品(如转播权广告权、标记特许使用权等)的生产经营活动。这个生产经营活动以体育比赛为核心,涉及门票促销、运动员包装、媒体推广、赞助和广告策划、标志品开发等众多活动。

(二) 类别

分类对于与某一概念有关的理论和实践研究均具有重要的意义。分类通常具有主观性和功利性(即根据研究者的需要进行分类),并无一成不变的标准。表5-1是国际上比较权威的节事分类法。

表 5-1 节事分类法

分类标准	分类结果	分类标准	分类结果
举办时间	定期	比赛地点	・室内 ・室外
比赛内容	・单一赛事 ・综合性赛事	影响范围	・国际 ・全国性 ・区域和地方
可进入性	・公开性 ・不公开性(针对特定人群) ・准公开性	赛事结构	・短期的锦标赛 ・年度的联赛
举办目的	・观众导向型 ・参与主导型	规模	・特(超)大型 ・大型 ・小型
专业程度	・专业 ・业余		

1. 传统赛事与"利基(Niche)"赛事

传统赛事有两个基本的特征:首先,有一个主管团体(组织、协会或联合会等),负责制定和实施一套规则或章程,并以此为基础批准和监督赛事举办方对赛事的运营。现代奥林匹克运动会的主管组织就是国际奥林匹克委员会,相关章程即《奥林匹克章程》。另外,世界杯足球赛等单项体育赛事和亚洲运动会等洲际性综合运动会均属于这类赛事。其次,正如其名称所示,这类赛事要求定期举行,举办地点可以固定在一个地方,也可以在不同地方巡回举办,但是比赛内容与规程通常要求有相对严格的标准化。需要注意的是,由于受举办地地域文化、新技术或参与人口特征等因素的影响,传统赛事通常要求进行调整和转型。但是,这种改变不能形成一个全新的赛事。从其产生途径来看,"利基"赛事可以在一个传统赛事的基础上经过改革或更新形成,以将传统赛事"地方化(Localization)"而形成。后者主要是在不同地方巡回举办的赛事经过举办地政府与举办机构结合地域文化而精心打造的赛事。例如,2010年广州亚运会相比其他任何一届亚运会都可称得上是一次"利基"赛事。

2. 观众导向型和运动参与型赛事

根据举办目的与参与主体,可将体育赛事分为观众导向型和运动参与型两类。前者如世界杯足球赛奥运会(夏季与冬季)、上海网球大师赛、F1大奖赛等。这类赛事通常级别和水平较高,运动项目也较为普及,观赏性强,赛事的历史也相对较长。因此,这类赛事可以吸引举办地民众和外来旅游者观赛。后者如广州国际马拉松赛。这类比赛一般项目的普及率不高,观众较少。举办的目的主要是鼓励大众参与体育运动,增强体质,具有明显的公共性或公益性。

3. 基于规模的体育赛事分类

一个赛事的规模大小也有分类标准,在体育赛事领域,这些标准主要包括以下七种。

(1) 体验水平。

(2) 影响程度。

(3) 媒体报道。

(4) 政策意义。

(5) 事件的多样性。

(6) 身份。

(7) 传统与标志。

知识链接　　国际足球联合会

国际足球联合会,简称国际足联(FIFA),是管理英式足球、室内五人足球和沙滩足球的国际体育组织,下辖211个会员协会。总部设于瑞士苏黎世。现任会长为吉安尼·因凡蒂诺。国际足联负责组织世界重大足球赛事,当中最著名的是4年举行一次的世界杯。

二十世纪初足球在全世界的流行催生了国际足联。国际足联在1904年5月21日成立于法国巴黎圣奥雷诺街229号,名称为Fédération Internationale de Football Association,简称FIFA。创始会员有法国、比利时、丹麦、荷兰、瑞典、瑞士的足球协会和马德里足球俱乐部(代表西班牙,而西班牙皇家足球联盟到1913年才成立)。

国际足联首届会长是罗伯特·格林(任期为1904年5月23日—1906年6月4日)。接替他的是英格兰足总的丹尼尔·伯利·伍尔福尔。国际足联组织的首个大型赛事是1908年伦敦奥运会足球淘汰赛,比赛很成功,参赛的是各国的职业运动员,而此后的奥运会就限制职业球员参加,并对球员健全的身体有严格的检验机制,曾在1912年禁止有割盲肠者加入。第一次世界大战时英格兰、苏格兰、威尔斯和北爱尔兰的足联退出了国际足联,声明不愿与敌人交手,后来又重新加入。国际足联历史藏品位于英国的国家足球博物馆。

2004年举行了FIFA成立100周年纪念活动,2004年4月,该组织宣布在2003年至2006年期间总收入将达到16.4亿美元,总利润将达到1.44亿美元。2004年5月20日,为了纪念FIFA诞生100周年,巴西国家足球队与法国国家足球队举行了一场纪念赛,最终双方以0∶0握手言和。

(资料来源:国际足球联合会。)

二、管理基本问题

(一) 体育赛事管理中的基本要素

1. 人力要素

人不仅是体育赛事的组织者、管理者和直接参与者,还是间接的支持者(赞助商与供应商等)及其他相关群体(如媒体、社区居民等)。人力要素既是体育赛事的基本构成要素,也是首要要素。

2. 物力要素

物力要素是指体育赛事必须具备的条件。很显然,不同类型的赛事所要求的物力要素是不同的,物力要素的完善与否直接关系到赛事举办的效果。这些要素包括竞赛的场地(馆)与设施(备)、交通运输设施、安全保卫设施、医疗卫生设施(备)以及媒体转播设施(备)等。

3. 财力要素

目前,节事产业化与市场化趋势日益明显;与此同时,赛事的规模也越来越大。在这样两种背景下,体育赛事的举办对经济的依赖程度也与日俱增。赛事的商业化运作也越来越受到主办方的推崇。从其基本构成看,体育赛事的财力要素主要由赞助性资金和非赞助性资金(公共资金)两大部分组成。

3. 技术要素

现代科学技术的飞速发展在体育赛事中得到了充分体现。体育赛事对科技的依赖性越来越高。大量的高科技设备不但使广大观众在第一时间内观看到赛事活动,也使赛事组织管理者的工作效率大大提高。技术要素包括网络技术、通信技术和相关软件技术等。

(二) 管理学中的行为角色分类

管理学中的行为也即管理者角色。按照管理学的一般理论,管理者的角色可分为人际关系、信息传递和决策三个方面。第一类角色是指管理者负责激励动员、调配和培训被管理人员,也包括对外人际交往。第二类角色是指管理者的接受、收集分析和传递信息的功能。第三类角色则是指管理者承担决策判定的职责。管理者角色的侧重点会随着组织水平的变化而变化。依据这个理论,赛事管理者在管理过程中也应该会承担不同的角色,并且不同的角色会处在不同重要程度的位置。国外有学者在多年实证研究的基础上,将赛事管理角色分为高级、中级(或中层)和底层(负责具体工作的管理人员)三个最基本的层次。

(三) 体育赛事管理中的基本知识与技能要求

体育赛事管理需要何种技能及技能的重要程度取决于赛事管理的水平。不同类型的赛事存在不同水平的管理。具体到某一个赛事,其管理系统内部也需要不同层次或水平的管理。

三、赛事的组织运营管理

赛事的组织运营是指将人、商品货物和设施设备等在正确的时间内顺利和准确地移动

到正确的地方的过程,是一个规划实施与控制产品及其相关信息的存储以及根据消费者的需要向消费端流动的过程,是组织机构依据事先的规划设计将赛事活动呈现出来的一个过程。经由这个过程,赛事主办方将有关的资源与投入转化为一系列的期望的结果。这一过程有时也称为"流程"。国际标准化组织在ISO 9001:2000质量管理体系标准中将"流程"定义为:"一组将输入或投入转化为输出的相互关联或相互作用的活动。"

国外的相关文献中将这个过程也译为后勤(logistics)管理。在英语中,logistics(组织工作、后勤、物流)一词来源于希腊语logistics,意即"计算的科学或理念",意味着"合理"。在现代一般意义上,这一概念是指任何一项经营活动的细节处理。

体育赛事的组织工作也必须提前规划,甚至要早于事件的规划与设计过程。这对于危机、安保以及参与者的体验等关键领域来说尤为重要。因此,从理论上讲,赛事的组织工作应该是一个规划的结果,而不是事前没有任何计划的"快闪"。

(一)影响体育赛事运营的因素

一般来说,体育赛事的组织工作受到以下四个主要因素的影响。

(1)赛事规模与产出的体量。这主要是指与赛事参与人员的数量和需要完成的事务量有关的问题。

(2)赛事的复杂性与活动的多样性。这主要是指需要提供给赛事消费者的服务与产品(如座位和活动项目等)的数量。

(3)赛事的不确定性。这主要是指到场人数、成本、所需时间以及技术要求等方面。

(4)互动。这主要是指赛事的到场人员或人群之间联系的方式与特质。

(二)体育赛事现场的集群人员管理要素

体育赛事的举办会在短期和有限的空间范围内聚集大量的人流,包括比赛参与人员、工作人员(含志愿者)与官员、观众(含赞助商方的工作人员)、媒体工作人员等。他们移动的效率直接关系到赛事体验质量。

(三)赛事现场集群人员的管理要素与策略

集群人员管理有以下四个重点考虑要素。

(1)人流量。

(2)人员地理(或空间)上的分布方式。

(3)人员流动的时间特点。

(4)消费的期望。

基于上面的四个管理要素,可以提出以下策略与方法。

(1)赛前的"前摄性"管理。

(2)交通的管治。

(3)基于"排队理论"的集群人员管理。

(四)对其他到场人员的服务接待管理

(1)在赛事举办前对来访人员进行调查,以确定采用的接待方式。

(2)在宣传手册或散发物品中应写有"如需要特殊接待,请在下面注明"的字样。

(3)对集会地点或场所进行检查,确定在活动举行之前有哪些缺陷需要弥补。

(4) 设立轮椅停放区。
(5) 为那些需要手语翻译的人设立明显的标志线。
(6) 帮助残疾演讲者建立进出讲台的通道。
(7) 为视觉障碍的残疾人提供舞台活动的听力提示服务。
(8) 选择那些已经安装，或可以为身体虚弱的人提供扶手的场所作为集会地点。
(9) 为乘坐轮椅的残疾人提供高度相适合的餐桌。
(10) 如果在涉及个人与美国残疾人保护法相适合的活动环境时碰到其他问题，应与美国司法部及时取得联系，以求得到解决。
(11) 对职员进行培训，使他们能为残疾宾客提供更好的服务。

接待服务的礼仪与仪式是赛事组织者宣传自身形象、引起社会公众关注、扩大知名度、获得经济和社会效益的良好时机，尤其是大型体育赛事的开幕式、闭幕式以及颁奖仪式等。

在接待前，举办方就应该事先对活动的内容、人数、国别及爱好等作充分的调查研究，了解国际惯例等，并在此基础上就接待工作制定方案。

接待服务的礼仪通常要遵循以下两个基本的原则：首先是国际惯例与民风民俗及地域文化相结合的原则。体育赛事的国际化发展趋势越来越明显，在礼仪的策划中要重视国际交往的通则以及一些固定的仪式或礼节。这些都是向交往对象表示尊敬与友好的约定俗成的习惯做法。其次是国家一律平等的原则。

（五）体育赛事的物流管理

体育赛事的基本特征主要有以下三个方面。
(1) 空间的相对集中和分散并存。
(2) 时间上的集中性和时序性。
(3) 不确定性。

赛事物流管理主要有以下四种服务模式。
(1) 自我服务模式。
(2) 供应商提供物流服务模式。
(3) 第三方物流服务模式。
(4) 第四方物流服务模式。

（六）流程管理的主要策略

体育赛事的运作与管理是一个有明确起始点的活动。作为阶段性的特殊事件，体育赛事运作管理受苛刻的时间资源约束。赛事的成功运营要求工作人员与管理人员必须在规定的时间内，有效完成不同阶段、不同性质与不同要求的任务，并确保各项工作之间的前后衔接。

体育赛事在特定的时间与空间范围内完成。而且，体育赛事还是一个时间和空间动力过程，不同时段之间和不同功能区域之间有紧密的内在联系。某个时间点或某一个工作环节的小变化都有可能导致赛事发生系列的关键性变化。因此，赛事组织运营的策略工具也可分为时间类和空间类这两部分。

第二节　国内外赛事的发展历程和趋势

体育赛事是伴随着人类社会的发展而形成和演进的。在历史长河中,体育赛事的形式、功能以及组织运营方式等都经历了持续不断的演化,在人类历史大致经历了以下四个发展阶段。

一、体育赛事的起源与发展

(一)起源

人类的体育活动起源很早,最早的形式应该是自发的、出于生存本能而有的徒手武术(如狩猎)。历史记录与考古发现的材料表明,早在公元前2700年,中国、古埃及、亚述与克里特岛等地也出现了弓箭、跳远与球类运动。早期的人类体育运动往往缺乏独立意义,通常是作为宗教仪式的一部分而具有浓重的神秘色彩。其意义经常被提升到"符号"和"精神"层面。当代规模与影响力最大的是人类体育盛会——现代奥林匹克运动会便是在古希腊人的宗教祭祀活动基础上演变而来的。信奉多神教的古希腊人,每逢重大祭祀日就会以唱歌跳舞和体育竞技等方式作为祭祀活动来表达对诸神的敬意。其中,最为隆重的就是对众神之首——宙斯的祭祀。古代奥运会就直接源于这一重大宗教文化活动。渴望和平的古希腊各城邦之间约定,在奥运会举办期间能够以神的名义进行休战以达到短暂的和平和灾难的减少。从此,对和平的追求就成为奥运会一个永恒的主题和精神内核。在奥运会发源地的古希腊,人们的体育运动观与实践对人类的体育活动与赛事的发展有着极为重要的影响。体育运动在这里不仅普遍受到重视,甚至被视为一种崇高的活动。古希腊诗人荷马的《伊利亚特》(公元前8世纪)中就曾记述阿奇里斯为了纪念在战争中死去的朋友巴托勒特别举行了一场体育竞赛,这是目前为止有关运动比赛最早的记载。

(二)发展

1. 体育游戏

体育运动竞赛项目最早是以游戏的形式出现的,具有从宗教意义上的神圣活动向世俗意义上的娱乐活动过渡的性质。如现代足球最早起源于我国汉代蹴鞠游戏。现代篮球运动则是由美国体育教师詹姆士·奈史密斯于1891年发明的。当时由于冬季人们缺乏室内球类运动,奈史密斯便从工人和儿童用足球向桃篮中投球的游戏中得到启发,设计将两只桃篮分别钉在健身房内两端看台的栏杆上,篮口水平向上,距地面约10英尺(约3.048米),以足球为比赛工具向篮内投掷球,入篮即得1分,按得分多少来定胜负。因为这项游戏最初使用的是桃篮和球,故名篮球。

2. 体育竞赛

以游戏形式出现的体育竞赛活动为体育赛事的演进和发展打下了坚实基础。体育竞技性质的运动相比游戏形式的运动的一个最大的不同点就在于,运动内容更完整、规范和系统,并有了相应的严格评判规则。在体育竞赛活动发展的早期,赛事组织举办方与参与者只关注活动内容本身及其结果。传统的体育赛事由"参赛活动人群(包括运动员、裁判人员与组织管理人员)""竞赛的空间(比赛场地)与物质条件"以及"组织管理"三个子系统构成。赛事组织者对体育竞技活动范围以外的经济社会、文化乃至科技等环境并不关注。这一方面受传统社会生产力发展低下以及物质与精神生活贫乏的社会环境制约,也与体育赛事本身的影响力难以"溢出"竞赛范围有直接关系。

二、现代体育赛事及其发展特征

无论是从世俗意义上的娱乐活动发展演变而来,还是在宗教意义上的敬神与祭祀活动基础上形成,传统体育赛事一个最为显著的特点就是它的"非功利性"或"公共性"。这可以是在一个社区尺度,也可以是在地区、全国甚至全球(如1984年以前的国际奥林匹克运动会)的尺度。公共部门主导成为赛事举办与组织管理的唯一形式。但是随着时代发展,经济、社会、文化、政治和科技等元素均已介入体育赛事的发展演变,体育竞赛活动过程变得复杂起来,其内涵和外延发生了很大的变化,不仅表现出"竞技体育"和"大众体育"两个发展方向,而且社会活动中的休闲娱乐类赛事也被纳入体育赛事发展的内容。

(一)体育赛事的"节庆化"

在市场经济形式日益成熟的条件,各企业(或利润中心)与普通民众的成本意识也日益增强,投资收益率成为各类活动需要考虑的首要因素之一,其中包括体育赛事。

(二)企业网络背景下的现代体育赛事

具体地说,网络是由经济与商务活动中的行为主体在主动或被动地参与活动,通过资源的交换和传递活动过程中发生的各种关系的总和。网络理论作为一种新兴的企业管理理念产生于20世纪70年代。企业网络理论先后经历了基于交易成本的网络理论、基于资源依赖的网络理论和基于经济社会学的网络理论三个阶段。

依据这一理论,体育赛事也是现代这种庞大而复杂的网络的一个"节点",是以其为中心的产业链上下游环节中具有参与活动能力的赛事行为主体(包括投入品提供者、生产者和消费主体)在各类资源交换、传递过程中发生联系时所建立的各种经济关系的总和。体育赛事(特别是大型体育赛事)的运作需要不同企业行业部门之间形成稳定的合作"网络"进行合作和协作,以降低体育赛事运作的交易成本并提高交易效率。

相关案例

在经济社会发展的强有力助推下,体育产业驶入了快车道。国家统计局与国家体育总局2019年1月公布了《2017年全国体育产业总规模与增加值数据公告》。公告显示,2017年,体育产业总规模为2.2万亿元,增加值为7811亿元,分别增长15.7%和20.6%,超出GDP增速不少。在体育产业高速前行中,越来越多的从业者认识到,体育产业是个"慢产业",唯有脚踏实地耕耘才会有好的收获。

(资料来源:http://www.sohu.com/a/297856144_828950.)

问题:在体育产业驶入快车道的当下,国内外体育赛事的发展有什么趋势呢?

知识链接　　电子竞技该不该纳入体育赛事？

首先电子竞技自身是一个体育项目,但是这个体育项目也有着与传统体育不同的地方,因为电子竞技的基础在于游戏本身。简单来说,游戏发展得好不好,会不会倒闭,都是电子竞技能否纳入正式体育项目的关键。虽然电子竞技在2003年就被我国设为第99个正式体育项目,可是就像2018年亚运会英雄联盟作为电竞表演赛项目,谁能知道几年后这款游戏还能否正常运营,还能否再次入选亚运会?

很多人会说,其实电子竞技可以区别于传统体育项目,并不需要像传统体育项目那样参加亚运会,甚至参加奥运会,因为游戏自身也有游戏自身的魅力,当受到传统体育的一些束缚之后反而会影响游戏自身的乐趣,电子竞技可以自己玩自己的。

其实这些人说的也不无道理,但对电子竞技来说,现在只是处于摸石头过河的阶段。

就像是电竞"入亚"(电子竞技运动入亚运会)这件事,谁能想象到电子竞技真的能"入亚"而且还办得如此好,吸引了无数年轻一代观众的目光。但是电竞入亚就是真真切切地发生在我们眼前,发生在我们身边,即使是表演赛,前前后后也付出了太多电竞人的心血,即使电子竞技早被国家正名,被承认为正式体育项目,可是电竞人一直以来受到的待遇却饱含心酸以及长期被社会广泛误解,就像是很长时间以来,电竞选手总是与沉迷游戏的网瘾少年直接画等号一样。但电竞入亚多多少少改变了社会各界对于电子竞技的印象,电子竞技,它好起来了。

而对于电子竞技来说,后续要走的路还很长,电子竞技纳入正式体育项目是否有必要,是否能产生正面的影响,并不好说,但是参考其他传统体育项目,就像篮球这项传统体育运动一样,目前世界公认的篮球最顶尖的联赛并不是奥运会,而是美国职业篮球联赛,那么篮球被纳入正式体育项目(比如奥运会)后影响到了美国职业篮球联赛的进行吗?并不会,相反,人们还会津津乐道到底是哪位NBA巨星会参加奥运会的比赛。

那么从传统体育的发展历程来看,其对于我们年轻一代所熟悉的电子竞技来说也有着不少的指引与帮助。

对于电子竞技来说,这可能是好事,也可能是坏事,谁知道呢?大家都是摸石头过河过来的,没有绝对的对与错。

而最起码从电竞入亚的反响上来看,当电竞选手们拼搏在赛场上努力夺冠的时候,当我们听到观众们的欢呼与呐喊的时候,当大家都感受到了电子竞技带来的热情与感动的时候,当五星红旗在电子竞技体育赛场上升旗的一瞬间,我想电子竞技纳入正式体育项目的意义就已经出来了。

虽然电子竞技以后的道路会很难走,每一步都举步维艰,但只要我们每一代电竞人坚持做下去,就总会有意想不到的收获。

这是传统体育与新兴电子竞技体育的碰撞,也预告着旧时代与新时代的交替即将到来。

(资料来源:https://baijiahao.baidu.com/s? id=1610783597965720251&wfr=spider&for=pc.)

第三节　赛事的经济效益与社会效益

一、赛事的经济效益

体育赛事通过引起举办地需求的变化,对举办地的多项经济指标产生影响。最常用的指标主要有GDP、就业、税收和居民收入水平四个。

(一) GDP影响

GDP是对经济活动的基本度量,GDP评价指标的运用通常只适用于奥运会、足球世界杯和欧洲杯这样的全球性和洲际性特大型体育赛事的经济影响评估,一般不适用于小型体育赛事。需要特别强调的是,这些大型体育赛事对举办城市或地区的CDP的拉动是一个长期和动态的过程(通常为了评价技术层面的需要将其分为前期、中期和后期三个阶段),而且作用于地区整体经济发展的"引擎"还有不同的具体表现:前期主要为设施(含基础与上层设施)和设备建设的投资;中期则主要表现为赛事组织者、观众及游客的赛事相关消费;后期则是由举办体育赛事而引起的举办地知名度和城市形象的提升所带来的旅游投资以及旅游消费等的拉动。

(二) 就业影响

体育赛事产业化的发展必然带动就业。以F1中国大奖赛为例,该赛事全年平均需要雇5000名工作人员。每场比赛前后需要60名清洁工,出动30辆救护车和200名医务人员,配备2000名厨师以及至少2000名就餐服务员。赛道旁还需要400名志愿信号员、108名志愿旗手、40名警官、10辆警车、12辆救火车等。

体育赛事的就业影响与赛事的性质有直接的关系。一次性赛事的短期性决定了它所创造的直接就业岗位也是短期的(赛事期间的用工会在赛事结束后解散);同时,那些特大型的次性综合赛事(只相对于举办地而言)也可以对举办地的相关产业产生"结构"性影响,并继而对就业产生长远(或持久)的影响。对于后一种性质的影响,国外有很多学者将其称为"遗产"效应。如果赛事是在一个地区(或城市)定期举行,则它与其他很多产业都有稳定和持续的关联性,因此可以带动和刺激其他相关产业的发展并间接带动举办地就业岗位和就业人数的增加。

当然,也有很多学者对体育赛事的就业效应表示怀疑。另外,还有许多学者运用计量经济模型将体育赛事举办地与非赛事举办地就业状况进行比较分析。结果表明,体育赛事对举办地的就业效应很小甚至可以忽略不计。此外,还有一些学者甚至认为,体育赛事对举办地的就业产生了较大的消极影响。尽管存在着不同的观点,但目前大多数学者还是认为体育赛事对举办地的就业有一定的促进作用,也是体育赛事经济影响评估的一个重要维度。

(三) 税收影响

国内外与体育赛事相关的税收体制有很大差异。目前,我国没有在赛事期间专门征收某一税种。但是,赛事所新增的消费需求拉动了以旅游业为主的各相关行业的发展,并间接导致这些行业营业税、收入税等的增加,因此也势必会对举办地政府税收产生一定的积极影响。

在欧美地区,市场经济环境比较成熟,税收制度与法律以及管理措施比较完善;同时,人们对大范围征税补贴体育赛事的抵触情绪越来越强烈。在这样一种环境下,政府往往会针对非本地居民征收一定的补贴体育赛事的"软税"。这种税收涉及的范围相对较小,并经过了严格筛选,因此易于征收,如旅游开发税、烟酒税、球员所得税等。从本质上看,这是一种特殊的专门针对体育赛事直接受益(而且受益明显且受益量比较大,其中最重要的是酒店住宿和汽车租赁)行业的营业税。

(四) 居民收入水平影响

体育赛事对举办地居民收入影响的来源还是赛事带来的新的资金。这些新的资金通过外来人员和体育赛事组织者的消费行为流入举办地各个产业部门,带动了这些产业销售量的增长,从而增加了这些产业工作人员的工资和奖金,最终促进了举办地居民收入水平的提升。与其他行业相比,从事服务业(特别是旅游业)的居民收入水平受体育赛事的影响最大。

相关案例 赛事是城市发展的助推器

近年来,重庆马拉松赛事的参赛人数已高达 3 万余人,更有不计其数的观众在比赛期间涌入重庆市。人口的激增带动了城市经济增长,其中体育类消费包含购买体育服装、器材、聘请教练等;其他相关产业的消费有食宿、交通、购物、旅游等方面。总体而言,促进了城市第三产业的发展,同时也为社会提供了更多的就业机会,进而创造更多的社会财富,短期是一个良性的循环。以重庆马拉松赛事对国际旅游的促进为例,重庆市国际旅游人数从 2009 年的 104.81 万人次增加到了 2015 年的 282.53 万人次,旅游收入从 2009 年的 53721 万美元增加到了 2015 年的 146857 万美元。从平均增长速度来看,在没有举办马拉松赛事的 2006 年到 2010 年期间重庆市国际旅游人数平均增速为 21.2%,收入平均增速为 21.6%;在赛事举办期间国际旅游人数的平均增速达到 22.7%,收入平均增速上涨到 23.0%。

此外,赛事的举办也对城市环境形成积极的影响,主要包含节能、治理、维护三个方面。重庆市政府也大力推动城市绿化、污水处理、净化空气等工作,进一步提升城市的整体形象。

(资料来源:《重庆马拉松赛事与城市发展的耦合研究》.)

问题:根据上述案例,谈谈你对赛事影响举办地的认识。

二、赛事的社会效益

体育赛事的社会影响是指事件给举办地带来的社会心理、价值观、社会政治等方面的影响。这类影响通常由于不太容易像经济影响那样经由量化的方式进行测评,也不像物质遗产那样可见,因此常被称为无形影响。国内外的专家学者普遍认为,这一影响的内容涉及居民的态度、文化遗产的增加、传统的保护、舒适性的丧失或增加、公众行为、美感的改变等。正如前文所说,从影响的作用性质来看,体育赛事的社会文化影响包括积极影响和消极影响。

社会文化是一个非常广泛的概念,内容涉及面非常广。以国内外的研究经验来看,以下几个方面的社会文化影响受到的关注较多,在此详细加以说明。

(一)居民自豪感的增强

自豪感是指因为自己或与自己有关的集体或个人具有优秀品质或取得重大成就而产生的一种豪迈的情感,是人类的一种高级情感。本书所说的居民自豪感是指举办地居民因为赛事在本地举办而产生的一种对本地区和民族的一种油然而生的骄傲之情。无论是一次性的大型体育赛事,还是地区的标志性赛事,都可产生这种社会文化影响。比如,环法自行车赛对于法国来说已经不仅是一项体育赛事,更是一种国家性格和民族自豪感的表征。一个足球俱乐部在体育赛事中的出色战绩也可以很好地促进所属城市居民的自豪感。亚特兰大奥运会申办成功之后,当地居民异常骄傲地认为,申奥成功说明了他们居住的亚特兰大是一个真正的城市,曾经被称为"失败之城"的亚特兰大一跃成为"光辉之城"。

(二)居民生活质量的提高

生活质量这个概念最早是美国制度经济学派的主要代表人物加尔布雷斯1958年在所著的《丰裕社会》一书中提出来的。美国经济学家萨缪尔森所著的《经济学》一书中也曾经专列一章论述这一问题。生活质量是一个多层次和多维度的概念,广泛被政治学经济学和社会学等多个学科关注。经济学家关注的重点在于消费与福利、经济增长与物质财富的聚集、资源环境与经济的可持续发展等的关系以及产业结构的调整对生活质量的影响等。从本质上看,经济学家眼中的生活质量是社会经济发展的程度和水平的一个综合表征。社会学家研究的生活质量则偏重于社会的结构、分层以及社会公正、社会治安状况和教育以及人的健康状况等,旨在描述人的生活状态。目前,虽然许多国际机构和国家相继推出了一些描述和评价生活质量的指标体系和综合指数,但仍然无法像GDP核算那样被普遍应用与推广。目前比较普遍接受的观点是,生活质量包含生活的物质层面(如生活水平、自然和社会的基础设施的充分程度等）、无形的生活层面（如良好的健康状况、娱乐和休闲机会等）。有些研究学者甚至将其内容拓展至基本的生活结构（如权利、特权以及社会生活中的决策角色等）。

（三）扰乱举办地居民的正常生活

体育赛事举办期间人流的"峰聚性"会使居住在赛场附近的居民的正常生活受到打扰，如交通拥挤、噪声污染、犯罪行为增加等。赛事旅游者的增多，还有可能抬高举办地的物价水平，提高居民的生活成本。正是因为这些原因，体育赛事会对举办地居民产生一定的"挤出"效应。他们会因此在赛事举办期间以出游的方式选择"逃离"居住地，或者将其他时间的出游计划调整在赛事期间完成。从经济影响的角度分析，这类居民在外地的消费是对赛事旅游者在举办地消费的一种"对冲"，或者说会减弱赛事积极的经济影响。

（四）安全隐患

自1972年慕尼黑奥运会人质惨案之后，安全和恐怖主义问题就成为一直困扰体育赛事的一个难题。2001年"9·11"事件之后恐怖主义已成为重大体育赛事中最受关注的风险因素。需要强调的是，赛事安全和恐怖主义已不单单影响赛事本身了，其负面影响已扩展到举办地社会。

知识链接　　　　马拉松赛事

马拉松是一项考验耐力的长跑运动，一般指全程马拉松。这项运动的名称来自公元前490年古希腊时代雅典与波斯之间的马拉松战役。相传希腊在这场战役中击败波斯军队，雅典士兵菲迪皮德斯为了传达获胜讯息，由马拉松平原跑回雅典报捷，之后过世。

马拉松在1896年的首届奥林匹克运动会中已列为正式竞赛项目之一，但长度并没有精确固定。前几届奥运会的马拉松比赛长度大约是40千米（25英里），大致是从马拉松到雅典的距离。直到1921年，马拉松的长度才被严格规定为42千米195米或26英里385码，而这个标准一直沿用至今。

现时全世界每年举行的马拉松比赛超过八百个。

目前国内较为知名的马拉松赛事有成都马拉松、北京国际马拉松、西安马拉松赛事等。

（资料来源：维基百科。）

第四节 案例分析

奥运经济

"奥运经济"是指奥运会举办前后一定时期内,所发生的与奥运会举办有联系的,具有经济效果或经济价值的各类活动。奥运会的总体效果和影响力是奥运经济发展的重要基础。

对于奥运经济的内容,有专家认为包括三个组成部分:一是由于举办奥运会,奥组委在国际奥委会领导下的经济活动所带来的经济效益;二是由于奥运场馆及相关设施建设带来的经济效益;三是举办城市与奥运相关产业发展带来的经济效益。一般认为,整个奥运会对经济的影响可以分为三个阶段,即奥运会筹备建设期、奥运会举办期和后奥运会时期。后奥运经济主要研究奥运会在结束之后对举办地经济可持续发展的影响。

一、历史上奥运会对举办方的经济有何影响?

1984年洛杉矶奥运会以前,举办奥运会基本上是赔本的,举办国更多地将其视为"形象工程"。1984年,洛杉矶创造性地提出了"以奥运养奥运"的新思路,盈利2.5亿美元,向世人阐释了体育产业的新理念。从1984年开始,人们才更多注意奥运带来的经济效益。

举几个积极的例子:数据显示,第23届洛杉矶奥运会投入5.46亿美元,其直接经济效益为2.27亿美元,间接经济效益为32.9亿美元,这一商业上的成功,开创了奥林匹克运动的里程碑;第25届巴塞罗那奥运会投入94亿美元,虽然直接经济效益只有0.4亿美元,但其间接经济达到260亿美元,获得巨大成功;第26届亚特兰大奥运会投入18亿美元,直接经济效益仅0.1亿美元,但间接经济效益达到51亿美元;第27届悉尼奥运会投入38亿美元,直接经济效益为4.5亿美元,间接经济效益达到165亿美元。与此同时,需要注意的是,从历届现代奥运会的经验来看,"奥运经济"在拉动经济增长的同时,如不注意提前预防,也存在负面影响。主要体现在:奥运会后,体育场馆和设施闲置或利用不足,一些与奥运相关的行业出现衰退,导致整个地区的经济发展减速,社会福利水平下降。

二、举办一届奥运会的成本是多少?

先来看看里约奥运会的花费情况。相关部门公布的里约奥运预算显示,巴西已为奥运会的举办投入了至少110亿美元。首先,里约奥组委用于奥运会、残奥会的资金约74亿雷亚尔(约合18亿美元);其次,巴西政府对奥运所需的基础设施工程投入约66.7亿雷亚尔(约合16.35亿美元);最后,巴西政府用于改进交通、环境等永久性基础设施投入约246亿雷亚尔(60.29亿美元)。

经济学家罗伯特·巴德(Robert Baade)和维克托·马西森(Victor Matheson)的调查显示,从1988年的首尔奥运会到2016年的里约奥运会,每一届夏季奥运会的主办方都在奥运会上投入了数十到数百亿美元。成本最低的一届夏季奥运会是1996年亚特兰大奥运会,花费了相当于今天的36亿美元;最昂贵的一届夏季奥运会是2008年北京奥运会,花费超过了400亿美元。合理的假设是,现在要举办一届夏季奥运会至少要花100亿美元——上一次成本低于100亿美元的奥运会还是2000年悉尼奥运会(这些数据由巴德和马西森整理而得)。

(一)筹备里约奥运会期间,巴西的经济背景如何?

2009年前后的巴西经济,在整个世界都处于萧条的大环境中让人眼前一亮。国际奥组委之所以把南美洲首届夏季奥运会的举办权交给巴西,并不仅是被南美人特有的热情所打动。

举办一届奥运会,没有雄厚的财力支撑是难以想象的。巴西国家地理统计局的数据显示,2010年,巴西GDP增速高达7.5%,创造了这个国家过去24年来的最高纪录。而7.5%的年均GDP增速也是美国当年的3倍。2000—2010年,巴西的年均GDP增速没有一年低于5%,这也是巴西当年荣登"金砖国家"最好的注解。2012年,巴西甚至挤掉英国,一度成为全球第六大经济体。

但是,2013年起,巴西GDP增速逐年递减。2015年,巴西GDP甚至萎缩了3.8%,创下35年来的最差纪录。同时,巴西的失业率已从2012年6.1%的相对低谷恶化到2016年5月的11.2%。一同上升的还有巴西的外债总额储量,这一数字已从2010年的3531.6亿美元上升到了2014年的5568亿美元。此外,巴西的通货膨胀率也在2015年达到了10.67%的两位数水平,仅次于2013年14.7%的历史高位。

(二)里约奥运会从哪些方面拉动巴西经济?

处于政治与经济双重变革中的巴西,似乎热切期待着奥运会重新开启经济前进的引擎。

(1)基建最获益。巴西政府委托智库管理机构基金会(FIA)做出的报告显示,巴西国内有55个行业能从举办这项大型赛事中获益。排在首位的便是基建业,至少能获益10.5%;其次是地产业(6.3%),然后是服务业(5.7%),石油和天然气行业(5.1%)以及交通、通信业(4.8%)。

(2)旅游业"沾光"。对于一座接连举办世界杯、奥运会的城市而言,旅游业总是能在第一时间"沾光"。巴西旅游协会此前预计,在"奥运季"期间,有约40万海外游客来到巴西。

(3)门票销售冲刺。截至2016年7月20日,里约奥组委门票主管法雷迪在接受美媒采访时表示,总计610万张奥运门票中,已售出440万张,也就是72%的门票已售出。在售出的440万张门票中,110万张为非巴西人购买。购买门票较多的五大国家依次为:美国、法国、阿根廷、德国和日本。

本章小结

本章首先给出了赛事的概念、定义,以多个角度划分了赛事类型,并介绍了赛事组织运营管理的一些基本方法;其次,介绍国内外赛事的发展历程与趋势,让学生感受国内外赛事发展的异同;最后,分析了赛事带给城市的经济效益、社会效益,并以现实案例帮助学生理解。

关键概念

大型赛事 组织运营 国内外发展历程 经济效益 社会效益

复习思考题

□复习题

1. 简述体育赛事的概念。
2. 体育赛事的分类标准有哪些？
3. 体育赛事管理中的基本要素是什么？
4. 赛事的组织运营的定义是什么？
5. 体育竞赛与体育游戏相比，有何不同？
6. 现代体育赛事表现出哪些发展方向？

□思考题

试分析一场自己了解的体育赛事为当地带来的经济效益或社会效益。

第6章

节事活动

学习目标

通过本章的学习,使学生了解节事活动的发展,并对节事活动做出清晰的界定,理解节事活动的内涵及节事活动的类型范畴,通过活动类型来划分节事;了解国内与国外节事活动发展的历程和趋势;概述节事活动的开发要素,并对其中文化内涵要素的开发进行分析。

案例引导

2019年2月19日,故宫首次在晚间免费对公众开放,紫禁城古建筑群首次在晚间被较大规模点亮。正月十六,"故宫灯会"又亮一晚。在故宫看灯赏月活动引发网友大规模关注。截至2月21日凌晨1时,微博话题"故宫灯会"阅读量达到3.8亿,讨论量8.6万。

2月17日,元宵节前两天,故宫博物院官网发布关于预约参加"紫禁城上元之夜"文化活动的公告。根据预约规则,正月十五的"紫禁城上元之夜"活动于2月17日开放预约,正月十六的活动于2月18日开放预约。因太受欢迎,"紫禁城上元之夜"19日门票被很快抢光。有网友特意守到凌晨抢票,却仍未抢到。

截至2月20日22时,央视网的微博直播"上元节故宫看灯会"获得48.9万人次的观看,1.1万人次点赞;人民日报微博发布的"惊艳!600岁紫禁城上演现代灯光秀,现场视频来了"获得122万次观看;央视新闻拍摄的紫禁城上元之夜视频获得171万次观看。

故宫元宵灯会票务系统崩溃背后是文创收入超15亿元。2018年故宫的游客数量达到1700万人次,文创收入为15亿元。而资料显示,2010年,故宫游客数量为 1200 万人次,门票收入 5 亿元,2016 年故宫游客数量增至 1600 万人次,门票收入 6.5 亿元。

(资料来源:http://www.ce.cn/culture/gd/201902/22/t20190222_31539344.shtml,http://www.ce.cn/culture/gd/201902/19/t20190219_31509185.shtml.)

问题:"故宫灯会"对故宫有何影响?

第一节　节事活动概述

一、节事活动相关内涵及概念

(一)节庆

国内外学者对节庆进行了广泛的研究,不同的学者基于不同的学科背景及视角对节庆的概念、节庆文化、节庆的变迁等问题进行探讨,取得了显著的研究成果。本书对于学者如何界定节庆的相关研究进行简要的梳理。

马聪玲指出节庆即为"具有周期性的有主题的公众庆典活动"。她指出节庆活动有明显的时空特性,并且区分了节庆活动与日常活动的属性差别,指出节庆活动是人们在日常生活延续的基础上,追求物质之外的情感与精神信仰需求的一种重要手段。

盖茨(Getz)从社会学与人类学视角出发,认为节庆是为公众而生,应与宗教、文化密切相关,而绝不是一种单纯的个人消费。盖茨指出所谓节庆活动是"特定的社会群体认为对其有价值且有意义的事物所进行的庆祝活动,真正节庆的目的应该在于其提供一些有形或无形的情感、信仰与事物等的分享与感受,以培养群体内部团结一致的自豪感与情感共振的认同感"。也就是说节庆活动是节庆对象为其共同认可的有意义、有价值的事物而开展的庆祝仪式及活动。举办节庆活动的真正目的在于对情感、信仰、现象及事务等的分享与认同。

邓天白通过对照国内外的节庆活动,指出节庆活动应该从文化学的视角来解释。他认为节庆活动被特定的社会群体当做传统文化的传承与展现,是包括物质、精神与制度三个层次的世代相传的纪念及庆典活动。

在此,我们将节庆简单地定义为,特定的社会群体共同参与的主题明确、具有文化传承性的公众庆典活动,具有以下一些基本特征:节庆与日常生活相对而言,具有非常规性,它是因公众而存在,为参与者认为有共同价值的事物所创立的文化空间。因此,不同社会群体价值观念不同,参与的节庆活动也各不相同。

(二)事件

美国学者唐纳德·盖茨(Donald Getz)将事件定义为,短期发生的一系列活动项目的总和及发生时间内环境(设施)管理和人员的独特组合。事先经过策划的事件包括文化庆典、

文艺娱乐事件、商贸及会展、体育赛事、教育科学事件、休闲事件、政治/政府事件、私人事件等八大类。

我国学者戴光全、保继刚则从旅游的视角认识事件，认为事件是短期内发生的一系列活动项目的总和，其中经过策划的事件是事件管理和事件旅游研究关注的重点；事件旅游具有两方面的含义：一方面是对事件进行系统规划、开发和营销的过程，另一方面是对事件市场进行细分，即确定前来事件举办地参与各类事件的消费者群体。

综合考虑事件的规模、目标观众及市场、媒体类型覆盖面等方面的标准，可以把事件划分为重大事件、特殊事件、标志性事件等。

1. 重大事件

重大事件是指能够使事件主办社区和目的地产生较高的旅游和媒体覆盖率、赢得良好名声或产生经济影响的事件。在实际运作中重大事件一般也可称为大型活动或巨型事件。

2. 特殊事件

特殊事件有两个方面的含义：首先，与事件的赞助者或主办者例行事务不同，它是发生在赞助主体或举办主体日常进行的项目或活动之外的事件，具有一次性或非经常性的特点；此外，与消费者或顾客的日常俗事不同，它是发生在人们日常生活体验或日常选择范围之外的事件，为事件的顾客提供了休闲、社交或文化体验的机会。简而言之，特殊事件经过事先策划，往往能够激发起人们强烈的庆贺期待。

3. 标志性事件

标志性事件被认为具有以下几个方面的特征：其一，是举办地重复举办的事件；其二，对举办地来说，标志性事件具有传统、吸引力、形象或声誉等方面的重要性；其三，它使举办事件的场所、社区和目的地赢得市场竞争优势；其四，随着时间的消逝，标志性事件将与目的地融为一体。

（三）节事

在事件及事件旅游的研究中，经常把节日和特殊事件合在一起作为一个整体来称呼和探讨。这在英文中一般简称为 FSE(Festival & Special Event)，中文常译为"节庆和特殊事件活动"，简称"节事"。对于节事的内涵，目前并没有统一的看法，具有代表性的见解主要有以下几种。

节事活动是指城市举办的一系列活动或事件，包括节日、庆典、地方特色产品展览会、交易会、博览会、会议，以及各种文化、体育等具有特色的活动或非日常发生的特殊事件（吴必虎，2001）。

节事是节日和特殊事件的简称，节事是节日庆典的简称，其形式包括各种传统节日以及经过策划而人为制造出来的各种节日。把各种节日界定为狭义的节事，把各种节事界定为广义的节事（戴光全，2005）。

节事活动专指以各种节日和特殊事件的庆祝和举办为核心吸引力的一种特殊旅游形式（邹统钎，2001）。

对节事活动组织者来说，节事活动是赞助商或组织机构举办的非常规性的一次性或不经常发生的活动；对事件活动参与者来说，节事活动是为人们提供的非正常选择范围内的或非日常经历的娱乐、社交或文化经历的机会(潘文焰,2005)。

综上所述,我们可以将节事活动称为"非日常性的活动事件,基于特定的场所,它能为人们提供非正常选择范围内的或非日常经历的娱乐、社交或文化经历的体验"。大到举世瞩目的奥运会,小到亲友的聚会,都属于节事活动的研究范畴。这里探讨的是广义的节事活动,包括节事、特殊事件和各类活动,如体育赛事、会议、舞会、狂欢节、颁奖典礼、纪念仪式等。

对节事活动的研究与开展,需要节事活动的以下属性。

(1) 节事活动与旅游密切相关。节事活动本质上可以成为一种旅游资源,是旅游目的地吸引物的一部分。目前节事活动和旅游结合而成的节事旅游已经成为一种专项旅游产品,成为旅游营销的重要手段。需要注意的是,旅游节事和节事旅游是两个不同的概念:前者指经过系统规划、开发和营销而成为一个具有旅游吸引的节事或特殊事件;后者是指由节事或特殊事件作为吸引物而引发的一种旅游形式。

(2) 节事活动有广义和狭义之分。广义的节事活动含有多种活动项目的节事,包括节日、地方特色产品展览、体育比赛等具有特色的活动或非日常发生的特殊事件;而狭义的节事活动是指周期性举办的节事等活动,并不包括各种交易会、展览会、博览会、文化活动、体育赛事等一次性结束的节事。

(3) 节事活动的服务属性。作为一种以创造、设计和传递体验为核心的服务型产品,节事活动既有私有物品的属性,也具有公共物品的属性。因此,节事活动产品既可以是完全由市场提供的具有良好盈利空间的文化演出服务产品、会展服务产品,也可以是由政府提供的公共服务产品。

节事活动作为一种公共服务产品的属性,首先表现在它是一种公共营销活动。各个国家、地区以及城市都利用大型节事活动对其国际活动形象进行塑造。公共营销是指以政府为主体的公共机构向特定市场提供公共产品,以满足目标顾客需求的经营活动。由于存在外部性,企业缺乏提供公共营销的动力,政府往往成为推动者。中国在改革开放之初至20世纪90年代中期逐渐涌现的节事活动,主要被政府作为公共营销的手段用于塑造和提升地区和国家形象。

其次,从所依托的区域来看,节事活动往往是一种城市营销活动。在中国,节事活动的举办主要依托城市和景区层次的活动目的地。节事活动可以增强内部的凝聚力,邀请城市的潜在投资者亲身体验,向城市投资者提供城市文化、精神风貌、公共部门效率、市场化程度等全方位的信息,为活动者提供活动型文化产品,带动目的地多个产业发展和城市的全面更新,因此,它已成为城市营销的重要手段和重要选择。

最后,从具体形式上看,节事活动是一种事件营销活动。事件营销是指通过策划、组织和利用具有名人效应、新闻价值以及社会影响的人物或事件,吸引媒体、社会团体和消费者的兴趣与关注,以提高企业或产品的知名度、美誉度,树立良好的品牌形象,并最终促成产品或服务销售的手段和方式。节事活动类似于大众传媒的"软媒体",由于其构建了一个信息平台,可以集中地、综合地传递举办地的多方面信息,而这种活动中参加者对主办地的感知是通过一系列亲身经历的活动完成的,因此其具有体验性。

依托城市的节事活动,是对城市公共文化资源进行经营和开发而形成的城市文化(活动)产品。节事活动一般立足于举办地城市的传统和习俗,即便是新设立、新创造的节事活动,也在努力寻求与当地习俗的结合点。这些传统和习俗是举办地在长期发展中形成的,从产权上而言应属于公共资源,从主题上而言应属于文化资源,从形态上而言应属于无形资源。节事活动是对无形的文化公共资源进行开发使其形成文化(活动)产品的活动。

在国内,很多节事活动虽被称为"节",更准确地说它是会展和博览活动,或者以会展博览活动为节事活动中最核心的内容。作为节事活动组成部分的会展活动,以提供服务为目的,促成交易,加速信息交流,应该属于国际上通称的会展博览行业,中文直译为"会展奖励旅游",简称"会奖活动"。从目前节事活动的发展实践来看,会展博览和节事、大型活动之间的界限变得越来越模糊。此外,会议、展览、节事活动相互促进,有些已合二为一,形成"会中有展、展中有会、会展节事、三位一体"的同生共赢状态。

二、节事活动的类型

了解节事活动的类型对于节事活动的策划、管理、运作等具有十分重要的意义。节事活动的分类标准很多,依据不同的分类标准,节事活动有不同的类型,这里介绍几种常见的分类标准。

(一)按节事活动规模划分

按照节事活动规模可以分为全球型节事活动、全国型节事活动、区域型节事活动和地方型节事活动。

全球型节事活动在世界范围内有重要影响,活动的参与者来自世界各地,对城市的经济产生重大影响,对于举办地的区位条件很高,如奥林匹克运动会、世界杯、世界博览会等都属于此类活动。

全国型节事活动往往局限于某一国的范围内,对于世界不会产生影响,其参与者往往是国内居民,涉及的范围较小。例如,近几年愈演愈烈的全国"选秀"活动、国内旅交会、糖酒会等属于此类活动。

区域型节事活动是在某个区域范围内举办,对全国不会产生影响的节事活动,如丝绸之路狂欢节、长江三峡旅游节等。

地方型节事活动的影响范围很小,只会对举办地产生影响,这类节事活动无论是在规模或是知名度上都不大,其参与者主要是当地和周边的居民。例如,各种地方性庙会、以本地居民为主的购物节、地方性美食节、地方性花会等。

(二)按节事活动的产生属性划分

按节事活动的产生属性可分为传统节日活动、现代庆典活动以及其他活动三大类。

从传统节日的发展历史可分为古代传统型节事活动和近代纪念型节事活动两种。古代传统型节事活动指的是那些追溯历史文化,反映和弘扬民族传统文化的活动。例如,清明节的禁火扫墓活动、端午节的赛龙舟活动、中秋节吃月饼和赏月的活动、春节逛花灯的活动等都属于古代传统型节日活动。近代纪念型节事活动是指各国国庆节、国际劳动节、儿童节、妇女节等这样的节事活动。

现代庆典活动是随着人们的需求和时代的发展,为了发展当地经济、丰富人们精神生活而兴办的节事活动,包括与生产劳动和生活紧密联系的活动。改革开放以后,各地政府兴办了很多这样的活动。例如，洛阳牡丹花节、青岛啤酒节、潍坊风筝节、大连服装节、广西民歌节，各地举办的美食节、购物节和茶文化节等，都是现代庆典活动。

其他节事活动包括各类会议、展览和体育赛事等。

（三）按节事活动的内容划分

瓦根(Wagen,2004)将活动分为体育活动，娱乐、艺术和文化活动，商场市场营销和促销活动，会议和展览活动，节日庆祝活动，家庭活动以及筹资活动等。

1. 体育活动

体育活动的开展不仅能超越所有社会、种族、语言的界限，成为世界人民沟通的桥梁，也提供了具有影响力、富有竞争性的就业机会。当今的体育活动不仅数量多，而且规模越来越大，大型体育赛事不仅有人数众多的运动员、教练员参加，而且还会带来不少的随队工作人员、记者以及大量的啦啦队队员和观众。同时，体育活动的举办对于自然资源匮乏的国家和地区来说，可以吸引更多的游客，对于具有较大旅游接待能力的国家或城市来说，可以最大限度地利用现有条件设施。

2. 娱乐、艺术和文化活动

这类活动包括各种文化节、艺术节、摄影节、戏剧节等。例如，中国吴桥杂技节、上海艺术节以及各种选秀活动等。这类节事活动在各国呈不断攀升趋势。

3. 商场市场营销和促销活动

这类活动的目的是挖掘潜在客户，获得更多消费者的青睐，使自己的产品体现出与众不同的特色。消费者、潜在的购物者、销售商都可能是活动的参与者或观众，媒体往往也很关注这些活动，并给予及时的报道，在短时间内产生轰动。

4. 会议和展览活动

根据世界最权威的国际会议组织——国际会议协会(ICCA)的统计，每年在世界各地举办的参加国超过4个、参加外宾超过50人的各种国际会议已达40万次以上。此外，据不完全统计，世界上每年还要定期举行4000多个大型展览会。世界每年用于会议的开支就达2800亿美元，还有占会展市场绝大部分的公司小型会议和展览活动，为改善和提高企业的经营沟通和商业交流提供了机会。

5. 节日庆祝活动

这类活动源于人们对生活的热爱，尤其是传统节日，不仅有着悠久的历史，而且其形成过程也是一个民族或国家的历史文化长期积淀凝聚的过程。其起源和发展是一个逐渐形成、潜移默化、慢慢渗透至社会的过程。

6. 家庭活动

例如，家庭舞会、家庭宴会、婚礼、野外旅行等，尤其新年、圣诞节是家庭成员聚集的好时机，与娱乐活动聚集在一起。

7. 筹集活动

这类活动是将志愿者和非营利性机构的支持者聚集到同一个社交场合中，以轻松愉快的方式向来宾介绍筹集活动的目的，并最终筹集到足够的资金。筹集活动常通过体育活动、拍卖活动、表彰活动、义唱活动等形式呈现。

（四）按节事活动的组织者划分

按节事活动的组织者可分为政府性节事活动、民间性节事活动和企业性节事活动。

政府性节事活动是指以政府出面组织的公益节事活动，如春节或中秋节的联谊活动、"五一"和国庆的联欢晚会等。民间性节事活动是指民间自发组织的节事活动，如彝族的火把节、傣族的泼水节等。企业性节事活动是指企业组织的商业性节事活动，如某超市七周年活动、北京中国酒店博览会等。

（五）按节事活动的主导功能分类

根据节事活动的主导功能可以分为旅游观光型节事活动、商业贸易型节事活动、民俗文化型节事活动、功能综合型节事活动四种类型。

1. 旅游观光型节事活动

这种节事活动是以各种优美的自然风光、人造景观为吸引物而举行的节事活动，一般情况下，节事活动以自然、人文观光为主，同时也有一定的游乐项目。如桂林国际山水旅游节、哈尔滨国际冰雪节、中国长江三峡国际旅游节等。

2. 商业贸易型节事活动

此类节事活动以提供各种地方土特产、商业经贸往来机会为主要卖点，前往的游客同时是商业活动的直接或潜在参与者，节事活动举办的主要目的是以节事为载体，促进区域间的商贸往来。如中国山西面食节、中国宁夏枸杞节、菏泽国际牡丹花会等。

3. 民俗文化型节事活动

这类节事活动是利用具有区域特色的民俗风情举办节事活动，以展示当地民俗文化的精髓并发扬光大，为举办地带来经济、文化收益。这类民俗可以是物质的，也可以是精神的。例如，潍坊国际风筝节、中国吴桥国际杂技艺术节、宁波中国梁祝婚俗节等。

4. 功能综合型节事活动

此类节事活动在主题和内容上都表现出明显的综合性，节事活动期间既有观光活动，又有商业经贸会展，还有民俗文化旅游等。目前，我国大多的节事活动都有综合性发展的趋势。

（六）按节事活动的参与程度划分

根据节事活动的参与程度可以分为三类：第一类是亲自参与型节事活动；第二类是观赏型节事活动，如文艺表演、体育赛事等；第三类是混合型节事活动，既可以亲自参与，也可以欣赏，如西班牙的奔牛节。

第二节　国内外节事活动的发展历程和趋势

一、国内节事活动发展状况

（一）我国节事活动的发展历程

我国传统的节事活动源远流长，历史久远，但是作为一种当代的经济文化现象，节事活动大多是在改革开放以后兴起的。这里主要介绍一下我国改革开放以后节事活动的发展历程。

改革开放后,各地的经济水平和居民消费水平不断提高,休闲和娱乐消费需求兴起。随着市场经济的发展,各地政府更加注重招商引资工作,借助节事活动打造地方知名度。另外,我国旅游业飞速发展,旅游业被看作前途光明的朝阳产业。蜂拥而至的外国旅游者让中国人意识到了文化的潜在市场价值。在这样的历史背景下,有识之士提出了"文化(节事)搭台,经贸唱戏"的招商引资思路。于是各地以政府为主导,纷纷创办了很多节事活动。例如,1983年,河南省洛阳市创办了洛阳牡丹花会;1984年山东省潍坊举办了潍坊风筝节;1985年黑龙江创办了哈尔滨冰灯节;1987年石家庄创办了中国吴桥国际杂技艺术节;1989年大连创办了大连服装节;1989年9月至10月,山东举办了首届孔子文化节等。

进入20世纪90年代,随着地方经济的活跃,国际和地域间交流活动频繁,节事活动也得到了进一步发展,在全国各地更为广泛地举行。这一时期我国节事活动发展非常迅速,几乎每个省、市甚至包括省市所属的地、县都分别推出了自己的节事活动。据粗略统计,1991年新产生的旅游节有30多个,为1987年的3倍。同一主题节事活动也发展迅速,一时间全国风筝节就有近10个之多。据1991年《中国旅游年鉴》记载,当年全国著名的旅游节事活动有88个。1992年全国推出了近100项节事活动,如云南昆明的中国艺术节,广州、上海、南京、杭州、成都、济南、厦门等地举办的各具特色的美食节,北京、上海、广州举办的"92中国旅游购物节",广州举办的"92中国旅游艺术节"。

进入21世纪,经济、文化、信息交流更加广泛,市场经济更加活跃,我国的节事活动向纵深方面发展。北京2008年奥运会的成功举办、上海2010年世博会的成功举办、广州2010年亚运会的成功举办更是举世瞩目。在这期间,很多节事活动在举办过程中尝试了新的运作模式,向市场化、国际化方向发展,力争打造国际性节事品牌。据统计,到2005年全国各类节事活动已经达到5600多个,并形成了一批知名节事活动。

2005年11月举办的"中国节事活动国际论坛",在"首届IFEA中国最具国际影响力节事活动"评选活动中,从全国5600多个节事活动中评选出了中国最具国际影响力十大节事活动,它们是北京国际旅游文化节、上海国际艺术节、中国吴桥国际杂技艺术节、平遥国际摄影大赛、宁波国际服装节、青岛国际啤酒节、潍坊国际风筝节、中国曲阜国际孔子文化节、中国金鹰电视艺术节、南宁国际民歌艺术节。此次评选活动也评出了中国最具发展潜力的十大节事,它们是北京大兴西瓜节、中国呼和浩特昭君文化节、中国长春电影节、中国江苏盱眙龙虾节、中国豆腐文化节、中国宜昌三峡国际旅游节、中国成都国际美食旅游节、中国昆明国际文化旅游节、中国石林火把节、中国天水伏羲文化旅游节。

(二)我国节事活动存在的问题

经过改革开放40多年的发展,我国节事活动不论是在数量上还是在质量上都取得了不错的成绩,但是仍然存在以下一些问题。

1. 节事活动数量众多,呈遍地开花的趋势,但知名度高、走向国际化的节事活动比较少

大到北京、上海等国际大都市,小到一个县城、景区等,各地都在举办各种节事活动,并且各地举办节事活动的数量和次数呈继续增加的趋势。由于我国大多数节事活动创办时间

不长,经验欠缺,具有品牌知名度的节事活动很少,即使举办时间较长的节事活动如洛阳牡丹花会、潍坊的国际风筝节等也只有二十多届的历史。不过,由于借鉴国外节事活动的先进管理经验,近年来我国一些大规模、高品位、上档次的节事活动正在逐步形成,如青岛国际啤酒节、大连国际服装节、哈尔滨国际冰雪节等已成为具有一定品牌的城市形象工程。

2. 我国节事活动在时空上呈不均衡分布格局

(1) 从时间分布上看,我国节事活动主要集中在春、秋两季,且秋季多于春季。每年的4月初到5月初、7月底到11月初这两个时段是我国节事活动举办比较频繁的时期,而2、3月份是我国节事活动举办较少的时期。

(2) 从空间分布上看,我国节事活动呈现东部多、西部少的不均衡分布格局,呈现三个集中地区和四个亚集中区域的分布状况。

①三个集中分布区域是长江三角洲、环渤海地区、珠江三角洲。这三个地区是我国节事品牌较为集中的三个地区。目前我国举办届数较长、知名度较高、影响力较大的节事活动也主要分布在这些地区。其中,北京、上海、广州等大都市聚集了大量各种类型的节事活动,并且有的已经形成了品牌,如"广交会"已经成为中国规模最大、层次最高、商品种类齐全的综合性国际贸易展会。

②四个亚集中区域是四川盆地、中原地区、湘中地区、东北地区。其中四川、河南、湖南、东北地区也是节事活动品牌较为集中的分布地区,如成都的国际美食节和春季糖酒会、重庆火锅节、三峡旅游节、洛阳的牡丹花会等在国内已具有一定知名度。其中,东北地区因为成功地举办了中国哈尔滨国际冰雪节、中国黑龙江国际滑雪节、中国吉林雾凇节等重大节事,也成了我国节事较发达的地区。西部一些旅游业比较发达的省份也有知名度较高的节事品牌,如南宁国际民歌艺术节就是其典型代表。

3. 主题选择上撞车现象比较多,特色节事活动较少

目前国内节事在主题上存在很严重的雷同现象,全国有几十个"啤酒节",几十个"茶节",上百个"桃花节""冰雪节"。例如,以茶文化为主题的节事活动,就有山东日照茶博会及茶文化节、蒙顶山茶文化节、云南思茅区的茶文化节、中国重庆茶文化节、中国(福建)安溪茶文化节、湖北国际茶文化节等。节事主题的雷同使得节事活动很难做到产品的创新,同时也很难吸引更多的客源。而造成这一现象的主要原因有两个:一是节事主题特色不够突出;二是区域城市间缺乏沟通、协调,因为历史、文化、地理等方面的近似性,临近城市间在举办节事活动选题时,难免会出现重复现象。

4. 地方政府干预过多,市场作用尚未发挥,节事绩效不显著

目前我国的大多数节事活动往往由当地政府牵头主办,上指下派,按行政方式运作,较少考虑由企业直接承办,造成节事成本过高,政府财政负担过重。

值得欣慰的是,我国节事活动的运作模式目前已呈现出多样化、市场化的趋势。"政府引导、企业承办、市场运作模式"逐步成为越来越多的节事活动组织者所愿意采用的模式。例如,南宁国际民歌节、青岛国际啤酒节、哈尔滨国际冰雪节等都采用了这种模式。

5. 节事活动经济文化结合力度不够,文化内涵有待挖掘

我国大多数的节事活动是政府或企业为了达到经济目的,利用举办地的资源、文化特色

举办起来的,即"文化搭台,经济唱戏"。但遗憾的是大多数节事活动都被商业化气息破坏,在追求经济利益时,忽视了文化内涵,失去了"节事"本义,使"节事"成为一个被利用的"空壳"。很多地方举办的"文化节"仍是一些节事活动的随意组合,如模特大赛、演唱会、健美赛等与主题相关性不大的活动。

6. 公众参与不理想,效益不显著

节事活动是一种特殊的产品,需要大量人员的参与,要先聚"人气"后才聚"财气",而目前我国举办的很多节事活动对公众的参与性没有引起足够的重视。我国举办的节事活动在举办过程中非常强调节事活动的主办单位、承办单位、协办单位,并以这些单位特别是主办单位的级别来彰显节事活动的档次和在国内的地位。大多数节事活动的开幕式是以嘉宾官员讲话、明星上台演出为主,同时活动中的表演节目虽然多姿多彩、绚烂夺目,每一个节目都似乎经过认真打磨、精心策划和安排,大多数的节目都是整齐划一的团体舞台表演,但真正的群众性的文化活动相对较少,虽然点缀其中,但并不突出。相比较而言,国外的节事活动很少强调节事活动的组织者,并且活动的表演内容很随意、灵活,只要达到尽情释放自我的目的,整个活动更像是一场当地社区的文化活动和即兴的街头表演,很多人参与并享受其中,制造欢乐并传递欢乐,引得旅游者驻足观看,忍不住参与。这种广泛的社区参与性让节事活动成为真正的市民节和狂欢节。

(三)我国节事活动的现存问题及解决对策

1. 现存问题

1) 节事活动数量众多,但缺少知名度和影响力

虽然我国节事活动的数量众多且一直处于不断增加的状态,但由于各方面的原因,众多的节事活动中具有知名度和强大影响力的活动却很少,除了个别历史悠久的节事活动已形成较完善的节事品牌,享有较高的国际知名度外,很多新兴起来的节事活动举办得并不成功。

2) 地理空间分布不均衡,东部沿海多于西部内陆

由于地理位置和经济条件等方面的影响,目前我国东部沿海地区举办的节事活动数量远远超过西部内陆地区。这样的状况不利于我国经济的均衡发展,容易造成"发达的地区越来越发达,落后的地区越来越落后"的后果。

3) 节事活动主题重复严重

在节事活动主题的选择上,很多地区都选择了大同小异的主题。放眼望去,很多地区举办的节事活动主题似乎都一样,丝毫不具有地方特色。造成这一现象的原因,是举办地对自身所拥有的资源和优势,挖掘得太少。

4) 节事活动与文化结合的力度不够,文化内涵尚有待挖掘

国内很多节事活动都是纯粹为了利益而举办,没有考虑到文化内涵对于一个节事活动的重要性。因此,举办有文化内涵的节事活动,是当前需要注重的重要事项之一。

2. 解决对策

1) 整合节事活动,实现品牌化发展

对目前节事市场中存在的"散、乱、小"的节事活动进行整合,造就本地区具有竞争力的

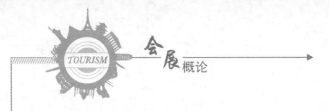

品牌节事。具有较好的发展前景和竞争力的节事活动可以把本地区相同或相近内容的节事活动进行整合,集中分散市场份额,集中人力、物力、财力来创造节事品牌,打造更具影响力的节事活动。

2)举办有特色的节事活动

各个地区应根据自身的资源条件和现有优势来选择和创造合适的节事活动主题,使自己举办的节事活动特色鲜明,避免重复举办相同类型的节事活动。针对我国节事活动的举办往往是依托于当地最具有比较优势的资源和物产,在空间分布上表现出东部多、西部少的不均衡现状特点,在节事活动的举办中必须强调因地制宜,强调宏观调控和指导,以促进节事活动的时空分布和类型更趋合理和完善,并形成良性的竞争态势。

3)深度挖掘节事活动的文化内涵

应注重文化与节事活动的结合,举办更具文化内涵的节事活动或对现有节事活动的文化内涵进行深度挖掘,进一步深化节事活动的主题,将文化作为节事活动的一大亮点,以此来吸引群众。

3. 我国节事活动发展趋势

1)国际化趋势

节事活动的民众性、广泛性、开放性,使其蕴含了走出家门、走向国际的内在要求,国际化趋势是节事活动的必然趋势。例如,在近年青岛啤酒节的办节实践中,很注意学习办节经验,除每年派人到兄弟城市现场观摩节事活动外,还每年安排人员到国外学习观摩,采取"走出去、请进来"的办法,学习、借鉴国内外的先进经验,请外国人和国外的企业参与节事活动。在节会的运作方式上,研究国际先进的办节理念,努力运用市场手段,使节事活动进一步开放化、国际化、娱乐化、效益化、规范化。如提出了"青岛与世界干杯"的主题口号,大大加快了啤酒走向全国、走向国际的步伐,青岛啤酒节的知名度迅速提高,取得了显著的经济效益和社会效益。

2)市场化趋势

传统的办节方式——大量的财政投入和硬性摊派,使财政、企业和社会不堪重负。随着市场经济的完善,为适应市场经济的要求,节事活动也呈现出市场化趋势,开始尝试市场化的节事运作模式。节事活动的举办开始注入"成本与利润"、"投入与产出"的理念,建立"投资-回报"机制,通过逐步提高节事活动的知名度和影响力,吸引大企业、大财团以及媒体的参与,形成"以节事养节事"的良性循环发展模式。例如,山东潍坊风筝节在1998年就决定改变传统办会方式,大胆尝试市场运作。第二年的风筝会,组委会与北京公司联合策划招商。2000年风筝会与鲁台会、寿光蔬菜会同时举办,成功尝试了市场化运作,六项重大文体活动通过招标,都由企业冠名、赞助、承办,实现了以会养会,以会强会。

3)个性化趋势

现代节事活动要做响,市场要做大,靠的就是独特的主题,个性化趋势已成必然。个性化是节事活动保持长久生命力的制胜法宝。例如,在各大中小城市都推出了禁燃烟花爆竹的措施后,大连经过精心策划,推出了一年一度的烟花爆竹迎春会,一时间曾使得国内外游人把大连当成了春节期间外出旅游的首选城市。节事活动要保持个性化必须坚持常办常新:一是策划有"亮点"的主题活动,提高大众关注度。大众关注度和参与性是节事的生命线。二是策划有"热点"的主题活动,形成社会焦点。节事活动有热点,自然会形成商业的焦点。三是策划有"卖点"的主题活动,增强商务运作能力。在策划主题活动时,应着眼于社会效益与经济效益,从中挖掘有卖点的好项目,吸引大众和赞助商,提高节事的竞争力和经营能力。

4) 产业化趋势

现代节事活动的经济性功能已日益被重视,并且随着节事活动采用市场化的运作模式,节事活动呈现出产业化趋势。围绕节事活动,从项目策划、集资、广告、会务、展览、场地布置、彩车制作、观礼台搭建到纪念品制作,都以招标投标、合同契约的有序竞争方式进行,逐步形成新兴的节事经济和节事产业。节事活动的产业化需分"两步走"——远期目标和近期任务。远期产业化应进行周全产业规划,并列入全市经济和社会发展规划,可由市节事办代表政府对节事活动实施宏观管理和调控,指导产业发展,而产业主体通过市场运作完成节事活动。可根据政策法规体系,组建节事文化产业集团或产业公司,确认法人地位,明晰产权关系。近期市场化运作形式,可继续保持政府调控、市场运作的节会活动形式,但应减少行政干预,努力扩大社会参与的规模和程度,逐步过渡到节事活动不再是政府工作的目标任务。

5) 多样化趋势

一是节事活动举办目的的多样性,通过节事活动达到繁荣经济、弘扬文化、活跃生活、促进发展等多重目的。二是节事活动举办模式的多样性,出现了上下联动办节、小型分散办节、各方结合办节、走出去办节、结合科技办节等多种多样的办节模式。例如,四川自贡灯会采用走出去办节模式,不仅在当地办得很好,还先后到北京、上海、广州、武汉、香港、澳门、台湾等许多大中城市和地区去展出,达68次,到新加坡、泰国、马来西亚、日本等10多个国家展出,将灯文化的奇光异彩传播到全国,传播到世界各地,不仅大大提高了自贡市的知名度,也取得了良好的经济效益。三是节事主题活动的多样性,主要表现在文艺晚会、经贸洽谈会、研讨会和论坛等方面。

6) 大众化趋势

广泛的民众性是节事活动赖以成功的基础。节事活动的魅力不在于安排多少项活动,而在于有多少人身临其境感受其间的人文气氛,节事活动要的就是成千上万人扶老携幼、结伴前往的这种普天同庆、万民同乐的节日气氛。大众性是节事营销的前提,为此应该努力改变目前我国许多节事活动带有的较强的"官方色彩",改变现场观众作为一种"与君同乐"的陪衬状态。节事活动的大众化是节事活动永葆品牌生命力的灵魂。

7) 集约化趋势

从节事经济蓬勃发展当中,人们越来越清楚地认识到节事活动的经济载体功能,并且意识到这种功能及其附属功能的潜在价值。节事活动逐步呈现出集约化趋势,以资本为纽带,打破地区、部门和行业界限,扩大规模,拓宽经营渠道,形成较强竞争力。例如,上海旅游节在国内颇有影响,其主要成功经验是延伸产业链,将服装展、农产品展等展会捆绑在一起,产生了较强的聚积效应和宣传效应。青岛国际啤酒节举办时配套进行崂山游、海滨游、商场超市购物、啤酒博物馆知识教育等系列活动,让参加节事的游客吃"套餐"的同时,也拉动以啤酒博物馆为主,海尔、双星、金王等为辅的工业旅游链。

8) 规范化趋势

节事活动虽然是一种动态的吸引物,但又必须在动态中寻求规范性,规范化是招徕四方游客的先决条件,也是著名节事活动获得巨大效益的成功秘诀。如西班牙斗牛节共有156项活动,在长达四个世纪的历程中,每年7月8日至7月14日,这些活动分布在潘普罗那市固定的时间和空间,从早8时至深夜24时,年复一年,百年不变。市政府为此印制大量的日程表和节目单,将节事的活动安排见诸各类媒体,公布于众,即所谓"有组织的无政府状态"。这种严谨周密的管理和确定性是塑造节事主题的关键,也是节事活动产业化的基本条件。

二、国外节事活动发展状况及趋势

(一) 国际节事活动的发展状况

相对于国内节事活动来说,国外节事活动的发展现状主要表现在以下几个方面。

1. 节事活动公众参与性强

主要表现在国外许多节事活动比较注重公众的参与性,例如巴西的狂欢节、威尼斯的狂欢节、西班牙的奔牛节、德国的啤酒节,每年参加西班牙奔牛节的群众有几十万人口,除了观赏奔牛外,还特地设计一些民间活动如伐木比赛和举大石头比赛,充分展示了全民参与性。

2. 节事活动具有鲜明特色

一些国家近年来更注重于挖掘当地民俗风情文化特色,令观赏者能够体验到当地的文化风俗,例如巴西的狂欢节表现在于桑巴舞。

3. 市场的知名度高

国外许多节事活动的历史发展悠久,具有高度的品牌效益,品牌知名度高,国际影响度较高,形成文化冲击力和特色震撼力。

4. 节事活动市场运行程度高

相对国内节事活动来说,西方一些发达国家立足社区的民间活动完全是自发的,完全的市场化工作。

因此,相对于我国的节事活动来说,国外的节事活动现在管理制度较为完善,市场机制灵活,政府管理与市场化运行相结合,节事活动数量越来越多,品牌知名度高,国际影响力大。

(二) 国际节事活动发展趋势

1. 国际节事活动日益重视

就全球范围而言,各国对节事活动和节事旅游的重视程度在迅速提高。许多瑞士大旅游批发商认为,传统的团体多地观光游览在这里已经失宠,越来越多地被散客旅游、家庭小团体和专项旅游取代。目前的消费倾向正在明显地向专项旅游发展。一些重大的专项节事活动产品,如音乐、文化等活动,受到大小旅游批发商们的普遍重视。有些大旅游批发商为节事活动开设了专职部门,如ITV旅行社设了文化旅游部。

2. 国际节事活动将更具综合性、更为多样化

发展节事活动很重要的一点就是挖掘当地的民族文化,因为体验异国他乡的民情风俗是促使旅游者出游的主要动机。民俗风情作为一个民族或一个地区的生活方式,在节日喜

庆中能充分体现原汁原味的真实感和人情味,而使旅游者得到直接和充分的体验。在节事活动中把服饰表演、饮食品尝、游艺竞技、民间工艺等活动有机地结合起来,一方面可以丰富节事活动的内容,另一方面还可以促进当地旅游资源的综合开发,既激活某些公共设施、商店、市场等静态吸引物,又吸引投资、经济开发及基础设施改造,做到充分利用现有一切资源,取得最大经济效益、社会效益和环境效益。

3. 国际节事活动将更为品牌化和专业化

节事活动品牌在会展业和旅游业中扮演了十分重要的角色,它本身就是一种会展和旅游的吸引物,能提高会展和旅游目的地的知名度,丰富会展和旅游产品,延长旅游季节,扩大客源地理分布。如今,节事活动的主办者越来越重视节事活动品牌的塑造和经营。美国的玫瑰花节、意大利的狂欢节的品牌都对本国会展业和旅游业的发展起到了不可替代的作用。

随着节事活动的发展,专业化管理将日益显示其重要性,节事活动的专职管理部门已成为旅游业和会展业发展最快的一个机构。它们在客源地设立办事处进行全年的运营,为当地提供了很多新的就业机会。节事活动管理不仅已形成了一个专业领域,而且其专业化程度亦日益增强。

4. 国际节事活动宣传力度将更为加强

节事活动的国际竞争加剧,将引起各国宣传促销力度的不断加强。世界著名的西班牙奔牛节在举办之前,政府会印制大量的日程表和节目单,便于国内和国际游客挑选自己喜爱的活动项目;日本交通公社等大型旅行会社提前5年将国内的节事计划公布于众,做超前的宣传促销是著名节事活动获得成功的基础。从节事活动宣传的发展趋势来看,更多的国家将会像一些发达国家一样采取全方位出击的策略,花大力气建立覆盖面比较广的驻外旅游机构,为宣传提供组织保证,如美国有遍及80多个国家和地区的180多个驻外旅游机构,德国有39家驻外旅游机构。许多国家除了印制精美的各类宣传品外,还派促销团到各客源国进行宣传。

第三节　节事文化内涵及开发

一、节事活动开发要素

节事活动的策划与开发是一项系统工程,主要概括下来,可概括为背景目标确立、主题开发、内容策划与开发、营销策划及支持系统开发五个部分。

在策划开发过程中,需要把握三个核心要点,即良好品牌的树立、特色文化内涵的开发以及节事活动参与者心理需求的满足。本节将重点介绍节事活动文化内涵的开发。

二、节事活动的文化内涵

节事活动,既是民俗文化的传承和创新,又是地方文化资源的整合和提升,更是旅游经济发展的舞台和灵魂,已成为一种时髦的文化现象和经营手段。

（一）节事活动已经成为城市营销过程中的首选

从城市到乡村，围绕节日举办庆祝活动一直是群众文化活动的重头戏，与以前相比，现在的节事活动种类繁多，既有民族传统节日的庆祝活动，如春节、端午节、中秋节等，又有国家法定节日的庆典活动，如国庆节、五一劳动节、八一建军节等，还有各地区创造出来的节事活动，如大连国际服装节、青岛国际啤酒节、广州国际美食节等。各地围绕节事开展了多种多样的文化活动，并滋生了许多文化产品，形成了节事文化观念和文化生态环境，从某种意义上来讲，节事文化浓缩了一个民族的发展史，是群众文化繁殖和成长的肥沃土壤。在知识和信息占主流的当今社会中，人们除了寻求自然秀丽景色外，同时钟情于异域古老的文化、独特的民族传统，以及经历特殊的欢庆活动，或从中感受某种反差，或获得某种认同。节事活动正是这种"文化旅游"的特殊产物。

（二）以"文化"为主题的节事活动

这类节事常常与当地特色文化的物质载体相结合，开展丰富多彩的观光活动，对游客具有极大的吸引力，如山西平遥国际摄影展等。

节事活动已经成为中国300多个优秀旅游城市在旅游营销过程中的首选。每一个成功的节事活动，都有很丰富的文化内涵。业内人士表示通过节事活动中丰富多彩的文化活动，群众能够多层次、多角度、多形式地享受文化大餐。

节事文化活动的一个鲜明特点，是历史与现实相结合，与时俱进，使历史文化在弘扬的同时，为现实服务，为丰富市民生活服务，为经济和社会发展服务。节事文化的魅力在于特色和创新，近年来我国很多城市为了推动经济发展、加强地区间的文化交流、打造城市文化品牌纷纷举办各种节事活动，但由于急功近利，存在定位重叠、活动雷同等问题，美食节、旅游节、服装节、文化节等泛滥成灾，开闭幕式歌舞表演、花车巡游、商品展销会、经贸洽谈会等千篇一律，缺乏创新带来的直接后果是节事成了短期行为，常常在举办过一两届后就自然消亡了，既不能树立城市文化品牌，更谈不上推动经济可持续发展。任何节事活动都应当注重对节事文化内涵的挖掘，并充分考虑到公众的真实需求，强制和行政命令虽然可以聚集群众，也可以轰轰烈烈，但只怕时间久了就会丧失其生命力和感召力，其良好的教育功能也无法发挥。

三、节事活动的文化开发

我国是一个多民族国家，历史悠久，幅员辽阔，节事活动精彩纷呈，许多节日都蕴含了大量宝贵的传统文化资源，是传统文化的重要传承和表现形式。例如，传统春节、中秋节、清明节、端午节等节日，蕴含了丰富的中华传统文化，是加强民族团结、增强凝聚力、促进和谐社会发展的重要推手，也是推动中华民族持续发展的精神动力。但是，随着工业化、城市化不断发展，传统文化开始淡化、瓦解，如何利用传统节事活动来继承和弘扬传统文化，使其重新焕发勃勃生机，这是当前我们开展社会主义精神文明建设的重要工作内容。

（一）当前节事活动中传统文化发掘和传承存在的问题

随着社会的不断发展，传统节事活动的内涵和内容正在发生变化，逐渐吸收了越来越多的新文化元素和内容，成为一种独具特色的现代文化。虽然我国节事活动十分多样化，但是名气大、国际化程度高的却很少。总体来看,从传统文化继承和发展角度来看,当前节事活动主要面临着以下几个比较突出的问题。

1. 传统文化传承遗失

春节是我们中华民族最隆重的节日,燃放烟花爆竹是传统的祈福仪式,也是春节不可或缺的文化符号,跟贴春联、年画,踩高跷,领压岁钱,包饺子,吃汤圆一样,成为记忆里最生动、最温暖的记忆。现如今我国越来越多的城市禁止烟花爆竹的燃放,然而在伦敦、纽约、迪拜、悉尼……都是以燃放焰火来欢庆新年的到来,展示国家的精神实力。还不仅仅是春节,多少中国传统的节事活动都淡化或消失了,比如三月三上巳节、乞巧节,比如过年摸门钉、上元放花灯扭秧歌、端午挂香符赛龙舟、中元盂兰盆会等。许多地方性社戏、杂耍几乎失传。

2. 现代节事活动功利色彩浓厚

在市场经济环境下,许多地方在举办节事活动时,都以发展地方经济为导向,使节事活动充斥了各种商业气息、政治或者其他宣传工作目的,传统性节日如春节、中秋节、端午节等逐渐沦为商家搞促销活动的消费盛宴,传统节事活动中蕴含的传统文化在市场经济的冲击下逐渐消失、淡化,文化内涵正在加速流失。在随机的采访中,青年人认为节事活动就是聚餐、消费,摸门钉、放花灯、赛龙舟等的意义已毫不知晓,节事活动在继承和弘扬传统文化中的地位正在不断削弱。

3. 节事活动文化内涵发掘不够

目前,不少地方在举办传统节事活动中,没有深入挖掘和领会节日活动的精髓,为了完成任务,应付节事而临时搭凑人员,为了追求商业利益,导致节事活动往往成为举办一些与传统文化毫不相关的文娱活动,喧宾夺主。一些原本有深厚传统文化沉淀的节事活动,没有发挥出其文化价值和功能。

4. 节事活动创新不足

许多地方在举办节事活动时,从形式到内容存在明显同质化、一般化和庸俗化,大多数以歌舞表演、展销会、花车巡游、座谈会等为主,无论是举办方式还是活动内容,都缺乏创新,导致群众参与积极性不高。

(二)发掘和保护节事活动中的传统文化资源

我国有丰富的节事资源,例如各民族的节事活动、宗教活动、传统节日、节气风俗等,其中都蕴含了丰富的传统文化。任何文化都要与时俱进,与社会发展保持同步,吸收新时期的元素和内容,不断丰富和完善自身内涵,这是文化传承的重要前提条件。本书认为,可以从以下几个方面来发掘和保护节事活动中的传统文化。

1. 发挥区域资源优势

区域资源优势是一个地区经济发展的核心要素,要在节事活动中融入本地资源优势,加快促进节事活动与区域经济的融合发展,形成区域节事产业,赋予节事文化新的内涵。例如,在侗族多耶节上宣传本地旅游资源、侗族传统文化的同时,推出"长桌宴"特色美食、雕刻产业、刺绣艺术品等新兴产业,把民族文化融入雕刻和刺绣,形成独特的旅游产品,依托旅游资源弘扬文化,实现文化传承与地方经济协调发展。

2. 创新节事活动举办形式

在全球化发展背景下,我们要加强本土文化与国外优秀文化的交流与融合,让中华民族传统文化与其他民族文化接轨,通过文化交流互动,不断增强中华传统文化的吸引力。当前,可以采取引进各种国际赛事、文化研讨会、展销会等方式来开展节事活动。例如,2015年广西举办的国际民歌艺术节,邀请了来自英国、美国、马来西亚、韩国、日本等多国歌手参与,同时还举办了"民族狂欢夜"、"民俗灯谜会"、"国际文化美食节"等多种文化交流活动,取得了十分不错的效果。同时我们的烟花爆竹产品出口到国外,参与国外的重要节事活动,弘扬焰火的古老文化。

3. 政府主导、多元主体参与

一直以来,各地政府是各类节事活动的重要举办者和运作者,政府在节事活动主办方面做好服务转型,从主办者向监督者、服务者转变,逐步建立起"政府主导、市场运作、社会参与、产业化发展"的节事开发利用模式。要在地方政府主导下,根据地方民族传统文化和节事资源,深入挖掘传统文化内涵,引入社会力量参与,制定科学合理的开发规划,同时在政策制定、节事主题、活动项目、节事环境、对外宣传等方面做好统筹指导,让老百姓认识到节事活动的重要意义,体验到其中蕴含的传承文化,让其成为家喻户晓、极具传承魅力的城市名片。在这方面张艺谋的印象系列,为我们做了一个极好的样板。

4. 加强传统文化的渗透性

传统文化之所以得以传承和发展,很重要的原因是其深入人心,割舍不掉。春节放鞭炮、吃水饺,中秋节团聚赏月、吃月饼,已经代代相传,其中的含义孩童也知晓,这就是家传,是凝聚家族文化的符号,是社会细胞的滋养。中华传统文化就是要渗入每家每户,渗入每个人的心里,那才是撑起中华文化未来的基石。

(三)充分发挥节事活动对传统文化的传承作用

文化深入人的骨髓,具有延续性,并且跟我们每个人有千丝万缕的联系,烟花爆竹的文化魅力就在于大至国家庆典,小至民间婚丧嫁娶,那清脆的爆响、五彩缤纷的灿烂,总能一下子把人们的思绪带入另一个精神世界:初生的婴儿施以了最圣洁的洗礼,新婚夫妇许下了最真挚的诺言,一切喜庆悲愿都能在炮声花海中得到最尽情、最酣畅的宣泄……这种力量、这种方式是无法用其他任何物品替代的,是千百年来烟花爆竹得以传承至今的最重要的精髓所在。

1. 利用节事活动提升传统文化的时代性

在节事期间,组织各种大型群众性民俗文化娱乐活动,将节日仪式活动包装成传统文化与艺术表演相结合的盛会。在设计节事物品时,可根据社会发展要求,不断创新发展,利用现代信息技术和手段,让节事用品融合现代性与传统性元素,提高吸引力和情趣性。在节日食品制作方面,要生产和设计出带有传统文化元素的美食,吸引民众品尝。在仪式活动组织和策划方面,要紧紧扣住传统文化主题,迎合地方民众审美心理和风俗习惯,既要让群众乐于参与,又能够达到宣传教育的目的。要体现民族特色,注重人文关怀,彰显中华文化的优秀传统,增添传统节日的永久魅力。

2. 利用节事活动丰富传统文化的传承载体

传统文化传承方式十分多样化,节事活动是一种比较重要的方式。通过开展代代相传的集体庆典活动,让一代代人亲身体验同一种传统文化,将传统文化延续和发扬下去。通过节事活动衍生出来的文化形式,例如纪念品、歌舞、传说等,进一步丰富和补充传统文化,感染和熏陶着人们。让节日、节气、风俗等融入每个人的生活,并引导生活,规范行为,形成良好的社会风尚,形成强有力的民族自豪感和自信心。

3. 利用节事活动拓宽传统文化传承渠道

在现代社会发展背景下,节事活动有了更多的组织和传承路径,不管是影响力还是知名度都较以前有了明显改观。在传承传统文化方面,我们可以利用现代媒介工具来提高效果,例如利用微信、QQ、微博、公众号等来开展节事活动宣传,提高社会知名度和影响力,通过扩大辐射范围,扩大中华文化影响力,吸引更多民众关注和了解。我们欣喜地看到里约奥运会上的"中国之家",看到众多政府公众号上的传统文化和节气风俗的传播,都在努力弘扬和渗透着我们的传统和文化。值得一提的是,在漫长的历史长河中,历代文人雅士、诗人墨客,为一个个节日谱写了许多千古名篇,这些诗文脍炙人口,被广为传颂,使中国的传统节日呈现出深厚的文化底蕴,精彩浪漫,大俗中透着大雅,雅俗共赏。中国的节日有很强的内聚力和广泛的包容性,一到过节,举国同庆,这与我们民族源远流长的悠久历史一脉相承,是一份宝贵的精神文化遗产。"爆竹声中一岁除,春风送暖入屠苏"让我们在一个个欢乐的节日里,继续绵延我们中华民族的悠远宏大。

第四节 案例分析

羌族"瓦尔俄足"节传统节事文化的传承与传播

"瓦尔俄足"节是起源于茂县曲谷乡河西村西湖寨的一个传统节日,节日集羌族的歌舞、宗教信仰、传统习俗、建筑、饮食、服饰等多种文化元素于一体,较完整地反映了羌族地方文化风貌。2006年,羌族"瓦尔俄足"节被列入首批国家级非物质文化遗产名录,成为羌族文化的最具代表性的文化特征之一。随着社会的变迁,羌族传统节事类非遗的传承与传播面临困境。

一、羌族传统节事类非物质文化遗产传承与传播的现状

(一)节事文化的代际传承与传播陷入危机

改革开放后,羌族社会的人口流动进一步加剧,传统节事的功能不断弱化,学习和运用"瓦尔俄足"节表演知识的机会日益减少。"5·12"地震所带来的外出务工的年轻人的增加,以及更多学生的离家求学使得羌文化的代际传承的文化空间不断萎缩。此外,多数羌区学校提供的是现代教育课程,未开设有关羌族文化、语言及音乐的相关课程及技能的学习,这一切加速了羌族传统文化、语言以及音乐文化代际传承的危机。

(二)节事文化传播效果存在不足

1. 节事主题宣展的不足

当前,羌族节事文化与大众媒介的整体结合程度还不高。对比"瓦尔俄足"节与彝族火把节可以发现,阿坝州在对外宣传"瓦尔俄足"节时,并未对"瓦尔俄足"节进行重点单独推

介,宣传渠道少,力度不够;而彝族火把节被当地作为重要的彝族风情的旅游节事项目进行营销和推介,火把节的宣传通过各种媒介结合旅行社推出旅游产品,并参加政府主导的旅游营销推介活动。同时,许多互联网资源在介绍"瓦尔俄足"节时存在信息碎片化、更新不及时、缺乏整体规划和教育功能等问题。

2. 节事活动覆盖面及其功能和文化内涵的不足

当今羌族缺少一个在国内外有影响力的民族节事和文化符号,虽然"瓦尔俄足"节在全羌区有广泛的群众基础、参与区域广泛,但目前"瓦尔俄足"节事活动的覆盖面仅局限于茂县,使得其节日文化的内涵没有充分发挥,这是导致"瓦尔俄足"节影响力较弱的原因之一。

二、参考建议

(一)维护节事文化代际传承与传播链及其文化生态

传承羌族节事文化应形成家庭、社区、学校、外部机构多位一体的传承与传播体系,维护其代际传承与传播链及文化生态。首先,应重视羌族社区文化生态的维护和建设,确保羌族儿童和年轻一代充分接受羌族节事文化中传统文化、音乐、语言和习俗来自家庭及社区的熏陶。其次,应重视利用学校教育传承、传播羌族核心文化。各级学校课程的设置应注重儿童对本民族语言和文化的认知教育。自2015年开始,茂县开展了"羌文化进课堂"的举措,计划每周在羌区中小学安排一节有关羌语与羌文化的教育课程。

(二)提升节事文化传承与传播效果

1. 扩大节事文化传承人及参演人数的规模

自"瓦尔俄足"节入选国家非遗目录以来,精通"瓦尔俄足"音乐的传承人并没有显著的增加,原因之一是对传承人保护及资助的力度还不够稳定有力。"瓦尔俄足"节事文化应扩大传承人范围,鼓励传承人的有效传承。

2. 扩大节事活动参与观众和游客的人数规模

节事活动吸引的观众和游客的数量与其影响力成正比。为进一步扩大"瓦尔俄足"节参与观众及游客的数量,一方面可以通过加强宣传,利用此时是车厘子、枇杷等水果的成熟季节举办农业观光节、水果自助采摘节等活动吸引更多的游客参与;另一方面,还需要在观众的观赏体验及观看舒适度和互动性方面下功夫,改善展演设施,搭建舞台或观众看台,增设直播现场大屏幕画面等,为表演者和参与人提供更好的参与空间和参与体验。

3. 拓展节事文化覆盖面及其功能和文化内涵

鉴于"瓦尔俄足"节在整个羌区都有广泛的群众基础,而羌族又缺少一个在国内外有影响力的传统节事和文化符号,有必要采取非遗保护"区域覆盖型保护模式"把"瓦尔俄足"节拓展到整个羌区以提升"瓦尔俄足"节及羌文化在国内外的影响力。例如,通过挖掘"瓦尔俄足"节与文旅产业结合的潜力,拓展"瓦尔俄足"节的新功能,在节事期间举办"瓦尔俄足"旅游节及商贸交易会,同时,通过大众媒介的传播使"瓦尔俄足"节事的文化内涵产生增值效果,促进羌族传统文化传承与传播,从而带动当地经济和民族文化的可持续发展。

4. 注重节事文化的本真性保护

"瓦尔俄足"节事文化作为羌族较重要的非物质文化遗产之一,对其保护应该以传承活态本真化为主体。政府的参与对非物质文化遗产的传承保护能产生重大影响,但需要注意介入的"度",不能过度干预,避免政府和相关机构过度注重经济效益而忽略对节事文化类非物质遗产本真性的保护。此外,局外人参与少数民族节事文化仪式和活动时应保持一定的距离和尊重,以使仪式及活动过程不受外界的干扰和破坏。2015年及2016年在曲谷乡举办的羌族"瓦尔俄足"节事仪式,仪式过程中局外人乱入的现象很普遍。鉴于此,当地活动举办方应注意维护节事活动的秩序,可以用一些线绳标识出局外人的活动范围以及设置标识语来说明外界参与者应该注意的事项,以维护节事活动和仪式过程的完整性和神圣性。

本章小结

本章首先介绍了学界有关节事活动定义的各种解释,按照不同标准对节事活动进行分类;其次,对国内外节事活动的发展历程和趋势进行了介绍;最后,在节事活动的文化内容方面,主要立足其文化内涵和文化开发两大板块进行介绍。

关键概念

节事定义　节事类型　国内外发展历程　节事开发　文化开发

复习思考题

□复习题
1. 你对节事概念是如何认识的?节事活动应该包括哪些关键要素?
2. 节事活动有哪些类型?
3. 我国国内的节事活动目前存在哪些问题?
4. 当前国内节事活动中传统文化发掘和传承存在哪些问题?
5. 我们可以采取哪些措施以更好地发掘和保护节事活动中的传统文化资源?
6. 节事活动策划与开发的核心要素有哪些?以具体的案例加以说明。

□思考题
1. 以你所熟悉的城市、城镇、乡村的某项节事活动为例,介绍活动背景,说明活动的目标,分析活动内容的亮点及存在的问题。
2. 试分析家乡的节事活动是否实现,以及怎样实现对传统文化的发掘与传承。

第 7 章

奖励旅游

学习目标

通过本章的学习,让学生了解奖励旅游的内涵,奖励旅游带有会展特质、旅游"因子";了解国内外奖励旅游的发展历程与趋势;通过典型案例,掌握奖励旅游的策划、组织、管理方法,了解奖励旅游的效果评估方法。

案例引导　　　　《曼谷宣言》

《曼谷宣言》是在2019年1月初的曼谷国际奖励旅游精英协会全球会议上发表的,该宣言的发表得到了国际大会及会议协会(ICCA)前执行董事马丁·史克(Martin Sirk)等专家的协助,经过了国际奖励旅游精英协会国际董事会、国际奖励旅游精英协会基金会的理事们与全球奖励旅游领域专家们的一系列研讨。通过在线会议代表参与平台斯莱多(Slido)问卷调查系统和全体参会代表们的现场投票,以182票对11票正式通过,确定了《曼谷宣言》最终的10个声明,声明如下。

(1) 奖励旅游行业的每个利益相关者都应将社会责任作为其商业理念的核心,并为了履行该责任制定商业实践和政策。

(2) 企业的业务成就是建立在团队关系和合作基础上的,而不是靠单打独斗的努力。加强团队关系最好的方法是共同享受奖励旅行的体验。

(3) 奖励旅行对经济增长有着显著的贡献,对企业内部和企业之间的伙伴关系发挥了促进作用,特别是对奖励旅行的参与者和创建奖励计划企业的创新思维起到了推动作用。

(4) 奖励计划参与者的利益、愿望和主张应该成为我们行业战略思想和宣传工作的重点。

(5) "豪华"的定义已经发生了变化。传统意义上的"豪华"标识和品牌时代即将结束。真实、独特和个性化的体验才是未来"豪华"的定义。

（6）奖励旅行有助于创造企业文化，以激励为动力并重视企业未来的成功。

（7）融合性应该成为我们行业的一个关键词。我们相信奖励旅行改变企业各级职工的态度，培养他们的动力。

（8）我们必须强调奖励旅行行业成功发展的条件并不是依靠城市的大规模基础设施或投资，我们鼓励更多的二线和三线城市和非城市目的地把发展奖励旅行行业作为其经济发展的一部分。

（9）奖励旅行行业推动了人力资本的卓越发展和目的地的创新，为其他目标行业的发展带来了巨大的利益。

（10）将发展奖励旅行作为其战略计划的新兴目的地，将获得更快的经济增长和人力资本开发。

"只有国际奖励旅游精英协会在会奖会展（MICE）一词中代表会奖的'I'有权制作关于奖励旅行的宣言，阐明奖励旅行真正的目的，并在当今不断变化的商业世界中确定其巨大价值。"国际奖励旅游精英协会主席菲利普·艾德斯沃德（Philip Eidsvold）先生表示。他具有会奖专业者（CIS）证书和会奖管理专业（CITP）职称，是1+10（One10）战略联盟的副总裁。

国际奖励旅游精英协会首席执行官迪迪埃·斯卡莱特（Didier Scaillet）先生补充说："国际奖励旅游精英协会的声音需要超越我们的会员和我们的行业，让商业世界和全体社会听到我们的声音，将奖励旅行定位为一种非常有效的工具用于改善业务绩效，并把奖励旅行作为行业和社会积极变革的推动力。"

（资料来源：http://m.cnki.net/mcnki//literature/detail?datatype=CJFD&instanceID=STGL201908033.）

问题：
1.《曼谷宣言》的发表意味着国际奖励旅游行业发生了哪些新变化？
2.《曼谷宣言》的发表可能推动国际奖励旅游哪些方面的发展？
3.如何促进我国奖励旅游在新时代新趋势下的健康发展？

第一节 奖励旅游概述

一、奖励旅游的内涵

国际奖励旅游精英协会指出，奖励旅游是一种现代的管理工具，目的在于协助企业达到特定的企业目标，并对目标的参与人员给予一个非比寻常的假期，以作为鼓励，同时也是大公司安排的以旅游为诱因，以开发市场为最终目的的客户邀请团。作为一种全球性的管理手段，奖励旅游通过特殊的旅游经历来激励员工更加努力地工作，或借以员工的突出工作表

现以实现企业的各类目标。

奖励旅游主要是企业对员工的一种奖励,其突出而重要的作用就是"激励"。这种奖励具有特殊性。

(1) 对象特殊:只有达成特定企业目标的员工才有资格获得奖励。

(2) 形式特殊:"赢得资格"的人获得的不是现金、代金券、物质奖励,而是旅行奖励,是豪华、免费、可以携带家属的旅行。

(3) 目的特殊:奖励旅游的最终目的是增强企业向心力,促进企业自身发展。

从定义可以看出,企业付费委托专业奖励旅游公司为受奖者提供非比寻常的旅行体验,因此,奖励旅游的实施者是专业的奖励旅游公司。

正是由于奖励的特殊性,因此在奖励旅游产品策划过程中,需要具备以下特色:其一,奖励旅游需要"放松",行程安排的节奏比较舒缓,房、餐、车要求舒适,通常几天时间都在同一个地方度过;其二,奖励旅游会安排一些与企业有关的主题活动,把企业文化融入旅游过程中;其三,奖励旅游活动应紧密结合目的地特色和文化,活动具有非同寻常的创意;其四,奖励旅游活动在安排中会突出惊喜之处,注重气氛的营造,于寻常处给人以特殊的感受;最后,奖励旅游突出的是与众不同,奖励旅游活动体验也须有别于常规旅游体验。

二、奖励旅游的会展特质

奖励旅游是会展旅游的重要组成部分,是一种特殊的会展旅游形式,是一项高品位、高消费、深寓文化内涵的享受型特殊旅游活动。

由于奖励旅游参与者的范围不断扩大,其活动的内容和形式不断更新,活动的目的和社会功能也都在不断演化,奖励旅游概念的内涵和外延必有新的发展。

奖励旅游一般包含了会议、旅游、颁奖典礼、主题晚宴或晚会等部分。企业的主要领导会出面参与,和受奖者共商企业发展大计,这对于受奖者来说无疑是一种殊荣。其活动安排也由有关的旅游企业精心策划,别出心裁的主题宴会往往是整个行程中的重头戏,从宴会场地的选择及布置,到晚会节目的设计,以及餐饮的安排,每一个细节都要令员工难忘。融入企业文化的主题晚会具有增强员工荣誉感与凝聚力,加强企业团队建设的作用。一个企业如能常年连续进行奖励旅游,会使员工产生强烈的期待感,有利于刺激业绩增长并形成良性循环。

奖励旅游作为企业的一种现代管理工具,从一定程度上讲,它是企业管理多样性的一种体现。它的真正目的是树立企业形象、宣扬企业理念,并最终能提高企业业绩、促进企业未来发展。

近年来,欧洲市场上的奖励旅游正在向参与型奖励旅游方向发展。奖励旅游的参加者已不再满足于传统意义上的主题晚宴等的安排,而要求加入一些诸如爬山、划艇、驾筏逐浪漂流、氢气球旅游等的参与性活动。让参与者通过与自然界的接触,感受人与自然的和谐,有助于唤起人们的责任感。但参与型奖励旅游的主办者和承办者都要有承担风险的心理准备和能力,活动安排必须做到确有把握。

会展是会议、展览、大型活动等集体性活动的简称。其概念内涵是指在一定地域空间,许多人聚集在一起形成的、定期或不定期、制度或非制度的传递和交流信息的群众性社会活动,其概念的外延包括各种类型的博览会、展览展销活动、大型会议、体育竞技运动、文化活动、节庆活动等。特定主题的会展是指围绕特定主题多人在特定时空的集聚交流活动。狭义的会展仅指展览会和会议;广义的会展是会议、展览会和节事活动的统称。会议、展览会、博览会、交易会、展销会、展示会等是会展活动的基本形式,世界博览会为最典型的会展活动。

奖励旅游是会展旅游的重要组成部分。在世界经济一体化的今天,人们的商务活动日益频繁,这些商务活动包括会议、展览、培训等一系列企业为实现商业目标而进行的活动,会议性奖励旅游(简称会奖旅游)就产生于这个大环境之下。在 2002 年瑞士国际会议和奖励旅游展上,无论是买家还是卖家都感觉出一种强劲的新趋势,商务市场的热点开始从纯奖励旅游移向了结合商务会议和活动的奖励旅游。2002 中国国际旅游交易会期间,ICCA 首度在中国亮相,并与国家旅游局(现为文化和旅游部)联合举办了中国会奖旅游洽谈会。从这些会议关注的重点不难发现,现在像过去一样的纯奖励旅游活动越来越少了,而更多的是合二为一的会议性奖励旅游,且已成为全球的一大发展趋势。究其原因,主要有两个:一是公司的商务理念发生着新变化,公司需要利用雇员集聚的机会,不但要给予奖励,同时还要进行培训和举办会议,而不仅限于纯粹的奖励活动;二是旅游活动和旅游目的地比以往任何时候都更容易被人们参与和接近。人们并不否认奖励旅游是一种令人兴奋的奖励机制,但随着世界的开放,这种魅力正在减弱,所以伴随着商务会议性的奖励旅游则更加符合企业和旅游者的双重胃口。

三、奖励旅游的旅游"因子"

奖励旅游是一种新的旅游形式,是一种由企业或社会团体提供费用,以奖励为目的的商务旅游活动,亦是一种旅游产品。奖励旅游是公费旅游的一个末枝,就免费、带薪方面看,奖励旅游与公务旅游和其他的福利旅游具有一致性,但从奖励旅游的目的、内容和形式方面思考,又与公费旅游的诸多形式有很大的差别。企业组织奖励旅游的目的是提高企业的业绩,凝聚员工的向心力,塑造企业文化,最终达到提高生产力,促进企业良性健康发展,而不是以其他公务事项为主,兼顾旅游;内容是突出奖励,旅游的精神在于"度身定造""万分惊喜""无限光荣""回味无穷",是用金钱买不到的感受和荣誉,而不是随便报名加入旅游团队,进行程式化的旅游活动。

从根本上来说,奖励旅游是以旅游活动为载体,公司在组织奖励旅游的过程中通常不会安排其他公务,而只是让员工以享受旅游过程为主,最终达到促进企业发展的目的。

第二节 国内外奖励旅游的发展历程与趋势

一、国外奖励旅游发展历程

(一)国外奖励旅游的起源

20 世纪初,北美和欧洲是世界经济较发达的地方,相对发达的商品经济和激烈的市场竞争成为奖励旅游萌生的沃土。早在1906年，美国全国西纳金注册公司就向客户提供了一次免费参观其代顿(Dayton)总部的活动。

20世纪二三十年代在美国芝加哥的汽车销售业中，有的公司管理者为了提高销售额，在开展销售竞赛活动时，为销售人员规定了定额指标，只要超额完成销售指标，销售人员就有资格参加免费的旅游活动。在当时，活动的组织者潜意识地将这样的免费旅游活动归纳为促销手段的一种，认为可以"生利还本"，也就是说这种活动可以给公司带来足够的利润来支付免费旅游的费用，其结果也证明了活动组织者预想的正确性。

于是作为促销手段而产生的免费旅游活动逐渐演变成了奖励旅游活动，并首先受到了销售企业的认可，成为销售企业中对员工进行激励的方法。在当时，奖励旅游的最终使用者主要是汽车经销商、电器分销商和保险公司推销员等销售业精英，而这种奖励旅游活动包括全部免费和部分免费两种。

几乎在同一个时期，苏联采取了全面规划以加速工业化的经济发展战略。并从1928年开始实施第一个五年计划，为了激励那些完成政府五年计划的人，政府曾将他们送到黑海度假两周，形成了最早由政府实施的奖励旅游方式。但是这种奖励旅游活动有着浓厚的政治色彩，并且阶段性明显，对国际奖励旅游的影响不大。

知识链接　　　　俄罗斯的休假期

8月是俄罗斯人休假的季节。莫斯科大有"人去楼空"之感，市内以往堵车的路段如今基本畅通无阻，因为大家都出城休假去了。而这时候如果想找谁采访就难了，办公室和家里都没人，手机八成也关机。好不容易打通了，对方回答"我正在某地休假，一切事情等我休假后再说"。休假是俄罗斯人每年的头等大事，从领导人到普通民众，都是雷打不动的。一位俄罗斯朋友十分认真地对《青年参考》报的记者说，"休假是我们的权利，我们必须用好这一权利。列宁说过'不会休息的人就不会工作'，我们认真休假就是为了更认真地工作"。曾经，政府机构、科研院所、大型企业甚至集体农庄的工会都会给本单位职工发放免费暑期疗养证，提供优惠甚至是全免费的休假疗养条件。

如今，除了少数单位和大公司还延续这一惯例之外，绝大多数人休假就只能自掏腰包了。俄罗斯人夏天休假不是去旅游观光或参观名胜古迹，而是清一色地奔着阳光、海水和沙滩去的。俄罗斯的冬季漫长，一年中大部分时间都要在寒冷和阴云中度过。所以，俄罗斯人对阳光有一份特殊的感情，他们认为最好的休假方法就是"日光浴"。在俄罗斯，最典型的恭维话常常是在对方休假归来时说"你晒黑了，晒得更健康了，气色不错"。为了让阳光普照到每一寸肌肤，有些女士甚至脱去上衣，大大方方、旁若无人地与阳光"亲密接触"。

当然，有些俄罗斯人的休假方式也在悄然变化，近年，一些俄罗斯新贵开始流行休假时到非洲去打猎。据说，为期一周左右的非洲打猎式休假至少需要1万美元的花销。不过，对俄政府高官来说，休假便没那么"无拘无束"了。因为，根据俄前总统梅德韦杰夫2009年2月签署的命令,俄政府各部部长及俄总统办公厅负责人在出国休假时,应以书面形式向总统汇报自己的休假地及休假天数。

消息人士称,俄总统出台这一政策主要是因为俄高官在境内的某些超豪华休假已对国家形象产生了负面影响,更何况在金融危机的情况下,更会引起俄民众的不满。

(资料来源:《青年参考》,2009-08-14.)

(二)国外奖励旅游的发展

奖励旅游活动诞生以后很快就显示了其旺盛的生命力。发展的过程中虽然受到了第二次世界大战以及经济衰退的影响,但最终还是普及世界各地。纵观以北美和欧洲为代表的国外奖励旅游的发展历程,大致可以划分为3个阶段。

1. 萌芽阶段(20世纪20年代—50年代中期)

在北美,奖励旅游诞生后的很长时期内,其应用范围仍然主要是销售业,绝大多数奖励旅游由企业自己组织实施,团队规模不大,受交通工具的限制,短程奖励旅游盛行。20世纪20年代末期,体型较大、较为安全的客机开始投入使用,航空旅行的吸引力越来越大。到1939年的时候,欧美各主要城市间已经有了定期客运航班。航空交通的发展带动了远程奖励旅游的发展,美国公司开始将奖励旅游目的地瞄准欧洲,并将奖励旅游作为激励员工方式的观念初步输出到欧洲,英国、德国、意大利和法国成为欧洲接受奖励旅游观念较快的国家。与此同时,人们逐渐认识到奖励旅游不仅仅是有效的促进销售的手段,还有增强士气、鼓舞干劲、提高雇员生产效率和工作效益、争取特殊的经营对象等作用。与传统的现金奖励和物质奖励相比较,奖励旅游有自身独特的优势,奖励旅游在企业管理方面的突出作用初步显现,于是许多非销售部门也开始实施奖励旅游计划。

2. 发展阶段(20世纪50年代中期—90年代初期)

到了20世纪50年代中期,喷气式飞机开始用于民航,这些飞机不仅更安全,更舒适,而且速度更快,票价也更便宜。飞机速度的提高使得旅行的时间得以进一步缩短,机票价格的降低使旅行的成本大大降低,从而使航空旅行不断普及。随着航空业的大发展,越来越多的公司加入了实施奖励旅游的行列。美国的奖励旅游兴盛起来,奖励旅游尤其是远距离的长途奖励旅游增长速度加快,此时欧洲成了美国奖励旅游最主要的海外目的地。美国出境奖励旅游的大发展,一方面在输出奖励旅游观念的同时,也带来了欧洲奖励旅游市场的繁荣,英国、德国、意大利和法国很快就成为欧洲推行奖励旅游主要的国家。奖励旅游目的地开始扩散,由欧洲北美扩散到了澳洲和亚太部分国家和地区,并逐渐和会议展览结合在一起。

这一时期,人们对奖励旅游的认识在进一步深化,但在不同的国家,人们对奖励旅游的理解也出现了一定的差异。在美国,一直试图通过奖励旅游建立竞争性的氛围,因此非常强调预先设定目标,强调对奖励旅游参与者的资格进行审核,因此在奖励旅游活动设置方面,美国的奖励旅游特别强调"非比寻常",强调豪华甚至是"奢华的旅游",住宿设施非五星级不住,旅游目的地通常是文化和历史名城中心城市。但是在欧洲,奖励旅游虽然还保持着对员

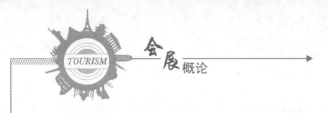

工业绩进行激励的初衷,但正如奖励旅游经理人协会(Society of Incentive Travel Executives)一次名为"认识奖励旅游:不列颠和爱尔兰"的研究所显示的,许多公司使用这种激励性的奖励旅游活动是为了建立雇员的团队精神或者是为了对雇员进行培训,希望在旅游的过程中让同事间的感情变得更加融洽。为此,欧洲的公司并不想将奖励旅游办成奢华的活动。这些公司非常强调旅行中的活动组合,而并不是过多地考虑入住酒店的档次(一般是3—4星级酒店),目的地通常是和公司有业务联系和有业务兴趣的地区。而在亚洲的新加坡,大多数公司使用奖励旅游的目的是表示感谢或激励士气,在实施奖励旅游前甚至有89%的企业没有预先为奖励旅游的参与者设立目标。

奖励旅游从萌芽开始一度由公司自己策划并实施,奖励旅游的迅速发展促使了专业奖励旅游公司的诞生。一些公司先后加入了这个行列,并逐步发展成为三类专门从事奖励旅游业务的机构(HOUSES):全方位服务奖励公司(Full-Service);单纯安排旅游的奖励旅游公司或称为完成型奖励旅游公司;奖励旅游部。这些公司负责奖励旅游的各种细节问题,它们与航空公司和饭店商议,然后协调交通、住宿、饮食、游览、娱乐和会议等活动,还负责准备促销宣传品,甚至可以参与制定奖励旅游的目标等内容。

随着奖励旅游的成长,奖励旅游的促销手段发生了质的改变,"欧洲会议奖励旅游展(EIBTM展)""芝加哥会议奖励旅游展(IT&ME展)",奖励旅游经理人协会纷纷创立,推动了奖励旅游的进一步繁荣。

3. 成熟阶段(20世纪90年代初期至今)

进入20世纪90年代初期以来,人们对奖励旅游的认识更加全面,更加深刻,奖励旅游的内涵变得越来越丰富,奖励旅游作为一种有效的企业管理手段被纳入企业的管理系统。此时,西方国家采用奖励旅游对相关人员进行激励的方式在所有的奖励方式之中占据了非常重要的地位,欧洲的奖励旅游市场每年以3%—4%的速度增长,与世界旅游市场的发展几乎同步。奖励旅游的应用范围也更加宽广。根据美国奖励旅游管理人员协会(SITE)基金会的调查,在北美和欧洲有61%的公司使用奖励旅游计划改善服务质量,有50%的公司使用奖励旅游计划激励公司雇员,有72%的公司将奖励旅游的目标瞄准了办公室雇员。

奖励旅游在延续美国奖励旅游方式的同时,出现了多样化的趋势,探险奖励旅游等新的奖励旅游方式纷纷出现;奖励旅游的参与人员也不再局限于对企业直接作出贡献的工作人员,家庭奖励旅游逐渐进入了企业管理人员的视野。展览会在奖励旅游市场宣传与拓展中发挥着不可磨灭的作用。1999年"欧洲会议奖励旅游展"邀请买家3250个,买家团预约洽谈次数多达1400个,参展单位2500家,覆盖112个国家和地区,业内参观者5250人。1999年"芝加哥会议奖励旅游展"展场面积350000平方米,吸引了2500多个参展商,参观人数超过4万人次。必须说明的是,在欧洲、美国,奖励旅游获得大发展的同时,澳大利亚、加拿大以及亚洲部分国家和地区的奖励旅游也在蓬勃发展着。因为发展时期相对较晚,这些国家充分接受了北美和欧洲的奖励旅游观念,许多国家和地区没有经历奖励旅游的萌芽阶段(或者萌芽时期非常短暂)而直接进入了奖励旅游的发展阶段,并且形成了具有地方特色的奖励旅游理念。甚至发挥了后发制人的威力,很快就进入了奖励旅游的成熟期,比如加拿大、新加坡和中国香港等国家和地区就是如此。

（三）国外奖励旅游的发展特征

国外奖励旅游经过了七八十年的发展（主要是北美和欧洲国家，而在亚太地区真正的奖励旅游发展不过20年），几近成熟。奖励旅游理念逐渐深入企业中，据STIE研究显示，95%的受调查公司赞同对销售人员实行奖励旅游计划，奖励旅游成了企业常用的管理手段之一，其机制更加健全、灵活。

1. 奖励旅游发展特征

1) 奖励旅游发展更趋于人性化

国外奖励旅游的发展充分迎合了个人要求得到承认和尊重的心理需求，更加人性化。这一点不仅可以从奖励旅游中员工的重要性里面看出来，更体现在家庭奖励旅游奖励员工和配偶一起旅游开始兴起，虽然有人认为在国际上由于双薪家庭十分普遍，通常很难设计一种夫妇双方可以共享的奖励旅游方案，但资料显示，家庭奖励旅游的确开始兴起，以世界上最大的旅行管理公司——美国运通为例，公司制定了三级奖励方案，不论员工能力大小，都能得到相应的奖励，而最佳合格者将得到最高奖励——带上配偶，去进行一次费用全包的度假旅游，同时还发给一笔零用费。

2) 奖励旅游客源市场更倾向于高利润、具有挑战性的行业

奖励旅游诞生以后，客源市场在不断拓展。奖励旅游的主要使用者也在不断地发生变化，1996年奖励旅游前十位使用者占到了奖励旅游市场总数的56%，这些行业依次是保险、汽车零配件业、电子/收音机/电视、汽车和卡车、暖气和空调、农用机械、办公设备、家用电器、建筑、卫浴用品/化妆品；而到了2002年奖励旅游市场更加集中，前十位使用者占奖励旅游市场总数的比例上升到了70.90%，行业也发生了很大的变化，依次是保险、汽车和卡车、计算机/高科技、金融、传媒、食品、医药、餐具/炊具、保健、办公设备。从奖励旅游市场行业结构的变化可以看出，国外奖励旅游客源市场更倾向于高利润、具有挑战性的行业，尤其是新兴的技术含量较高的行业，而保险和汽车制造业仍高居奖励旅游市场的榜首。

3) 奖励旅游目的地选择的影响因素众多，目的地选择的倾向明显

关于影响奖励旅游选择目的地的因素，美国和亚太地区有很大的差异。国外在奖励旅游目的地选择方面一般倾向于以下几个方面。

（1）著名的风景旅游城市、历史文化名城。这些城市环境优美、整洁卫生。

（2）地区的中心城市或首都。这些城市的交通、通信、银行、金融等较为发达，覆盖面大，有相当大的吸纳和辐射能力，交通畅达。

（3）国际性都市。当地驻有较多国际性的常设机构或国际组织，以此作为接纳国际奖励旅游的媒介。

（4）具有较完备的接待能力。在硬件方面要求有四、五星级酒店和相应的娱乐设施，以及计算机设备、旅馆、会场等服务设施。在软件方面则对现代化的管理水平与服务质量要求较高。

（5）较好的气候环境和社会环境，治安良好，社会文明。

4) 奖励旅游市场推广活动趋向展会化、定期化

国外奖励旅游市场发展越来越成熟，推广活动出现了质的飞跃，展览会成了奖励旅游主

要的信息交流平台之一。在众多展会中，EIBTM展（欧洲会议奖励旅游展）和IT&ME展（芝加哥会议奖励旅游展）具有较强的代表性。EIBTM展是世界上重要的、专业水平高、交易实效好的会议、奖励和公务旅游展之一，每年5月份举办一次；IT&ME展是世界上较为重要的会议和奖励旅游展，每年9月份举办一次。此外，还包括EIMMT（日内瓦国际会展旅游展）、ICTMA（马来西亚亚太奖励旅游和会议展览）等。买卖双方交易活跃，成交额占据了国际奖励旅游市场中的大部分份额。

5）奖励旅游的发展得到了政府的支持

在国外，一些国家奖励旅游的发展受到了政府政策的支持，如美国允许将销售额的2%作为奖励旅游经费，这部分费用可以计入公司成本，而且不计入个人收入。这样，奖励旅游就成了合法的避税手段而得到了企业的高度重视，无形中推动了奖励旅游的发展。

2. 奖励旅游机构类型

奖励旅游一度只由公司进行策划，但奖励旅游区别于一般常规旅游的特征，使得奖励旅游的运作变得更加复杂。为了适应奖励旅游的迅猛发展，国外专业的奖励旅游机构纷纷建立。这些机构不仅包括具有政府职能的奖励旅游局，同时还包括企业性质的专业机构。在美国，这些机构被称为"动力所"，其不仅策划奖励旅游活动，而且还为需要购买奖励旅游的公司组织安排奖励旅游。在国际上，从事奖励旅游业务的机构基本分为3类，即全方位服务奖励公司、完成型奖励旅游公司和奖励旅游部。

1）全方位服务奖励公司

全方位服务奖励公司在奖励旅游活动的各个阶段向客户提供全方位的服务和帮助，从策划到管理一次奖励活动，从开展公司内部的沟通、召开鼓舞士气的销售动员会，到销售定额的制定，同时还要组织并指导这次奖励旅行。这类服务相当全面，持续的时间很长，还要访问不同厂商与销售办事处，所以此类公司获得的报酬是按专业服务费加上旅游服务销售的通常佣金来收取的。

2）完成型奖励旅游公司

完成型奖励旅游公司实际上是单纯安排旅游的奖励旅游公司。通常规模较小，多数是全方位服务奖励旅游公司原来的管理人员创办的。其业务专门集中于整个奖励活动的旅游销售上，而不提供奖励活动中需要付费的策划帮助。其收益来自通常的旅游佣金。

3）奖励旅游部

奖励旅游部是设在一些旅行社里从事奖励旅游的专门业务部门，其中，部分奖励旅游部有能力为客户提供奖励旅游策划类的专业性服务。

知识链接　　EIBTM 2013行业发展趋势与市场研究报告

一、2013年的全球经济形势

（一）发达国家方面

美国经济迅速恢复活力，日本出现转机，结束了多年的令人难受的通货紧缩，欧元区许多国家可能逃脱经济衰退的困境,欧元区的经济信心已经有了提高。

(二)发展中国家方面

金砖国家,除了中国经济表现突出外,其余国家——巴西、俄罗斯、印度、南非均表现平平,尽管各自都有造成经济发展瓶颈的困扰,但总体经济发展潜力依然巨大。灵猫六国,由6个新兴市场国家——哥伦比亚、印度尼西亚、越南、埃及、土耳其和南非组成,由于其数量可观的年轻劳动力以及丰富的自然资源而使经济发展充满了新的活力,即将在接下来的十年中扮演越来越重要的经济角色。

至今为止,全球经济增长停留在低速挡,有越来越多的证据证明,尽管进程相对缓慢,全球经济已经从危机中持续复苏。

二、关键行业部门的表现

会展行业的命运在很大程度上取决于关键行业部门的表现与发展,尤其是像产品发布会、奖励旅游和培训会等占行业会议的较大比重的活动数量与质量,直接体现了这些行业会议细分市场的盈利能力。

2013年,餐饮、化工和制药这3个行业,是仅有的在大多数国家被列为具有良好发展基础及乐观发展前景的行业,紧随其后的还有信息技术、直销等行业部门,而交通运输及建筑等部门则前景依然悲观消极。而在考虑了每个国家在全球经济的相对分量不同,以及业务部门不尽相同的情况下,又发现有两个部门有特别积极的前景:航空和汽车。

随着世界范围内各个行业部门的经济增长,行业会议、活动或商务旅游等活动自然会从中受益,具体主要是指从新产品的发布、培训激励员工等活动中获得业务。

三、公司会议

在经济危机爆发后的几年里,世界各地的企业都在进行现金储备,不敢乱花钱,以防止危机反弹。但在过去的12个月里,不少迹象表明众多企业在不断放松企业活动的支出。对会议活动的市场调查结果显示,共有83%的受访者乐观地评价关于对2013年余下的交易前景,几乎一半的受访会展场馆预测在2014年的业务增长额为5%,将在金融和医药等领域之间有较强的表现。

四、协会会议

欧洲行业的前景相对乐观,业内专业人士预测欧洲该业务水平将以约2%的速度增长。仅仅两个月后,就将预测增加至4%。美国会议的专业人士预言有3.5%的增加。我们的结论是,在欧洲市场改善经济稳定和增长的迹象会议,会在国内企业和国际行业协会的活动中带动更强的信心。

五、商务旅游

《展望报告之西欧篇》是对德国、英国、法国、意大利和西班牙这5个重要的商务旅行市场进行分析从而得出的。这5个市场占该地区商务旅游的大部分份额,接近70%,影响着整个欧洲商务旅行市场。

2013年,欧元区的南北差异仍像2012年一样,南部的意大利、西班牙、法国仍是负增长,而北部的德国和英国呈现正增长。其中,德国仍然是欧洲最大的商务旅行市场,在 2012 年达到 505 亿美元,在 2013 年增加 5 个百分点,即达到 530 亿美元。

六、奖励旅游

根据 2012 年里发表的一些重要数据,全球奖励旅游部分总体上是呈现乐观形势。在 2012 年 12 月由奖励旅游者管理协会发表的 SITE 指数可以看出奖励旅游呈现上升趋势。86% 的受访者预测奖励旅游将在 1 至 3 年内上升,更有人预测在短期的 6 个月内也会有所上升。与 2012 年 9 月相比,受访者在 2013 年 4 月的 IRF 调查中表示他们对奖励旅游的计划和实施持有更高的期望。

在 2013 年 4 月,认为经济对奖励旅游有积极影响的占 56%,而 2012 年只占 43%。认为经济对奖励旅游有消极影响的占 31%,比 2012 年下降了 5%。

七、总结

2013 年可以被认为是会展业发展得比较光辉的一年,同时也成了日后会展业发展的一个非常重要的参照标准。但是在某种程度上,对于上述对会展业的表述,这个行业可能需要一定时间的发展后才能推动经济的快速发展。举个例子,举办一个会议会在预算和执行方案的审批方面存在一定的阻碍,就像其他国家的许多公司,为了能在会议中更好地达成他们的目标,为了能从中获得更多并且控制预算,他们都会非常认真、仔细地去考虑会议中的每一项细节。

而且在另一方面,许多会议展览会设施设备和服务的供应商仍然要在这条漫长的路上更努力地去奋斗,才能在众多行业中脱颖而出,站在自己所期待的位置。

在我们这个行业里,有一条准则是永远不变的,即想要在这个竞争激烈的行业中生存,我们必须比别人更创新,提供更多个性化服务和提高自己在处事上的各种能力。

(资料来源:根据 ETBTM 官网报告翻译.)

二、国内奖励旅游发展历程

(一)国内奖励旅游的萌芽

普遍认为,改革开放后随着大批外资企业的涌入,作为先进管理手段的奖励旅游随之进入我国。但本书认为,中国奖励旅游的缘起在某些方面与苏联政府实行的奖励旅游有些类似。确切地说,中国的奖励旅游始于 20 世纪 50、60 年代,在政府及国有大中型企业兴办的疗养院中所进行的休假疗养活动已经具备了奖励旅游的基本特征。

这些疗养院大多始建于 20 世纪 50 年代,60、70 年代成长缓慢。在 80 年代又得到了一定的发展。它们多建在风光旖旎、环境优美的旅游风景区,或依山傍水,或在森林中、温泉旁。来休假疗养的人绝大多数都是政府机关与国有大中型企业经过层层选拔的劳动模范和先进工作者,费用由政府和企业承担,而目的基本上是出于对优秀人员的表彰和激励。这些特征和奖励旅游非常相似,具体见表7-1。

表 7-1 奖励旅游与疗养院的对比

比较项	奖励旅游	疗养院
组织者	企业或专业奖励旅游机构	企业或国家
目的	激励	表彰、激励
参与人员	为企业发展作出贡献的优秀人员	劳动模范或先进工作者
目的地	旅游胜地	风景名胜区
费用	免费	免费

（二）国内奖励旅游的发展

20世纪80年代初期,亚洲经济的迅速发展受到了世界普遍的关注,越来越多的公司到亚洲寻求发展甚至将总部迁移到亚洲。奖励旅游作为一种有效的管理手段随之在亚洲传播开来。与此同时,亚洲旅游资源丰富、旅游业发展日益成熟,一些奖励旅游策划者开始选择亚洲作为奖励旅游目的地。1993年,亚洲一些旅游业发达的地区如泰国曼谷、中国香港、新加坡等已经接待了为数可观的奖励旅游团,据估计约占其接待总量的10%。而亚洲日益发达的经济,尤其是亚洲的新加坡、日本、韩国、中国台湾和中国香港等国家和地区的企业开始自己组织洲内的奖励旅游,更是推动了亚洲奖励旅游的发展。短途奖励旅游仍然是亚洲奖励旅游的主流。

在这样的区域环境背景下,改革开放以后特别是20世纪80年代末期至90年代初期,外资企业大量涌入中国,欧美盛行的奖励旅游观念随之在中国传播。在中国范围内,外资企业和大多数三资企业秉承国际传统,奖励旅游作为其内在的管理手段得到了继承,如友邦保险公司、安利公司、惠普公司、欧司朗公司、IBM公司、三星公司、微软公司等;民营企业和股份制企业机制灵活,奖励旅游发展也比较迅速;而国有企业因为受国家规定、传统观念等因素的影响却很少看好奖励旅游这种方式,甚至认为奖励旅游是公费旅游,是不正当的。来自旅行社的统计资料也证明了这种看法。数据显示,预订奖励旅游团最多的还是外资企业,占到60%,民营企业和股份制企业大约占到35%,而国有企业仅有约5%的比例。

因为奖励旅游具有团队人数规模较大、组团时间多在淡季、消费支出较高、利润可观(一般认为,接待奖励旅游团所获收益是接待普通旅游团队的2—3倍,甚至高达5—10倍)的特征,所以我国越来越多的旅游企业投入奖励旅游事业中,目前,国旅、中旅、青旅、广之旅、神州国旅、新之旅等多家旅行社都积极地参与了奖励市场开发,并且取得了不小的成绩。中旅总社出境部资料显示,奖励旅游的组团量已经由原来占组团总量的6%上升到了10%;而国旅假期组织奖励旅游的最高组团数曾达到该社组团总数的40%以上;2001年上半年,仅广东中旅国外部就承办了近千人次的奖励旅游业务,比2000年同期增长80%;新之旅则称,目前奖励旅游收入已经占了该社总收入的一半。

(三）国内外奖励旅游发展比较

奖励旅游从美国起源后迅速向世界各地传播，由于多种因素尤其是文化差异的影响，奖励旅游在不同国家的表现有所不同，即便是在奖励旅游发达的北美和欧洲，在其发展过程中也呈现出了一定的差异性。

在国际奖励旅游大发展的背景下，我国奖励旅游也获得了一定的发展，但在多种因素的制约下，我国奖励旅游发展与国际奖励旅游发展还存在着较大的差距，主要体现在以下几个方面。

(1) 企业参与不普遍。
(2) 经济制度影响。
(3) 政府法规的影响。
(4) 休假制度的影响。

国内外奖励旅游发展的不同具体体现在两个方面（见表7-2）。

表7-2　国内外奖励旅游发展比较

比较项	国外奖励旅游	国内奖励旅游
起源原因	经济	政治
发展速度	较慢	较快
旅游产品	个体自由度假为主	团体组织观光为主
旅游范围	全世界	主要是本国及周边地区
中间机构	奖励旅游部	旅行社
活动目的	激励为主，关系为辅	形象为主
市场营销	行业协会	政府或企业

1. 奖励旅游的理念有所不同

在美国，许多公司一直试图通过奖励旅游建立竞争性的氛围，特别强调预先设定目标，强调对奖励旅游参与者的资格进行审核。

在欧洲，许多公司举办奖励旅游活动是为了使员工树立较强的团队精神或者是为了对员工进行培训，希望在旅游的过程中让同事间的感情变得更加融洽。

在新加坡，大多数公司使用奖励旅游的目的是表示对员工的感谢或激励员工士气，在实施奖励旅游前甚至大约有89%的企业没有预先为奖励旅游的参与者设定目标。

在我国，目前实施奖励旅游的目的与新加坡比较相似，企业往往不对参与者设定目标。

2. 奖励旅游的内容安排不同

对奖励旅游的不同认识导致了奖励旅游内容安排、消费层次等方面的差异。

在美国，非常注重奖励旅游的豪华性，在实施奖励旅游活动时往往不太关注成本，住宿设施追求高等级,偏爱五星级或者超五星级豪华酒店,旅游目的地也通常是中心城市、地区首府。

在欧洲,大多数公司并不想将奖励旅游办成奢华的活动,不过多考虑入住酒店的档次(一般为三、四星级酒店),而是特别强调旅行中的活动组合,目的地通常是和公司有业务联系和业务兴趣的地区。

在新加坡,奖励旅游活动的成本对目的地选择的影响至关重要。

在我国,由于成本等因素的影响,短途奖励旅游盛行,目的地往往集中在公司所在地区内或者附近,旅游项目也比较单一。

第三节 奖励旅游的策划与组织

一、奖励旅游的主题与策划

奖励旅游策划不只是安排组织旅游,而是围绕激励目标作出全过程的、完整的策划方案,从设定激励目标开始,通过整个活动达到激励员工并产生经济效益的预期目的。国际上的专业奖励旅游公司非常重视这一点。不管由谁来策划和组织奖励旅游活动,策划的主要内容和步骤如下。

(一)了解市场需求

奖励旅游公司首先要把自己的奖励旅游产品和服务销售出去,促使客户委托其策划和组织奖励旅游项目,才谈得上奖励旅游操作。奖励旅游是会展业的一个细分市场。了解这一市场的构成和需求,对于奖励旅游公司有针对性地推出受市场欢迎的产品至关重要。

(二)确定目标

在承接客户的奖励旅游项目后,奖励旅游公司就开始进行前期的策划与准备工作。奖励旅游活动完整策划的第一步就是从确定目标开始。确定目标,就是立一个标准,只有达标的雇员、经销商和客户,才有资格参加奖励旅游。这一目标是今后选择奖励旅游参加对象的基础。这个目标要简明、量化,如增加一定百分比的生产量或销售额,或降低一定百分比的成本等。还要有时间限制,如一个电器公司到某月某日,家用空调要增加100万元人民币的销售额。实现这个增加额所产生的额外利润,应足以支付奖励旅游活动的所有费用。这个目标应该恰如其分,既要富有挑战性,也要让相关人员可以达到或者超过。

(三)制定绩效标准

绩效标准是用来确定奖励旅游对象是否具有参加奖励旅游活动资格的指标,是根据企业目标的预定完成情况和奖励旅游对象为实现这一目标应做的贡献来拟定的。设定目标,不要搞成"劳动竞赛"或"体育竞赛"那样,只有成绩优胜的最前几位有幸入选,受益面有限。只图安逸、能力平庸者,明知不能胜过别人就可能不予理会,激励作用也就大打折扣。还有一种做法,是建立生产或销售定额制度。凡是完成规定定额的人,都有资格获得奖励旅游,受益面更宽了,激励性就更强、更广。

(四) 营造声势

"未见其人,先闻其声"。活动虽然还未开始,但宣传的声势必须及早营造。如果公司里无人意识到这个奖励旅游活动,或者无人为之兴奋激动,那么,提供这样的奖励旅游活动就毫无价值。大力宣传奖励旅游计划至关重要。奖励旅游活动最有价值的阶段,并不在于旅游活动本身,而是全体成员努力达标时期,公司里热火朝天,生机勃勃,一派喜人景象。如何形成这样的局面,得有一套经验和技法,奖励旅游活动的策划者,理应"导演"自己的拿手好戏。

(五) 精心选择目的地

精心选择的旅游目的地,应该是与众不同的、吸引人的、迎合参与者兴趣的。在选址时,有必要在参与者中间先进行一次民意调查。附带指出,这种民意调查,也是奖励旅游活动的一种有效宣传手段。国外管理者在研究选择奖励旅游目的地时认为购买者大多从员工和他们的配偶两方面考虑。管理者可通过提供多类型、多层次的奖励选择,针对具体的细分人群来扩大受益面。如为有配偶和孩子的家庭设计去迪士尼乐园旅行的活动,组织单身员工去巴黎旅行。在旅游区域选择上,可进行国内旅游或者国际旅游。

(六) 安排假期行程

奖励旅游活动的持续期间不是指从旅行的开始到结束,而是指从宣布奖励旅游活动开始,包括员工、经销商或客户为争取参加奖励旅游所需要的达标时间,直到旅行完毕善后工作结束。一般来讲,短期奖励旅游活动最为有效,这种活动如果持续时间过长,人们容易忘记,失去兴趣,或者变得心烦意乱。绝大多数奖励旅游活动一般为 3—6 个月,几乎没有什么奖励旅游活动会长达 1 年甚至更长时间。

安排旅游成行的时间,不应使公司的正常经营活动受到过分干扰,还要利用淡季,又要安排在参与者想旅游的时间。这些要求,有时候会相互冲突,所以要有灵活性并能做出妥协。

(七) 设计精彩的活动内容

奖励旅游之所以是高级旅游市场的重要组成部分,它与一般旅游活动的最大区别就在于它是针对企业"量身定做"的,针对受奖者提供"无限惊喜"。所以,需在设计产品时将特定企业的企业文化和经营理念融合进去。在设计前,一方面要做好相关事前准备,另一方面要研究产品购买者和消费者的需求心理。设计产品之时,除了设计出售给企业的狭义奖励旅游产品之外,还应该设计出相关的应急方案。

(八) 案例分析:"安利心印宝岛万人行"奖励旅游活动

1. 活动概要

2009 年 3 月 14 日,安利(中国)日用品有限公司 12000 名优秀营销人员分 9 批次前往祖国宝岛台湾旅游。该旅行团是有史以来最大一个前往宝岛台湾的旅行团。此团由中国港中旅集团执行组织,优秀营销人员乘坐的是"海洋神话"号豪华邮轮前往台湾。3 月 14 日为首航,总共分 9 批次出行,每航次历时 6 天 7 夜,5 月 14 日为最后一航,5 月 20 日返回上海。

2. 活动内容

1) 旅游活动

乘坐"海洋神话"号豪华邮轮抵达基隆港后,分别停靠基隆、花莲、台中等港口,先后游览基隆夜市、太鲁阁、日月潭等著名景点;品尝蚵仔煎、花生汤圆、天妇罗、奶油螃蟹等台湾美食;感受台湾风情;欢乐购物,为台湾消费市场助力。

2) 培训活动

9 批营销伙伴在碧波万顷的东海上依次展开学习研讨。培训教室外就是碧海蓝天,营销伙伴投入地聆听公司来年的战略和规划,认真吸纳着研讨会的业务资讯和知识精粹。

3) 特殊活动

董事长和全体嘉宾一起祝酒;台中市市长出席首航团及第九团惜别晚宴;著名歌手蔡琴、任贤齐、庾澄庆,分别献唱多场惜别晚宴;在日月潭,身着民族服装的台湾女孩,笑迎远道而来的安利陆客;安利台湾分公司特别设立了许愿树,树上满载着营销伙伴的美好心愿;内蒙古的营销伙伴植安利林纪念宝岛万人行,并把由台湾带回的土壤,撒入祖国大地。

二、奖励旅游的组织和管理

(一) 奖励旅游活动组织的安全管理

安全是奖励旅游活动的基本需求,它不仅直接关系到奖励旅游的效果,甚至可能造成奖励旅游参与者人身、财产的损失,影响企业的形象。安全是企业奖励旅游顺利运行的重要保障,是保证奖励旅游潜在活动效果的必然要求。

1. 潜在安全性问题

奖励旅游活动的参与者在奖励旅游活动中受自然因素、社会因素以及个人因素的影响,存在各种各样的安全隐患。自然灾害频发、安全设施不足或老化、监管制度不健全、对旅游过程中的突发事件应急救援机制不健全都会成为奖励旅游活动中的安全隐患。很多奖励旅游活动的参与者对安全隐患了解不足,在旅游活动中又常常一时兴起进行单独活动甚至冒险行动,也会造成安全隐患。奖励旅游总体规模大、事件集中,设备及从业人员处于超负荷运转状态,更使旅游活动中的安全因素复杂化。奖励旅游的安全管理是由许许多多的安全要素组成的,环环相扣,缺一不可,形成一个完整管理系统。

在奖励旅游活动举办前,需要收集各方面信息和确定方法,通过广泛收集可能导致各类安全突发事件发生的危险有害因素,预先识别奖励旅游活动中潜在的各类威胁、弱点,全面评估面临的风险种类等级、可能造成的影响,对危机灾害后进行准备和预警,制订相应的事故应急预案及疏散避难预案,确保安全事故应急工作迅速且高效。另外,购买相关保险是奖励旅游活动安全管理的重要措施,是奖励旅游安全体系中不可或缺的一个环节。

旅行社主管认为,在奖励旅游过程将会遭遇到的风险当中,大多数受访者认为奖励旅游所面临的风险主要在于"他国国家政策",例如签证等障碍,其次是"机位风险"上的风险,在奖励旅游过程中经常面临机位变动性高的问题,导致预订机位时有许多未知风险,而机位又

是重要的出团交通工具。

2. 建立奖励旅游安全应急事件的对策

为了有效保障奖励旅游的安全顺利进行,应在奖励旅游活动过程中进行实地检查,对所有隐患进行排查,建立奖励旅游安全应急事件的对策机制也是必要的。

一般奖励旅游安全应急事件分为一般突发事件和重大突发事件两类。

1) 一般突发事件

在奖励旅游过程中出现的突发事件,如拒签、护照遗失、物品丢失或被盗、人员走失、重症、急症发作、流产等。

2) 重大突发事件

在海外旅游过程中出现的突发事件,如重大伤亡事故、出入境受阻或被边防海关扣留、有组织的群体对立事件、恐怖袭击、严重的自然灾害、政治动乱或者传染疫情等突发情况,或引发媒体极大关注并产生负面影响的事件。出现奖励旅游安全应急事件时主要有报告、定性、制定方案、实施方案、总结汇报等程序。

(二) 奖励旅游组织的风险管理

在组织奖励旅游的过程中,会遇到一些难以预料的不确定损失,即奖励旅游的风险。这些风险既包括一般旅游活动会遇到的风险,也包括由于奖励旅游活动的特殊性而产生的一些特有的风险。为尽可能地减少损失,奖励旅游活动的组织者需要进行风险管理。

1. 奖励旅游面临的主要风险

1) 经济方面

奖励旅游在经济方面的风险主要是财务的风险,例如客户的拖欠款、国际旅游业务的汇兑损失、违约等造成的旅游企业的经济损失。

客户的拖欠款是旅游企业在组织奖励旅游活动中最常见发生的财务损失。一般的奖励旅游客户都是和旅游企业签约的大客户,其付款周期为1—3个月(不同的旅游企业针对不同的客户会有所不同),很少提前付款。尽管有这么长的付款周期,大部分客户仍不能按时缴付,这无疑增加了旅游企业的财务负担,减缓了资金周转率,增加了旅游企业的经济风险。

汇兑损失与一般活动中的汇率风险一致。因为汇率变动受整个大经济环境的影响,所以由于汇率变动所产生的损失是不可预测的。

违约所造成的经济损失是巨大的。在一般奖励旅游活动中,客户违约的概率并不高,然而一旦发生,其所造成的损失便是巨大的。奖励旅游的签约客户一般与旅游企业签订的都是年度合同,在每次奖励活动出发之前,负责奖励旅游的部门会给旅游企业下一个采购订单,相当于合同。而合同中大部分的条款是有利于客户而不是旅游企业的,旅游企业只能被动地接受,其风险系数自然高于普通的公民旅游。

2) 政治方面

政治方面的风险主要包括因各国意识形态的不同所产生的风险以及签证过程中无法预料的风险。

签证是出境旅游活动的关键部分,是国与国之间外交的重要环节,不是个人因素所能控制的。签证无法通过,整个奖励旅游项目就无法实施,这不仅会造成旅游企业的利润损失,同时也会降低客户对旅游企业的信任度。

3) 安全方面

安全方面的风险是所有旅游活动都会遇到的。旅游活动具有较大的时间和空间跨度,会接触到社会的各个方面,遇到各种问题。社会治安状况以及接触到的食物等,都可能使人身及财产安全受到损失。这些不确定因素就构成了旅游企业经营奖励旅游活动过程中的人身及财产安全的风险。

4) 社会文化方面

由于各个国家、地区间的风俗习惯和民族禁忌有所不同,所以在奖励旅游活动过程中,难免会由于旅游者对当地风俗的不了解而导致与当地的民众之间产生矛盾和冲突,这也是奖励旅游活动的风险之一。

2. 奖励旅游风险的控制与规避

对奖励旅游的风险进行控制与规避之前,要首先对可能产生的风险进行识别,然后进行风险的预测和评价,最后进行控制与处理。旅游企业的一系列风险管理措施都要靠控制与管理来实现。

对于不同类型的风险,控制、处理与规避的方法也不相同。

(1) 为降低旅游企业的财务风险,旅游企业要经常分析财务报表,及时发现问题;制定有效的信用制度;尽量做到"先付款、后接待",减少应收账款的数额;提取合理的坏账准备金;准备适度的流动资金,防止财务危机;采用合理的定价及催款制度,有效规避外汇风险。

(2) 对于政治方面的风险,旅游企业无法处理,只能采取行之有效的手段进行规避。例如,在客户要求前往旅游目的地国家(或地区)之前,对该目的地的政治环境进行全方位的了解和掌握,特别是与本国的外交关系,并由此给出合理化建议。

(3) 安全方面的风险有些是可以通过旅游企业的前期防范进行规避的。但由于一些突发事件和不可抗力因素而造成的旅游者和旅游企业工作人员的人身及财产方面的损失是无法防范的。对此旅游企业可以在出发前为旅游者和工作人员购买保险,以降低损失。

(4) 由于社会文化的不同而产生的风险也是不容忽视的,因此在奖励旅游出发前,旅游企业要给客人做好出团手册,将旅游目的地的社会、文化等方面的相关信息告知客人,让客人提前了解目的地的风俗习惯及民俗禁忌,这样就可以很好地规避这方面的风险。

三、奖励旅游的效用分析

(一) 对国家或地区的经济的发展

奖励旅游对国家或地区的经济发展而言产生以下效用。

1. 有利于拉动地区消费

奖励旅游消费以公务消费为主,旅游者的吃、住、行、游在一定程度上代表着企业的实力,企业本身也希望通过参加者的活动来树立企业形象,加强在客户心目中的印象,因此,从可支配的购买能力的角度来看,参加者均是消费能力强劲的商务客人,其消费档次、规模、开支均比普通旅游者要高得多。一个豪华奖励旅游团的消费通常是一个普通旅游团的5倍,不但在吃、住、行、游、购、娱等方面具有高档次的特征,而且在旅游活动内容组织安排以及接待服务上要求高规格,这种高规格往往伴随着高消费。2000年,美国大都会保险公司奖励旅游团的北京之行共400人,4天消费高达400万美元,人均10000美元。这些费用的支出,很显然对北京地区的消费市场产生了一定的拉动作用。

2. 带动相关行业发展

奖励旅游的行业带动性很强,它可以有力带动餐饮、娱乐、商场、旅游景点、交通、宾馆等相关行业的发展。奖励旅游的发展对旅游目的地酒店的带动作用最显著,在短时间内,大量的旅游者入住,提高了酒店的入住率,并带动酒店的餐饮、商品销售和娱乐场所、会议室、商务中心等设施的使用,从而增加酒店的收入。奖励旅游活动中,由于人数多,很多旅游团需要包车、包机等,可以促进交通运输业的发展。另外,逛街购物、游览观光等都能为相关行业带来相当丰厚的经济效益。

3. 社会效应显著

奖励旅游的社会效应十分显著,对提升一个城市的形象、塑造城市名片、增加知名度、带动地区基础设施建设等都有积极的作用。例如,我国的北京、上海、广州等城市由于奖励旅游市场活动,成功承接许多国内外著名的大公司企业的奖励旅游团,尤其是规模大的组团,从而大大提高了在国际旅游市场的知名度。泰国曼谷、新加坡等也因大力发展奖励旅游而增加了城市知名度,促进了城市基础设施的完善和旅游业的发展。

(二) 对旅游业的发展

衡量奖励旅游的效果时,对旅游业而言有以下效果。

1. 从宏观角度有利于旅游产品的多元化

旅游业是满足人们旅游需求的综合性行业。随着社会经济的发展,人们的需求也呈现多样化的特点,旅游产品也从传统的观光型向体验型转变,新的旅游产品类型不断出现。奖励旅游是一种较高级别的旅游活动,其旅游产品往往不同于普通旅游团,要求拥有新意、具有个性化、能够别出心裁。在奖励旅游产品成熟以后,可以推广至普通旅游团,这样就能够改善旅游产品的结构,延伸旅游产品的范围,更好地满足旅游者多元化的需求,也是旅游业发展不断升级的表现。

2. 从微观角度能增加旅游企业的经济效益

从经济角度考察,奖励旅游在诸多旅游产品中效益最好、前景最佳,被业内人士看好。奖励旅游具有规模大、档次高、客源相对固定且丰富、综合效益高等特点,其发展近年来一直保持迅速增长的态势。据国际奖励旅游协会的研究报告显示,一个奖励旅游团的平均规模是110人,而每一位客人的平均消费(仅指地面消费,不包括国际旅行费用)是3000美元。奖励旅游市场回报率极高,一个中等规模的奖励旅游团的平均投资回报率为1∶47,即每投资1元,市场将回报47元。新加坡旅游局也经过分析发现,到新加坡的中国奖励旅行团的消费能力比一般旅行团要高出1.4倍。而在一些奖励旅游比较发达的国家,接待奖励旅游团与接待普通旅游团相比,所获利润要高出5—10倍。

（三）对旅游企业的发展

衡量奖励旅游的效果时，对采用奖励旅游的企业而言有以下效果。

1. 能产生显著的激励效果

奖励的形式是多样的，传统的物质奖励有现金奖励、奖品奖励等，但是这种奖励作用的时间往往是短暂的，而精神方面的奖励，尤其是把旅游作为奖品激励员工，其产生的激励作用则会更加持久。在旅游活动中，通过各种活动的安排，让受奖者"寓奖于游"可有效地调整企业上下层、企业与员工、企业与客户、员工与员工、客户与客户之间的关系，常年连续地进行奖励旅游将会使员工、客户产生强烈的期待感，对于刺激业绩成长能够形成良性循环，也能起到长效的激励作用。

2. 增强管理者和企业的亲和力

奖励旅游为员工和管理者之间创造了一个轻松、愉快、不同于日常工作的特殊环境，大家十分放松，员工与管理者之间可以充分交流，从而增强管理者和企业的亲和力。

3. 有助于建设团队精神、增进同事感情

平日里忙于各自工作岗位的员工之间交流机会较少，但是企业要想正常工作和运转则需要同事之间的合作与配合，而奖励旅游则提供了非常好的交流机会，大家一同吃、住、游，尤其是行程中安排的各种集体参与性活动，更能增进彼此之间的感情，从而增强企业凝聚力，增强团队精神。

4. 有助于宣传企业形象

一般大规模的奖励旅游往往都会有包车、包机、包船、包场等现象，自然会打出醒目的企业标志。这事实上就是通过奖励旅游对企业的宣传和包装。这既是对员工的奖励也是对企业自身业绩的一种奖励。

本章小结

本章首先介绍了奖励旅游的两大特质：会展特质、旅游"因子"；其次，介绍了国内外奖励旅游的发展历程与趋势；最后，通过给出现实案例，介绍了奖励旅游的策划、组织、管理和效果分析的方法。

关键概念

奖励旅游　国内外发展历程与趋势　奖励旅游策划　奖励旅游组织　奖励旅游效果

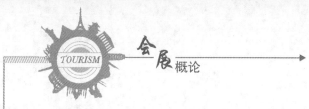

复习思考题

□复习题：

1. 奖励旅游如何表现出会展特质？
2. 国外奖励旅游发展经历了哪几个阶段？
3. 我国奖励旅游发展与国际奖励旅游发展存在的差距主要体现在哪几个方面？
4. 策划奖励旅游主要有哪些步骤？
5. 奖励旅游主要面临哪些风险？
6. 奖励旅游对旅游业而言有哪些效果？
7. 奖励旅游的影响因素有哪些？

□思考题：

实操训练一：

试模拟策划一份针对学生群体（社团或班级等）的优秀大学生夏令营活动，请为此次活动做一份完整的策划书。

实操训练二：

背景资料：某汽车经销商请您为其50名优秀的销售人员主办一次激动人心、别具特色的奖励旅游，具体要求如下。

目的地：非经销商所在国。

预算：20万美元（整个团队费用，包括交通在内）。

公司指定内容：为期3天的集中强化活动，包括团队建设训练和社会活动。

您的任务如下。

选择参加者认为刺激、不同寻常的目的地。

选择参加者认为有特色的住宿地。

制定别具一格的计划安排，令参加者感受到多样性与刺激性。

让参加者有机会享受到别出心裁、不同寻常、质量上乘的饮食。

策划的旅行安排不仅要方便参加者，而且要尽可能高级、高质。

制定的预算不能超出整体预算。

假设你是主办团队奖励旅游专业旅行社的项目负责人，请以报告的形式提交你的工作结果。

第 8 章

特殊事件

学习目标

通过本章的学习,让学生了解特殊事件的概念,了解特殊事件在事件前期与后期的策划、执行的具体思路与方法,通过具体的案例分析,更好地理解特殊事件的现实意义。

案例引导　　华为 nova5 系列新品发布会

2019 年 6 月 21 日,华为 nova5 系列新品在武汉光谷国际网球中心正式发布。发布会上,华为消费者业务手机产品线总裁何刚首先分享了华为终端在 2019 上半年取得的骄人业绩——华为手机全球发货量 5 个月突破 1 亿台,并表示"发货量破亿的速度越来越快,得益于我们不断提供优质的产品,不断思考如何做得更好,如何更全面地服务消费者。未来,我们会因为创新和服务走得更好、走得更远"。随后开启了华为 nova5 系列新品发布。

在发布会现场,华为 nova 全球代言人分享了用 nova5 Pro 拍摄的夜景自拍照。照片中繁华的城市夜景与代言人帅气的五官清晰分明,超越了粉丝对手机夜景自拍效果的期待,引来现场粉丝的阵阵惊叹。华为消费者业务手机产品线总裁何刚与代言人一起,使用 nova5 Pro 拍摄了自拍照,更是引来现场粉丝的阵阵欢呼。

华为 nova5 Pro 8GB+128GB 版售价 2999 元,8GB+256GB 版售价 3399 元。nova5 8GB+128GB 售价 2799 元,nova5i 6BG+128GB 版售价 1999 元,nova5i 8GB+128GB 版售价 2199 元。nova5 Pro 和 nova5i 于 6 月 21 日开启预售,并于 6 月 28 日正式开售。nova5 则于 7 月 13 日开启预售,并于 7 月 20 日正式开售。华为平板电脑 M6 的 10.8 英寸版和 8.4 英寸版分别于 7 月 10 日和 7 月 20 日开售。用户可通过华为官方商城、各大授权电商、华为体验店及授权零售商进行

预购。

（资料来源：http://www.ce.cn/cysc/tech/gd2012/201906/21/t20190621_32421717.shtml.）

问题：
1. 此次发布会可能会为华为带来怎样的效应？
2. 如果你是负责人，你将如何策划本次发布会？
3. 试从本案例中分析发布会与特殊事件的联系。

第一节　特殊事件概述

一、特殊事件的概念

特殊事件是一个统称，涵盖所有在一个特定目的下，将人们聚集在一起的场景和事件。在某种程度上，大多数活动需要组织方的规划。在诸如城市节庆活动、博览会等特殊活动中，可能意味着组织方需要同社区基础设施合作商业化促销，甚至是在某些情况下与媒体打交道。这类活动可以是当地吉尼斯俱乐部野餐聚会般的小规模，也可以是像奥林匹克运动会那样的大型赛事。特殊活动可嵌入会议展览会活动及协会会议中，甚至是游乐园、游行大型集会、节日及公众活动中。

为了加深对特殊事件的理解，我们可以借鉴会议产业理事会汇编的专业术语中有关特殊事件和特殊事件公司的定义，定义如下。

特殊活动：出于庆祝目的而举办的一次性的特殊活动。

特殊活动公司：这类公司可能会承包整场活动或是部分活动环节。一个特殊活动筹办公司可能会对活动产生特殊且戏剧性的影响。有时候基于合同的部分条款，它们还负责聘请演讲嘉宾。

一项特殊活动能够将所有相关机构聚集起来，目的可以是集资，也可以是将一座城市或社区建设成为一个地方性、区域性或全国性的目的地，从而刺激当地经济的增长。对于一个组织或公司而言，活动还是一次立足于业界、接触大批消费者的良好机会。赞助商特定类型的活动可以为自身带来营销优势和接触客户的途径。比如，由于在某种程度上观众特征与目标客户相匹配，梅赛德斯奔驰汽车公司（Mercedes-Benz automobiles）赞助了许多职业高尔夫球赛和美国职业网球公开赛。此外，银子弹啤酒（Coors Light）赞助了纳斯卡比赛（NASCAR races），好事达（Allstate）赞助了糖碗橄榄球比赛（Sugar Bowl），梅西百货公司（Macy's）赞助了感恩节大游行。这样的例子还有很多。

精心策划一次特殊活动需要的不仅仅是一个想法，还需要计划，分析目标市场，具备基础性操作知识，运用有效的沟通，和志愿者及志愿者机构合作，合理使用预算，举办推广活动等。简单来说，活动管理专家、会展人需要明白一次特殊活动中的"谁、什么、哪里以及为什么"。

二、意义与目标

一场婚宴、一次5公里的慈善长跑、一次梅西感恩节大游行或是一次公司野餐,尽管它们十分不同,但都是非常特殊的活动。那么,这些特殊活动的共性究竟是什么?

所有特殊活动的策划内容都是由某个特定的人来完成的,他/她必须理解服务对象的目标、需求和欲望。在给定的地点城市或是设施的标准下,活动管理专家必须为客户负责,尽一切所能来达到客户的目标。通过发展客户与活动管理专家之间的重要关系,特殊活动管理才得以开始和发展。活动管理专家必须聆听客户的想法,看到他们的愿景。基于专业知识与活动管理者的专业性,活动管理专家应该有能力将客户的愿景变为现实。那么,专业的活动管理者如何开始真正地理解其客户的目标呢?而客户又是怎样开始信任专业的活动管理者呢?

一位活动管理专家与客户之间必须保持清晰的沟通,两者间实现充分的相互交流,这样,一份可行的计划才得以呈现。活动管理专家必须明白这样一个道理:任何活动的成功都源于一段关系,倾听客户,兑现承诺,关心细枝末节并确保万无一失的沟通,是任何一位专业的活动管理者必须具备的能力。无论这场活动的规模如何,每场特殊活动对于某个人或是某些人而言十分特别。达到(及超越)客户的期望成为一场艰巨的挑战。而这也是需要活动管理专家扮演关键角色的重要之处。例如,宾夕法尼亚夏季艺术节是一个成功的活动,它吸引了超过10万名观众来宾夕法尼亚中部地区。此艺术节将人们吸引至市中心的州立学院和宾夕法尼亚州立大学伯克校区来欣赏艺术和庆祝,地点在全国闻名的人行道销售和展览会(Sidewalk Sale and Exhibition)。另外,还有音乐、舞蹈及戏剧表演在许多不同的传统和非传统场地举办。

第二节 特殊事件的策划与执行

从远古时代开始,节日和特殊活动就已经成为人类历史的一部分。有史以来人们便举行生日、婚礼、祭日以及举办诸如奥运会、角斗士的特殊聚会。这种特殊聚会的现代化运用最成功的人当属迪士尼"幻想工程师"——罗伯特·加尼(Robert Janni)。加尼在迪士尼任职期间,迪士尼正面临这样一个问题:尽管迪士尼的闭园时间还未到,时常出入主题公园的家庭大都在结束了一天的冒险之后,于下午5点因筋疲力尽而早早离开了。为了留住主题公园的观众,加尼提出了一种名为"主要街道电动游行"的夜间游行活动,它由许多亮灯装饰的花车组成。这一活动的成功,保证了公园晚间的游客数量。当一名记者问他该如何称呼这一游行,他回应道:"一场特别的活动。"迪士尼乐园至今都使用这种特殊活动——夜间花车游行来吸引、保持园区内的人流,甚至成为全世界迪士尼乐园的一大亮点和特色。

一、前期

(一) 目标市场分析

目前的国内外市场的现状:举办一场特殊活动的方式并没有改变多少,但作为消费者却发生了变化,消费者面对的花费压力变大,可以进行的休闲消费选择也越来越多。由于参加活动的花费上涨,消费者更加慎重地选择,更加注重如何使用他们的娱乐费用。对于要出席的活动,他们变得更加挑剔且富有经验。消费者的这一特点造就了特殊活动对质量的追求。

了解特殊活动的目标市场是成就一场成功活动的重要因素。对于活动营销者与专业活动管理者而言,了解目标观众是相当重要的。年龄、性别、宗教、种族——所有都必须被了解。根据活动的类型,专业活动管理者必须明白参与活动的限制条件(如宗教、饮食)以及参与需求。活动必须以目标市场中的总体需求与期望为基础。

对于一场特殊活动而言,最有价值的结果是在客户群体、相关群体的社区中形成良好的口碑。为了营造这种正面的评价,活动组织方要意识到活动并非能够吸引所有的潜在客户市场。促销人员必须为一个社区活动确定目标市场。所谓目标市场营销,就是清晰地确定谁会来参加某种类型(甚至具体到某个)的活动。比如,贾斯汀·比伯(Justin Bieber)的演唱会致力于吸引年龄介于12至16岁的年轻女观众。因此,促销人员必须把他们的宣传经费投入这样的特定目标观众中。其后的所有推广内容也将主要面向这些特定年龄的群体。

大多数社区都明白,一场特殊活动将给各个社区或地区带来积极的经济效益。这带来了争办特殊活动的竞争。不少社区通常会利用一些引诱条件,吸引特殊活动到该地区举办。这些条件包括免费的娱乐场地安保、停车场,甚至是邀请可以算作是代表"城市钥匙"(Key to the City)的名人来营造娱乐氛围。为此,学术界经常出现运用"城域"(City Wide)一词来讨论能够影响整个城市的大型活动或会议。城市的广阔土地是城市经济发展的关键。当一个大型活动或会议在某个特定的城市举行,其经济效益一定是积极正面的。全城的酒店房间可能会被预订空,小饭馆也会变得忙碌,而零售店和文化景点也会因为"城域"效应而变得热闹繁华。

一场成功的背后有两个重要的因素。其一是社区对城市举办活动的支持;其二是活动能够满足消费者的需求。比如,每年在劳工节周末,新奥尔良都会举办一场名为"南方颓废节"(Southern Decadence)的活动。这场历时3天的活动,吸引了超过12500名观众,为整个城市创造了超过125万美元的资金。新奥尔良可能是美国少数几个支持举办此类活动的城市之一。

(二) 为特殊活动做准备

为举办一场活动,需要完成一些基础性的操作,主要包括以下内容。

(1) 确定场馆。

(2) 获得相应许可:①游行许可;②酒水许可;③卫生许可;④销售许可;⑤消防安全许可。

(3) 在必要的情况下,请相关政府机构一同参与。例如,使用城市休闲设施,或者与公园或娱乐部门共事等。

(4) 如果活动涉及餐饮,请卫生部门一同参与。

(5) 拜访联络所有的利益相关者,以避免不必要的误会和错误。

(6) 确定活动的销售商与供应商。

(7) 意识到与公共部门打交道的复杂性,有时候公共部门总是很难作决定。

(8) 认识到为了举办某些特殊活动,城市必须处理的后勤问题。例如,为了举办马拉松比赛而封闭街道。

(9) 制定一项包含由场馆方和专业执法机构共同提供的安全方案。

(10) 明确相关责任保险。

(11) 如果特殊活动设置了门票,定好门票的价格。

(三)预算

对于任何想要取得成功的活动而言,盈利是必须考虑的问题。要想盈利,活动管理者就需要理解涉及活动成本的6个主要因素。组成一场特殊活动的花销包括以下几类。

1. 场地租赁成本

根据活动类型,租赁诸如会议中心或能够用于搭建帐篷的一块空地这类场地,要求按照租赁天数收费。会议中心通常以每平方米多少钱对已使用的场地收费。大部分场地收费的天数也包括布展和撤展的时间。举办时间长的活动,通常可以和场地方协商一个优惠的价位。

活动场地的租赁费用多种多样。比如,一个协会正在一家酒店内举办一场会议。如果酒店内一定数量的房间都由与会者预订,那么会议场地则可免费出租或是给予一定的优惠。此外,如果组织方在酒店内有食物和饮料的消费,那么场租则获得减免,或者赠送限量的餐饮。

2. 安保成本

大多数会议中心租赁大厅和酒店都会提供安保措施。这意味着防卫装置将被设置在场馆前方和后方的入口处。根据活动的类型,比如一场由拥有万千粉丝的乐队举办的摇滚演唱会,将会要求他们更高强度的安保系统。欧洲足球赛甚至要求更多的安保措施。因此,实际的花费将取决于举办地和所需安保系统的程度高低。

3. 生产成本

这些开销与举办一场活动的具体内容和目标息息相关。成本的高低取决于特殊活动的类型。比如,一场特殊活动是一次大型的家庭园艺秀,那么就有一笔与展示摊位相关联的花费存在。伴随着一定量的家庭园艺秀的兴起,参展商需要一个精致的园林景观,那么,布置和装饰园林景观必需的大量劳动力成本就必不可少,甚至还需要专门的技术和设计人才。因此,这些特殊的劳动力成本也需要计算在内,需要估计基于展位类型与大小的生产成本。在家庭花园式展示中,水电费用也需要计算到生产成本中。其他生产成本还包括每个展位的标志和横幅,以及管道、装载费用。

4. 劳动力成本

特殊活动的举办地也会影响那些装配和拆卸活动展位的工人的成本。一些城市为此成立了工会,工会的成立既是为了提高工作人员的工资,也是为了提高活动的预算。另外,有

些地方为了保护当地市民的劳动权,出现了专门的联盟组织。在存在严格制度联盟的城市中举办一场活动,意味着活动组织方需要花更多的精力与当地联盟接洽。在一些城市中,联盟允许参展商用自己的车装载宣传品和商品。在其他城市中,除了携带自己的公文包,参展商是不能携带任何东西的。

5. 营销成本

大部分的活动组织方采用复合式促销手段以吸引参与者。促销手段包括广告、直接营销、公共宣传、公共关系、促销活动、交互式或者网络营销以及个人销售。以上所有的促销手段都需要预算的支持。尝试着去接触大部分的观众可能意味着经营一系列的电视广告。这其中带来的成本将是十分昂贵的。

6. 人才成本

事实上,所有特殊活动都运用了一些类型的人才或是演员。他们可能包括主持人、乐队或管弦乐队、运动队、歌手、动物等。然而,活动组织方可能已经有了关于人才使用、预算承受范围内花销的计划。例如,高中班级聚会就不太可能承受得起让珍妮弗·洛佩兹(Jennifer Lopez)或泰勒·斯威夫特(Taylor Swift)表演的花费。

在活动开展前,专业活动管理者制订出一份成本与收益的规划是必要的。这样的规划对于确定一个社区是否能够举办其他活动是很重要的。要知道,重复举办已经举办过的活动的程序比推广新活动更加容易,特别是当组织方已经获得收益的时候。在活动的前期、中期,定期(有时候是每日的)彻底地更新票务数据是非常重要的。到活动结束时,每一笔成本和花销都应该清清楚楚。

(四)特殊活动的策划工具

在活动策划中,"人物"要素指的是举办和组织活动的个人或机构。以伊利诺伊州芝加哥市的圣帕特里克节游行为例,城市扮演了举办者及与商家、花车和乐队洽谈的协调者。"内容"是一场关于展示爱尔兰之骄和当地传统的游行。游行的"地点"是芝加哥市区,而花车和乐队的展示则是在密歇根大街上进行。"目的"要素的关键在于体现传统、地区之光、娱乐及旅游。这种活动既能促进城市发展,也能给当地企业和人民带来收益。当这座城市被敲定成为活动举办地时,它需要特殊活动管理手段的协助。

以下是一些用于举办活动的管理工具。

流程图和时间安排表。任何一个会议/活动的议程都应该包括起始及结束时间、茶歇时间、午饭时间、会议重新开始和结束的时间。活动流程可以像一场婚礼的日程一般"浪漫",它可以是游行花车的出场顺序,是选秀节目的顺序,也可以是一次长达一周之久的国际会议行程。一个安排了活动时间的活动流程有助于引导观众和与会者,从而使得活动顺利进行。另外,最好还要准备用于指导决策制定过程的政策声明。政策声明为活动相关者所肩负的义务提供了清晰的界定,并明确了预期要完成的目标,其中一些义务包括人力资源、赞助、安保、票务、志愿者及工资待遇。

特殊事件前期策划应包括以下内容。

1. 了解社区基础设施

策划一场成功活动的另一个关键要素是了解举办社区的基础设施。这里的基础设施包括公司首席执行官、政客、社区著名商业领袖、公民和社区组织媒体及其他社区领导者。倘若没有城市领袖的认同,活动从社区所能够得到的支持将会减少很多。在基础设施中,企业领袖的作用可以是赞助、捐赠、供给人力或是提供活动协调的工作地点。在许多案例中,社区组织扮演了活动志愿者和宣传者的角色。

不论是社区还是公司,是否真正致力于举办某个特殊活动,需要评估其支持力度。从活动开始至结束,这种支持全程担负着管理活动的责任:不仅局限于财务承诺,也涉及物质及精神上的保障。对于活动的推动者与特殊活动管理公司而言,其需要在适当的位置上,设立可靠的基础设施,以保持良好的声誉。

2. 特殊活动的经营与促销

对一场特殊活动的经营与促销是另一种吸引观众、提升整体活动效益的策划手段。仅是因为一个城市决定举办一场手工制品博览会或是街市节日,并不意味着出席率将满足买卖双方的需求。对于一场特殊活动而言,满足卖家利益及参观者的难忘体验是活动的两大主要目标。特殊活动管理公司和民间组织必须有能力负担起所有场馆的租赁。

为了达到活动营销计划的目标,理解并运用促销组合模型是关键。在特殊活动管理中,促销起到的作用是协调所有卖家之力共同建立信息渠道,并同时说服卖家进行营销或宣传活动。传统意义上,促销组合模型包括四个要素:广告促销、公共关系、人员推销、营业推广。当代活动营销者使用多种方式来与他们的目标市场接洽交流,促销组合中的每一种元素被看作一种综合式营销交流工具。这个模型的每个要素在吸引观众方面都有其特定的角色。每一种工具将呈现出多种形式,同时也具有相当多的优点。

3. 促销组合模型中的各种角色

1) 广告促销

广告被认为是活动中非私人传播的有价形式。在促销组合中,广告是最广为人知、广为议论的形式。广告宣传涉及大众媒体(例如,电视、广播、杂志等),因为这种形式最具有说服力,尤其是当活动(如在住宅和花园举办的展览会)面向的是大多数消费者时。与此同时,广告可被用于树立品牌形象或是象征性的品牌吸引力,以及对潜在参与者产生即时的影响。

2) 公共关系

公共关系的目的在于系统性地规划与传递信息,以试图控制形象,或者通过与利益相关者、消费者之间建立互利关系来管理一场活动的对外宣传。比起宣传,公共关系的目标更为广泛,因为其目的在于建立特殊活动的积极形象。公共关系与公共宣传之所以被节庆与活动管理者青睐,是因为它们达到了活动的预期目标,成功接触到了目标观众。公共关系可以作为解释特殊活动一体化的原因。例如,烟草公司已通过特殊活动诸如纳斯卡比赛或是网球公开赛来向消费者展现积极正面的形象。

3) 人员推销

人员推销是一种面对面的交流形式。在人员推销模式中,销售人员尝试着帮助或是说服潜在的活动参与者。一般来说,团体旅游销售是特殊活动人员销售模式中的最佳方式。数家旅游公司采购了大量特殊活动的门票。不同于广告,人员推销涉及活动中买卖双方的直接接触,而这种模式通常是面对面的形式。截至目前,就接触到的消费者数量而言,人员推销是营销活动中最昂贵的方式。团体旅游参与活动的案例,例如印第安纳波利斯500汽

车赛(Indianapolis 500)、肯塔基赛马会(Kentucky Derby)或者新奥尔良爵士节(Jazz Festin New Orleans)等。团体旅游组织方将与专业活动管理者通过面对面接洽或是电话沟通来购买一场活动的门票。

4) 营业推广

营业推广是一种适宜于短期推销的促销方法，是企业为鼓励购买、销售商品和劳务而采取的除广告、公关和人员推销之外的所有企业营销活动的总称。营业推广是一种辅助性促销方式。人员推销、广告和公关都是常规性的促销方式，而多数营业推广方式则是非正规性和非经常性的，只能是它们的补充方式。即使用营业推广方式开展促销活动，虽能在短期内取得明显的效果，但它一般不能单独使用，常常配合其他促销方式使用。营业推广方式的运用能使与其配合的促销方式更好地发挥作用。

营业推广有贬低产品之意。采用营业推广方式促销，似乎迫使顾客产生"机会难得、时不再来"之感，进而能打破消费者需求动机的衰变和购买行为的惰性。不过，营业推广的一些做法也常使顾客认为卖者有急于抛售的意图。若频繁使用或使用不当，往往会引起顾客对产品质量、价格产生怀疑。因此，企业在开展营业推广活动时，要注意选择恰当的方式和时机。

4. 特殊活动的赞助

赞助有助于确保一场活动在盈利方面的成功。对于活动组织方而言，这是一种能够帮助承销与支出费用的创新方式。赞助对于公司而言不仅仅是一种慈善事业，也是一种强有力的营销工具。活动赞助方能通过向活动提供资金或实物以获得商标使用权与冠名权。最近，赞助活动迅速兴起，赞助形式可以多种多样。比如，大公司可能向活动提供资金赞助。然而，中小型机构则可能需要更创新的赞助方式。比如一个小型机构可能提供的是产品，而不是现金。因此，你可能没办法在活动中看到公司品牌的冠名，但你将有机会获得和使用公司的产品。

许多类型的特殊活动需要借助赞助来获得成功。长期以来，体育类活动占据主导地位，以确保队伍和运动员获得赞助。然而，随着公司开始对城市节庆与艺术节等其他类型活动进行赞助，体育类活动的市场份额开始下降。过去数十年，当越来越多的公司开始意识到赞助对营销计划有利可图时，就开始出现一批从体育赛事转向节日与艺术的赞助。赞助商开始意识到节庆同体育赛事一样具有吸引力，能够产生投资回报。

为什么对于公司而言赞助是重要的选择呢？有以下5个强有力的理由：经济变迁(经济上升和经济衰退)，定位于细分市场的能力，衡量结果的能力，媒体的细分领域和不同人口阶层的增长。一个国家的经济形势变化将影响赞助方的目标花费及预期。在经济形势良好时，公司(无论大小)可能愿意并有能力将其费用花在赞助上。然而在经济萧条时期，上述机构可能会感觉到促销所得到回报的必要性。换而言之，赞助可以看作一种投资。实际上，机构想要知道他们能否获得投资回报。不论经济发展良好与否，赞助提升了公司的知名度与名誉。

当为一场特殊活动寻求赞助时，赞助商必须考虑活动是否与公司相匹配。专业活动管理者必须核实公司目标以确保竞争力。特殊活动的组织方应当协助赞助商想出推广方案以帮助其达到目标。活动推广者需确保赞助方的投资物有所值。请记住，无论是活动的内部还是外部观众,赞助商均对他们具有吸引力。

交叉推广机会让赞助商在活动中通过利用多于一种的推广机会以达到品牌曝光的可能。例如,百事可乐公司赞助了一项活动,那么公司可能通过标语、商标等来获得公众的认知。然而,进一步投资赞助事业,百事可乐可能会提出在活动中独家赞助的要求。其通过在活动上提供的产品获得知名度,也可能正在从其所提供的产品中赚取利润。因此,赞助方能够给公司带来三重效益。

公司的内部观众是自己的职员,一个公司需要给予员工参与的机会。如果这场特殊活动是一场慈善马拉松,公司职员有可能被允许参与其中,或者出于慈善原因而进行募捐。这些参与活动的职员可能出现在推广材料或是对外发布的新闻中。对公司的外部观众(也就是消费者)营销的方法多种多样。首先,公司可能使活动产品的标志特色化。通过提供户外标语和专业广告商品(如 T 恤衫、帽子或太阳镜),公司可以提升自己与特殊活动之间的关系。这一类特色产品无所限制,是广告宣传的绝佳所在。赞助公司或许希望任命一名员工发言人来进行广播或是电视采访。

5. 活动管理中的媒体合作

在特殊活动中,媒体报道是吸引人流的有效办法。理想情况是活动组织方想要获得免费的电视、广播及纸质媒体报道。为了吸引媒体,活动推广者必须明白什么能造就好的报道,什么情况又不能。

由于电视台编辑指派的任务,当一个摄制组被派去跟拍一场活动时,他们会寻找容易被摄影机捕捉到的活动情节。同时,他们也会寻找能够在 30 秒或是更短时间内逗乐观众的花絮。如果活动组织方想要电视台或广播台播报关于活动的最新动态,他们就需要引起新闻发布方的注意。他们并不能保证电视台或报纸能够播放活动视频或新闻。然而,如果摄制组拍摄了视频,或者记者做了一次采访,那么机会就来了。请记住,特殊活动可以为晚间新闻提供理想的素材。这个理想素材可以是一场即将参加活动的名人采访,或者是一个艺术活动组织者尝试去向媒体展示与众不同的趣事。在经过十多年的发展后,2006 年肯德基第一次决定重新推出公司的标志。公司标志的修改包括更加大胆的颜色以及修改创站人哈兰德·桑德斯(Harland Sander)的形象使其从习惯性的白西装黑色领结套装转向与红色背景相衬的红色马甲。

为了推出新标志,公司决定创造一款能够从远距离看到的 87000 平方英尺(1 英尺=0.3048米)的形象。在此次活动中,由 65000 块瓷砖建造的肯德基形象竖立在了拉斯维加斯沙漠上。随后,该新标志由谷歌卫星拍摄并被上传至 YouTube 和谷歌地图上,产生了超过 600000 次的访问量。与此同时,肯德基推出新标志的消息成为国家新闻播报的内容,并成了接下来几周多家媒体的报道新闻。特殊活动的推广者很早就意识到了电视及广播报道可以为活动带来的效益。

以下是一些吸引电视或广播报道的有用贴士。

一天的开始被认为是吸引摄制组和记者们的最佳时间。请记住,摄制组一定会出现在活动现场,其工作内容包括摄影、剪辑影片以准备当天晚上 5:00 或 6:00 的新闻播报材料等。

在一周内,吸引新闻工作者的最佳时间是周五,因为这一天通常是容易捕捉新闻的一天。周六、周日受干扰更少,但在周末大部分工作室没有足够的新闻工作者来播报一场活动的新闻。

提前通知关于一场特殊活动的消息,对于新闻编辑者来说,是十分有利的。通常情况下,提前3天的通知以及通过新闻公告或电话回访的活动说明将有利地确保媒体的播报。如果播报中包括采访,提前7天进行通知,将更有利于新闻播报的时间安排。

二、后期收尾

特殊活动都有一个共同的特点:它们终将结束。一场活动的终止通常涉及许多步骤。一旦参与者离场,就会有许多收尾的工作要由组织方来完成。

首先,停车场员工应该担负起疏通车辆离场的工作。在某些案例中,社区警察会协助管制交通,员工应防止拥堵。将活动中存在的优缺点进行总结汇报。此外,还可能存在一些需要相关文件的未尽事宜。最好的应对方法是由活动管理者写好书面报告,以供下一年的活动参考。报告中应该包括以下信息。

参与者:采访一些活动参与者。一位消费者的看法与期望是对这场活动的无价的观察。

媒体与新闻:讨论活动内容值得播报和不值得播报的原因。

职员和管理阶层:采访活动中的不同职员和其他管理者以获得相应反馈。

供应商:对于如何提升一个活动效果,他们也有着别样的视角。参展商和供应商必须填写一份调查问卷。基于他们特定的视角,参展商可以给予良好且有建设性的反馈,为下次的活动策划提供参考。

以下内容也应该包含在活动的最终报告内。

完成收支报告表。活动是不赚不赔呢?还是盈利了或亏损了?

将活动中涉及的所有合同进行归档,活动中所有涉及的事情都有书面文件的证明。可将最终账单与任何偏差的实际账单进行对比。

向媒体发送回顾整体活动亮点的新闻报道。同时,可以安排一场媒体采访。如果活动为举办社区带来了可观收益,那么这将极具新闻价值。

向通过不同形式参与活动的志愿者送去书面感谢信。和志愿者们一起举办一场庆祝会是恰当的,特别是活动在经济上、社会上都取得成功时。

一旦上述结束工作被执行,活动组织方可以从本场活动中学习到重要经验,从而为下一年的活动作铺垫。

第三节 案例分析

一、一场特殊的婚礼

一对来自得克萨斯州的夫妇想要一场特殊的婚礼,他们举办这场特殊婚礼地点定在新奥尔良。原因在于,他们都十分倾心于新奥尔良这座迷人的城市:覆满苔藓的橡树林、南北战争前的种植园以及马车队。他们决定邀请100名观礼者并联络了当地目的地管理公司来制定行程。他们要求的规格是目的地管理公司安排一个12人的晚宴以及100人的招待会。诸如到新奥尔良的交通费、住宿费以及教堂费用都没有包含在报价表中。他们对于婚礼招待与晚宴的既定预算为250000美元,也就是说为每位客人花费2500美元。当某专业活动管理者听说了这一婚礼,她的反应有以下两个方面。

(1) 如何尽可能将这些活动安排在一起,并按照客户既定的预算来花费。

(2) 如果这是他们的拟定预算,那么她会尝试追加销售。

婚礼最终在法国区著名的阿诺德餐厅举行,晚宴在一个私人宴会厅举行,大部分婚礼的预算都花在招待会上了。他们租用了装饰艺术的代表桑格尔剧院(Saenger Theater)作为招待会的场地,但同时也遇到一个问题,和大多数的剧院一样,桑格尔剧院的地板是倾向于舞台的。所以,他们重置了所有的座位并建造了一个水平的,而不是倾斜的地面。由于剧院内部已经十分精美,只需要简单装饰。目的地管理公司与新奥尔良警局订立合同,让其帮助封闭了教堂与剧院的汽车要道。这样一来,当新婚夫妇与宾客被马车队伍运送时,婚礼的气氛不会被破坏。当天晚上,伴随着福音组的歌声,穿着传统服饰的模特问候了新婚夫妇和宾客们,并为他们提供薄荷朱利酒。伴着布鲁斯乐队的演奏,晚宴由格拉迪斯·奈特(Gladys Knight)和皮普斯(Pips)引入了高潮。这场晚宴中,名厨艾梅里尔·拉加西(Emeril Lagasse)亲自掌勺,献上了丰富的开胃冷盘(不包含晚饭)。虽然这场婚礼最终花费了接近30万美元,但这对新婚夫妇仍十分开心。

本场婚礼由食物艺术公司(Food Art,Inc)的南希·伊斯特林(Nanci Easterling)策划。

二、发布会

口碑营销遇到瓶颈?从品牌创立初期一直选择口碑推广的一加手机,2017年6月在北京发布了2017年旗舰产品——一加5。针对上市新品,一加与今日头条达成战略性合作,基于头条个性化推荐引擎及大数据算法优势,大数据洞察、口碑传播双管齐下,实现用户口碑和产品销量的双赢。一直以来,一加的产品被赋予"刷机神机"光环,受到极客圈粉丝的追捧。但热爱一加的用户究竟在关注些什么?头条指数却给出了不一样的答案。

发布会前夕,一加联合头条指数,基于今日头条用户海量的阅读行为进行数据洞察,剖析一加手机及其用户群体,得出了这样的数据结论:头条上7.4%的一加粉丝关注摄影类资讯,且这一比例高于其他手机品牌。

2017年各大手机品牌把双摄像头列为旗舰机的标配,一加5上市也打出了"高清双摄,就是清晰"的广告语,主打的拍照功能很大程度上满足了多数消费者的诉求,而一加广告语的选择,似乎也更有机会触动潜在消费人群。

发布会上,一加也公布其他有意思的头条数据,诸如:"一加3T发布会作为科技圈的一件大事,它的热度相当于1.5场AlphaGo VS 李世石最后一战,1.9场Google I/O大会以及10.1次的Space X火箭成功回收。"因为数据的存在,一加让发布会兼具说服力与趣味性。

(一) 从"好感"到"购买",实现忠诚用户转化

如何以一场发布会为契机,将产品亮点更广泛地传递给目标受众,汇聚海量目光,引爆口碑热议?在这场营销战役中,头条为一加定制了"建立好感——加深喜爱——激发购买"三步骤,实现从口碑传播到目标用户的转化。

(二)建立好感度——问答频道:一加 CEO 亲自答疑

问答平台通常既有严谨的态度又不失生活的情趣,发布会后,头条针对一加 5 产品亮点定制了一条问答,问出了绝大多数消费者心中的疑惑——一加 5 的工业设计究竟有什么独到之处?就这个用户普遍好奇的问题,头条邀请到一加 CEO 刘作虎为用户答疑,建立起用户对品牌及产品的好感度。

(三)加深喜爱度——KOL 聚众造势

CEO 亲临头条问答频道固然有影响力,但一个产品亮点的输出方若只有品牌自己,未免有些单薄。头条从不同维度集合了权威数据类、性能评测类、电商导流类的多位 KOL 聚众造势,为一加量身定制评测文章,打造产品优质口碑。借助 KOL 在所属领域的影响力传递出信息权威性,在理性层面影响用户。其中《这个中国品牌,每年让老外疯狂一次,到底凭什么》一篇文章就达到了 552 万曝光量,点击率达 10.73%。

(四)激发购买欲——目标群体精准追投

除了 KOL 舆论影响外,一加也选择了硬广投放,建立优选人群包,定向王者荣耀、自拍、华为、苹果、军事、摄影、摄像头等关键词,精准触达目标用户。投放结果显示,该优选人群的效果高出头条平均点击率 137%。

与此同时,一加借助头条品牌人群,抓取了新品上市当天及随后两天点击过一加开屏广告的用户、头条上使用一加手机的用户,以及带有品牌标签的阅读人群,通过 lookalike 选取出下次可优化为信息流点击的目标进行追投,让广告越投越精准。

当用户点击浏览开屏、信息流广告时,头条可调起京东 App,进行登录授权,直接进行购买,有效解决因登录造成的用户流失,为一加手机提高购买转化率。

头条指数显示,本次投放让一加阅读热度有了相当显著的提升。在新机上市后的两天,阅读热度指数达到峰值,与投前相比翻了两番。一加的搜索数也在 22 日达到高峰,大约是发布前的 10 倍。

当然,这样的营销方式不止局限于像一加这样的 3C 类品牌,对于美妆及电器这些适用口碑传播的品牌而言同样有效。头条借助原生内容由名人影响用户,用评测文章深入解读产品打造口碑,再利用数据技术将原生广告精准展现给潜在消费者,形成互联网时代口碑营销新方式。

本章小结

本章首先介绍了特殊事件的概念、意义与目标;其次,提到了特殊事件在前期与后期,分别对应哪些策划、执行工作;最后通过给出现实案例帮助读者理解前述内容。

关键概念

▸ 特殊事件概念 意义与目标 策划与执行

 复习思考题

☐ 复习题

1. 特殊活动的定义是什么?
2. 特殊事件的意义与目标是什么?
3. 特殊事件的前期策划主要包括哪些内容?
4. 特殊时间结束后的书面报告应包括哪些方面的内容?

☐ 思考题

试以一件已经举办过的特殊事件为案例,制作对应的前期策划方案。

第9章

会展业发展新趋势

学习目标

通过本章的学习,让学生了解会展业发展的最新趋势,主要包括互联网+会展、绿色会展,让学生了解这两大内容的具体含义与意义。

案例引导

2018年1月11日至13日,"第十四届中国会展经济合作论坛CEFCO 2018"大会在青岛顺利召开,共吸引超过来自18个海外国家和地区的近1000位参会代表。

与以往不同的是,本次大会创新性地采用人脸识别方式签到入场,使用由百度人工智能团队和大会官方注册服务商昆仑股份公司联合打造的"自助人脸识别制证一体机"和"人脸识别会议签到系统",不仅减少了前期制证和设备调试的时间,还极大地提升了签到效率,为国内外来宾带来高水准的会场服务体验,获得会议各方的高度认可。

据百度AI开放平台官网介绍,百度人脸会场签到系统提供基于人脸识别的会场签到全套解决方案,该方案为用户提供完整的会议创建、参会人邀请、会议报名注册、现场刷脸签到、与会人统计管理平台等功能,可应用于线下会议及活动的组织和管理,提升管理效率和用户体验。

大会注册报到期间,全新登场的人脸识别会场签到系统得到了来自论坛主办方和参会嘉宾的一致好评。基于百度AI成熟的人脸识别技术,昆仑股份推出的自主门禁系统设备大大减少了传统人工制证的时间和人力投入,验证方式精准唯一,有效解决了会展中存在的代领和冒领现象。同时,参会嘉宾只需面对面识别程序,2秒即可实现刷脸验证,从刷脸到领取完整证件也只需5秒钟,缓解了往届会议的排队情况。

在随后两天的会期内,自主门禁系统全程处理了参会嘉宾出入会场验证的问题,改变了服务人员手持设备人工扫描登记的传统方式,让来宾有了更好的参会体验。同时,论坛主办方还能够在系统后台管理报名及签到等数据信息,由此了解来宾对不同会议内容的偏好,这为论坛日后的深度发展和题材选择提供了重要的参考依据。

整套解决方案实际操作流程相对简单,非常容易使用。在前期,会议组织者成功接入后,通过后台即可快速创建项目,自定义制作活动报名所需的表单内容,并在线上发布,让参与者及时完成线上报名、信息录入等;在会议签到期间,会议组织者可以获取免费签到 App,只需要 iPad 等基础设备,就可以完成签到的操作,签到过程支持刷脸、二维码两种模式。活动结束后,组织者可在系统后台管理报名及签到等相关数据信息,快速对活动报名与签到情况进行数据分析。更重要的是,百度还将上述解决方案进行了 API 化,这意味着想要开发自有签到系统的开发者能够以极低的成本实现系统开发,并获得百度提供的免费 App 作为刷脸工具。

在实际应用中,百度人脸会场签到解决方案表现出三大优势。

零开发成本:该解决方案全部由百度人脸识别系统后台设置操作,无须任何代码开发,快速上手,为用户轻松打造完整签到项目。

灵活表单配置:用户在线制作表单时,可自主搭配各类表单控件及设置,用户可快速制作出满足业务需求的在线表单。

据介绍,2018 年,百度 AI 与昆仑股份继续深化合作,进一步加强双方技术合作和场景落地方面的探索,在现有人脸识别合作基础上,针对超大展会开展更大规模的人脸识别应用;同时细化人脸识别的应用范围,从门禁延伸到展会营销应用场景;并借助双方在各自领域的领军地位和业务积累,不断推动"智慧会展",形成全新的"新会展"模式。

(资料来源:http://cnews.chinadaily.com.cn/2018-01/26/content_35589816.htm.)

问题:百度 AI 主要在哪些方面提升了展会服务的工作效率?

第一节 "互联网＋会展"

一、"互联网＋会展"的来源

国内首次提出"互联网＋"的理念,是 2012 年 11 月,于扬在易观第五届移动互联网博览会上提出的。2015 年第十二届全国人大三次会议上,李克强总理在政府工作报告中也首次提到了"互联网＋"行动计划。2015 年 10 月 26 日中共十八届五中全会提出,拓展发展新空间,形成沿海沿江沿线经济带为主的纵向横向经济轴带,培育壮大若干重点经济区,实施网络强国战略,实施"互联网+"行动计划,发展分享经济,实施国家大数据战略。

一般来说,"互联网+"就是"互联网+各个传统行业",但并不意味着两者的简单相加,而是利用信息通信技术和互联网平台,让互联网与各个传统行业进行深度融合,创造新的发展生态。"互联网+"是未来发展趋势,加的是传统的各行各业。在之前的十几年间,互联网的发展已经非常明显地证明了这一点:互联网加媒体就产生网络媒体,并对广播、电视、报纸、杂志这些传统媒体影响很大;互联网加娱乐便产生网络游戏,并产生了相当大的客户市场;互联网加零售产生电子商务,比如淘宝、京东、1号店等已经覆盖全国网络零售。

《国务院关于进一步促进展览业改革发展的若干意见》中指出,展览业"已经成为构建现代市场体系和开放型经济体系的重要平台",其作用在于"稳增长、促改革、调结构、惠民生"。无论广义的或狭义的会展业,作为市场体系和经济体系"重要平台"的强大功能包括联系和交易功能、调节供需功能、技术扩散功能、产业联动功能、促进经济一体化等等,但会展行业的核心功能是整合营销。

整合营销在概念上是指把各个独立的营销综合成整体,共同产生协同效应,创造最大的效益。会展整合营销,是以参展商为中心,围绕其市场目标和统一的品牌形象,以展示和洽谈交流为主,综合、协调、组合运用各种形式的传播方式:互联网、新媒体、电视、广播、纸媒、户外广告等,实现与参观者的双向沟通,达到树立品牌在消费者心目中的地位,建立品牌与消费者长期密切的关系,更有效地传播品牌和行销产品的目的。

从中国会展业,特别是展览业发展的演变过程来看,总体上说该行业属于粗放型并不为过,产业链上的一些环节仍是资源驱动——人力资源、原料资源、能源资源等,企业的创造能力和产品的附加值低,品牌竞争力不足,增长方式单一,缺乏可持续发展能力。当资源成本上涨,利润空间立刻被压缩,甚至陷入困境,由此而派生的种种竞争甚至是恶意竞争不一而足。

转变到创新驱动和跨界融合的"互联网+"方式,将会产生更广阔的市场空间和创造空间。以会展产业链重要的一环——展览工程行业为例,传统的展览工程包含了策划、设计、建造、实施、运营服务等,最终的核心产品是展台——一个参展商用于展会整合营销活动的空间,以及围绕展台所产生的展会前、中、后期运营服务。随着科技的发展,展台已由初期的配以"声、光、电"效果,扩展到现在实现了综合灯光、视频、音频、多媒体、互动体验等多种技术和效果,但是,仍然没有摆脱物理空间的角色。设想,通过"互联网+",未来的展台不排除将在展览展示的形态上发生"颠覆"性转变——一个巨大的集成移动展示终端。这将是以互联网技术贯穿、连通所有展示功能:手机App定位展台、引导展示流程、介绍和演示产品、操控设备甚至现场环境;互动多媒体组织现场各种体验式活动;通过大屏幕终端直接与场内外交流、订购、采访、发表个人观点和感受;新媒体技术支持下的各阶段营销和传播……这些单一的互联网技术都已存在或正在出现,我们需要的是以"互联网+"的跨界融合与创新驱动理念,重新定义传统的展览概念,甚至重新定义展览设计和展览工程,完成对传统展览形式和形态的"颠覆"。而最终目的还是更好地实施会展整合营销。

> **知识链接** 十二届全国人大三次会议《政府工作报告》中的"互联网+"
>
> 推动产业结构迈向中高端。制造业是我们的优势产业。要实施"中国制造2025",坚持创新驱动、智能转型、强化基础、绿色发展,加快从制造大国转向制造强国。采取财政贴息、加速折旧等措施,推动传统产业技术改造。坚持有保有压、化解过剩产能,支持企业兼并重组,在市场竞争中优胜劣汰。促进工业化和信息化深度融合,开发利用网络化、数字化、智能化等技术,着力在一些关键领域抢占先机、取得突破。新兴产业和新兴业态是竞争高地。要实施高端装备、信息网络、集成电器、新能源、新材料、生物医药、航空发动机、燃气轮机等重大项目,把一批新兴产业培育成主导产业。制订"互联网+"行动计划,推动移动互联网、云计算、大数据、物联网等与现代制造业结合,促进电子商务、工业互联网和互联网金融健康发展,引导互联网企业拓展国际市场。国家已设立400亿元新兴产业创业投资引导基金,要整合筹措更多资金,为产业创新加油助力。
>
> (资料来源:《十二届全国人大三次会议政府工作报告》。)

二、"互联网+会展"的内涵

(一)"互联网+会展"的含义

传统会展的产业链是以一定产业集聚的地理区域为依托,以会展业较有实力的会展企业为主体,以主体方(主办方、场馆方、招展方、代理方、参展方和参观者)为核心,整合上、下游相关利益企业(旅游业、交通业、酒店业、餐饮业、装修业、广告业、物流业、通信业等),以某个服务或某个主题或活动为纽带,通过对物流、信息流、资金流、商流的优化和组合,形成具有价值增值功能的、有较强竞争优势的链网式企业战略联盟。而"互联网+会展"则是充分利用新一代信息技术,以平台为基础,以需求为导向,去中介化、减物质化、优流程化、强体验化,让网络价值、商业模式、合作商圈深度融合,形成一个完整的、协同的、新型的生态结构,全面助推会展行业在市场运营、项目监管和服务水平的提质增效。

(二)"互联网+会展"的特点

在"互联网+"新常态下会展行业由定性的产业转变成定量的产业。未来中国会展业将加快运营机制的互联网流程再造,运用大数据发展平台化管理与运营,从而开创会展业发展新局面,实现会展产业的升级——线上+线下"O2O模式","互联网+"将促使展览业面向数据化、平台化、智慧化发展。

1. 数据化

在这个高度互联的时代,几乎所有行为都能被追踪到。大数据分析将把来自各种源头的追踪数据合并起来,分析出趋势并辅助业务决策以及改善客户互动体验。会展业是较重视数据的行业之一,数据及分析已经取代社交媒体成为企业营销的新宠。在此背景下,曾经被定义为定性产业的会展业,如今正在变成一个定量的产业。

未来的会展市场竞争,充分应用大数据者将赢得先机。目前各类移动应用和社交媒体工具成为可追踪信息的重要来源。智能手机定位、近场通信以及 iBeacon 等技术也让信息追踪变得更加简单。另外,主办方现在有更多的外部数据来源。

传统会展业往往把内部数据作为机密,不愿意对外分享,使得我国会展业在定量分析方面处于相对落后状态。在"互联网+"时代,这些数据将成为会展的核心。数据共享技术不是障碍,破除各自为政的思想观念,虽然并不是所有的数据集都可以实现连接,但是即使是在某个时间、连接某些数据集便可以发掘重要的价值。

2. 平台化

平台商业模式的精髓在于打造一个完善的、成长潜能足够大的生态圈。作为典型的服务性平台,会议或展览会随目标群体的需求变化而变化是最基本也是最重要的成功因素。从新技术应用的角度,在传统的会展及活动市场,策划者将移动应用作为增强观众体验、降低纸张消费和更深入理解观众行为的便利工具;在企业活动市场,除了上述原因,策划者更看重的是将移动技术作为日常商业运作的重要平台。

3. 智慧化

1) 会展设施智慧化

"互联网+会展"的推进以移动互联技术、3D 虚拟技术、现代影像技术和即时通信技术的有效利用为前提,因此,"互联网+"与会展的有效结合需以智慧化设施为保障。

推进会展场馆信息化建设,加大智能化会展设施研发和应用力度,合理开发、利用手机移动客户端和智慧化平台,将为智慧管理、智慧营销、智慧布展和智慧服务奠定良好基础。

随着软硬件设施智慧化程度的提高,线上功能将得到更为充分的开发,信息传输的安全性将得到更为充分的保障。集成买家检索分析系统、对口观众信息发布、客户关系管理、在线配对买卖服务、现场跟踪、后期数据挖掘、智能化设备管理等功能将不断完善。

2) 管理与服务智慧化

无论是传统会展的网络化延伸、电子商务的跨界融合还是通过移动客户端和专业化会展服务平台的方式实现线上线下的融合,未来的会展管理与服务都会呈现出更加智能化、人性化的特征,体现为有针对性地提供服务,方便参展商和观众实时掌握动态化展会信息。

实现参展商对布展、展会进行中的展位动向的全过程监控;实时提供的参观者数量数据,科学监测展区参观人数、交通、安保状况;利用智慧化信息技术打造现场演示、触摸体验、信息交流、网上预约等多个链接交换平台和特色化参展、观展方案制定。

3) 信息利用智慧化

互联网的特性决定了信息越多、流量越大,潜在的商机越多。在保护信息安全的前提下,对信息资源进行开发是产业升级的前提。"互联网+会展"的关键不在于强化信息的流动与传输,而在于信息深层处理能力的跨越式提升。从单纯相互联结的"互联网时代"步入对信息进行深度挖掘的"大数据时代"决定着未来发展将着力于针对海量数据形成全面、智能、精炼、友好的深度分析,推进大数据落地、形成数据决策力,将各类相关数据合理地运用到决策体系中,基于数据进行科学决策,对企业运营及战略形成强有力的支撑。

> **知识链接**　　　　　　　　**iBeacon 技术**
>
> iBeacon 是苹果公司 2013 年 9 月发布的移动设备用 OS(iOS7)上配备的新功能。其工作方式是,配备低功耗蓝牙(BLE)通信功能的设备使用 BLE 技术向周围发送自己特有的 ID,接收到该 ID 的应用软件会根据该 ID 采取一些行动。比如,在店铺里设置 iBeacon 通信模块的话,便可让 iPhone 和 iPad 上运行的资讯告知服务器,或者由服务器向顾客发送折扣券及进店积分。此外,还可以在家电发生故障或停止工作时使用 iBeacon 向应用软件发送资讯。
>
> 苹果 WWDC14 之后,苹果公司对 iBeacon 加大了技术支持和对其用于室内地图的应用有一个更明确的规划。苹果公司公布了 iBeacon for Developers 和 Maps for Developers 等专题页面。
>
> iBeacon 技术作为利用低功耗蓝牙技术研发者,有不少团队对其进行研究利用。
>
> (资料来源:https://baike.baidu.com/item/iBeacon/13826305? fr=aladdin #reference-[1]-11224069-wrap.)

三、"互联网+会展"的意义

(一)"互联网+会展":传统会展再造

1."互联网+"实现信息共享

受展会举办期间资源太多、时间太短、参与者结构复杂等因素限制,传统方式很难对展会资源进行深入开发,传统会展模式对会展资源的利用度、开发度并不高。

互联网的价值恰恰体现为网络技术对用户在线数据的挖掘与分析。

云计算、大数据的兴起,使得对信息的低成本深度挖掘得以实现,从而使"信息"所具备的巨大价值得到充分释放。依托互联网将原本孤立的信息相连,通过大数据完成信息交换与共享,互联网打破行业固有的信息传输通道,改变行业游戏规则,使行业运行变得透明、高效。

2."互联网+"促进供需匹配

对传统产业而言,线上与线下是严重分离的,信息不对称成为难以跨越的顽疾。传统会展业封闭的信息传递渠道导致行业信息不透明,参展商与主办方之间的信息交流难以顺畅进行,供需双方不能进行有效的筛选和匹配。互联网思维下,线上线下的融合与协同,将形成以市场为导向,为用户提供精准服务的商业模式,这无疑成为会展业发展的一大热点。

对会展业而言,线上线下结合(O2O 模式)的核心是通过互联网把实体展览信息传递给目标人群,使参展商和观众能够全面掌握展会信息,进而实现有效的对比与筛选;同时,通过

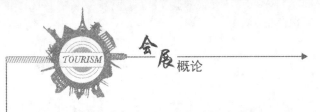

互联网能够"找到"潜在目标客户,把线上客户引入实体会展活动,并在此过程中搜集和分析客户需求数据,有针对性地提供增值服务。

3."互联网+"重塑多方体验

"互联网+会展"将信息流和资金流放在线上,将商流、物流放在线下,最大限度地集成线上和线下优势,在降低搜寻成本和交易费用的同时,提升多方体验。依托互联网技术对目标受众的深度分析,会展产品供给方可以了解活动需求方对产品和服务的需求,预测展会效果,以此为依据完善会展活动的策划组织。参展商一方面可以通过线上信息查询历史成交数据、参展效果、服务质量等数据,实现对组展方的对比与筛选,选择实力强、服务好的展览参与,助推展览市场的优胜劣汰,提高市场整体供给水平;另一方面可以通过对用户网络数据,如在线时长、搜索内容、跳转记录、评论转发等情况的收集、分析和整合,总结用户习惯和个人偏好,事先了解目标市场特征,有效刺激潜在市场需求,提高目标受众的比例。

借助互联网资源,观众可以更清楚全面地了解展会和参展企业及其产品,有针对性地搜寻信息,定向了解所需产品,自主设计参观动线,提升参展体验。最后,大数据分析有利于展后服务体系构建,便于跟踪客户,实现客户关系管理的智能化。

"互联网+会展"提供的不仅是传统展会所具备的服务与线上资源的相加,还提供"智能化"增值服务。利用网络系统,推进展览活动流程的程式化、智能化、规范化和自动化管理;集成经济有效、自由方便、快速准确、具有极强互动性的网络平台;对会展活动进行展前、展中、展后的全过程管理;全方位重塑主办方、参展商、服务商和观众的体验,实现多方共赢。

(二)"互联网+会展":商业模式创新

传统会展是在特定时间、特定地点举办的活动,而互联网具有不受场地限制、不限人数、不限时间的特点。互联网与会展业融合发展的表现形式从初级的传统展会向线上延伸、电子商务跨界合作发展到专门为会展业"定制"的移动客户端和专业性会展服务平台,且仍然在不断创新演变中。

1.传统展会线上延伸

传统会展业务向线上的延伸,采用网络在线的形式把展会搬上网络虚拟空间,实现线上线下实时互动,突破展会场地和时间限制,使供求双方建立一对一、一对多和多对多的垂直接触,以便双方更快捷、更深刻、更细致地增进了解,提高贸易效率,增加贸易机会。

在保障了传统实物会展所提供的"眼见为实"交流体验的同时,提供更加人性化的增值服务内容。例如,展前,时刻与客户保持联系,在展览项目宣传,参展商与组展商之间业务往来,物流服务提供方与需求方联系和约定,参展商与相关部门的联络中,更快捷便利地传播和处理数据信息;展中,运用互联网搜集观众资料,进行统计和分析。

2.电子商务跨界合作

电子商务可以提供网上交易和管理等全过程服务,具有广告宣传、咨询洽谈、网上订购、网上支付、交易管理等功能。

电子商务作为一个日趋成熟的行业,通过向会展业的延伸来扩展业务渠道。目前一些电子商务网站已经开始尝试线下的会议服务,利用自身的买家和卖家资源,借助会展企业合作伙伴的现场平台,开展特定主题的见面会,创造了新的产业运行模式。

3. 移动应用平台

随着移动互联的发展,手机、App、移动会展平台的应用越发广泛。移动应用平台为主办方、参展商、观众提供便捷高效的信息服务。在"智慧"会展场馆内,利用手机 App 可以"导航"到想要去的展位和停车位,随时随地预订餐饮、酒店、旅游服务和物流服务。通过手机 App 可以查询展厅介绍、近期展会、展商信息、展出展品、历史会展、热点内容等信息。

此外,移动客户端可以识别客户运动轨迹,记录客户在展馆内的停留偏好并绘制出逛展地图,利用这些信息,可以分析人员参观路线,进行客流统计分析。

4. 会展服务平台

在"互联网+会展"风潮中,全国性展览信息平台、地方性展览信息平台和企业自主研发的展览信息交易平台迅速发展。

尤其是企业自主研发的展览信息交易平台,以市场需求为导向,致力于从源头上解决参展信息不对称、服务碎片化、缺乏交易担保的行业顽疾。会展服务平台广泛搜集历史数据,基于历史数据进行展会对比,便于参展商进行筛选;围绕企业参展业务需求整合上下游服务资源,接入第三方合作企业,将参展物料印刷、展品运输、礼仪模特、酒店机票等服务纳入平台,帮助展装公司承接业务。对于展会主办方而言,还可以通过专业化会展服务平台进行数据管理、门票管理、展位的销售管理,以及基于互联网的营销推广管理。

知识链接　　　中国会展网

中国会展网隶属中国商业联合会,是国内目前唯一一家经过国家认证以 gov 为域名的会展门户官方网站,是获取展会资讯的一大媒体平台,是经政府认证的官方展业会展网站,与相关政府机关单位同步发布有关展会的政策条文,联合了全国各地的地方门户网站和地方会展网站,拥有广泛的会展行业资源。

它是集学术、资讯、服务、展示、互动于一体的全球网络会展商务平台——为展商提供线上线下参展一站式集成服务。

该网站借助现代科技成果,利用资讯、交流、交易、搜索平台有效地拓展会展领域,让会展活动因中国会展网的各项服务,更紧密地连接在一起。

(资料来源:https://baike.baidu.com/item/%E4%B8%AD%E5%9B%BD%E4%BC%9A%E5%B1%95%E7%BD%91/5215410? fr=aladdin.)

四、"互联网+会展"的应用场景

(一) 虚拟展会

虚拟展会是富媒体的网络互动平台,提供会议参加者一个高度互动的 3D 虚拟现实环境,一种足不出户便如同亲临展会现场的全新体验。虚拟展会服务完全基于互联网,参加者不需要安装任何软件甚至插件,仅需要通过点击一个网页链接,便可通过 IE 浏览器加入,畅游虚拟环境,观看实时直播的在线研讨会,参观会展展台,观看产品演示和介绍,并和会议方、演讲嘉宾、参展商在线交谈。虚拟展览会列举:卫生级工业网上展览会、Direct Industry(工业网上展览会)、Nautic Expo(船舶网上展览会)、Archi Expo(家居网上展览会)、Medical Expo(医疗网上展览会)。

(二)数字化、智能化展馆

数字化形态展览馆是利用当代科技中引人注目的数字化技术、现代通信技术、网络技术、VR/AR 技术、人工智能(AI)技术和大数据技术,软硬结合,将传统展览馆所具备的职能以数字化的形式表现出来或进行数字化的升级,用数字化技术在互联网和展览馆网络之间实现信息的采集、管理、开发与利用。

1. 在展会信息的传播上

互联网已成为展会主办方传播展会信息的重要渠道,同时也成为企业和个人了解展会信息的重要渠道。现阶段,几乎每个展会都会有自己的网站,用来传递展会情况及展会进展。

2. 在展会招展商方面

以前招展发邀请函大多数情况是用传真,而现在电子邮件基本上已经替代了纸质招展材料。参展商名录也越来越多地从纸质名录转变为网上名录。

3. 会展营销逐渐融入互联网思维

社交媒体推广、SEO 早已成为会展营销的"家常便饭"。在营销软件方面,美国走在了前面,基于云技术的客户管理和营销软件被广泛使用,传统数据库被 Salesforce、Microsoft Dynamics、Sugar 等替代,而且目前这些软件均有智能手机版本,这大大提升了使用的便利性和空间范围;美国还有许多营销软件如 HubSpot、Marketo 等,这些软件分析客户行为,致力于提高使用者的精准营销能力,颇有大数据概念的影子。

4. 在展会现场管理方面

RFID(射频识别)技术刚刚被投入使用不久,基于该技术的 NFC(近距离无线通信)技术又脱颖而出。由于成本低廉,NFC 大有取代 RFID 之势。主办方可以利用 NFC 相关技术推送展会信息,展商可以向观众推送信息,同时观众也可以通过 NFC 主动获取展会和展商信息。

5. 在智慧会展方面

会展业进入移动互联网时代。随着智能手机的广泛使用,会展业同步进入移动互联时代。在技术领域,近期为行业所关注和重点推广的展会 App 发展最快。据美国相关机构对 300 家会展组织者进行的一项调查显示,2016 年之前,86% 的展览组织机构都会使用展会 App,其中 94% 的机构在 2015 年加大了对 App 的资金投入力度和使用范围。

展会 App 过去只不过是参展指南的网上电子版,这个时代将一去不复返。目前,展会 App 已经应用到现场登录注册、交流互动、客户洽谈邀约等许多展会环节。通过 App,除了可以了解展会日程、查看展览"地图"之外,还可以获得展览会议的参与主体信息,并与之建立联系、实现沟通。在会议方面,利用 App 可以提前向演讲嘉宾提问题、获得观众会后的反馈、下载会议材料如演讲嘉宾的 PPT 等。当然,App 也少不了定位功能,主办方利用定位功能了解观众的参观路径和兴趣点,从而优化展览管理。

> **知识链接　　　　　　　　　NFC**
>
> 　　近场通信(Near Field Communication),又称近距离无线通信,是一种新兴的技术,使用了 NFC 技术的设备(比如手机)可以在彼此靠近的情况下进行数据交换,是由非接触式射频识别(RFID)及互连互通技术整合演变而来,由飞利浦和索尼共同研制开发,通过在单一芯片上集成感应式读卡器、感应式卡片和点对点通信的功能,利用移动终端实现移动支付、电子票务、门禁、移动身份识别、防伪等应用,是移动通信领域的一种新型业务。近场通信业务改变了用户使用移动电话的方式,使用户的消费行为逐步走向电子化,建立了一种新型的用户消费和业务模式。
> 　　近场通信技术应用在世界范围内受到了广泛关注,国内外的电信运营商、手机厂商等不同角色纷纷开展应用试点,一些国际性协会组织也积极进行标准化促进工作。据业内相关机构预测,基于近场通信技术的手机应用将会成为移动增值业务的下一个杀手级应用。
> 　　(资料来源:https://baike.baidu.com/item/近场通信/9741433?fromtitle=nfc&fromid=5684&fr=aladdin.)

第二节　绿　色　会　展

一、"绿色会展"的含义

就绿色会展的概念而言,学界尚未形成普遍性的共识。目前有关绿色会展概念形成以下一些解释(见表 9-1)。

表 9-1　绿色会展概念

视角	作者	定义
多重效应	德国会议局与会展产业理事会(GCB)	一种在会展计划、执行和撰写书面文件的整个过程中贯彻绿色发展的方式,它要求会展的任何利益相关者都贯彻环境友好的发展方式

续表

视角	作者	定义
可持续性	贝兹(Belz)等	在计划、执行和控制营销资源和项目的时候,不仅要满足消费者的需要,还要考虑社会效益和环境效益,满足可持续发展的原则,根据市场的机会和风险做出发展方向的判断(以市场为导向的行动),追求保护环境(环保导向行动),并且承担社会责任(社会导向行动)达到企业的目标
利益相关者	盖茨(Getz)等	一种创造、交流传递和交换信息的活动、制度和过程,它对于消费者、客户、同伙人和社会都有最大的价值
关系	格罗鲁斯(Gronroos)	建立、维持和加强与消费者、其他同伙人和社会上的利益相关者之间的关系,通过保护企业的目标来满足相关群体的需要
网络	科特勒(Kotler)等	个人或集体通过创造、提供以及自由地和他人交换物品和服务价值的一种社会过程

一是基于会展活动的多重影响,特别是从对地区环境影响的角度来阐述,德国会议局与会展产业理事会(GBC)的定义便是这一种类型,绿色营销也使用了同样的理念,这种观点认为绿色会展对环境至少存在一种效应并且将地区效益考虑在内;二是基于可持续的角度,其要求可持续发展理念的三大方面都要在绿色会展中得到展现,贝兹等(Belz)对绿色会展的理解就是基于这一视角,其认为共同的相互依赖产生了使活动满足经济、环境和社会效益三大目标的制度网络,组成了一条实现可持续发展的三重底线,因此,绿色会展不仅仅局限在绿色,也就是通常所说的环境这单一方面,还包括可持续发展的经济与社会方面;三是从利益相关者的角度来阐述绿色会展,也就是绿色会展的举办主要是以利益相关者的兴趣为导向,盖茨(Getz)与安德森(Andersson)的定义就从这一角度得出,其认为绿色会展就是以利益相关者的兴趣为导向,使他们获得的价值最大化;四是着重于关系研究的定义,主要是基于利益相关者之间的关系特点以及这些关系在网络中的发展,比如格罗鲁斯的定义(Grönroos),其认为绿色会展就是用来维持和巩固利益相关者之间关系的会展;五是从会展网络组织的角度入手,如科特勒(Kotler)与凯勒(Keller)的定义,他们认为绿色会展就是会展利益相关者通过社会价值的交换得到价值提升的过程。基于上述不同视角的理解,可以得到关于绿色会展的完整定义,即绿色会展是按照会展利益相关者各自的需求,将可持续发展的社会、经济以及环境三大方面都考虑在内的一种会展可持续发展模式,通过这种模式,可以实现会展价值的最大化。

相关案例

如何减少未喝完的瓶装水?如何让喝完的塑料瓶有效回收?开完会后客人是否带走这瓶水……不断提出问题,解决问题,国家会议中心从水资源的节约方面不断探索绿色会展、保护环境的可持续发展之路。

考虑到大瓶水容易造成浪费,几年前,国家会议中心把550毫升的矿泉水换成380毫升的小瓶矿泉水,既能减少浪费,又能根据客人需要随时补充。会务组织中,国家会议中心反复督促会议和展览活动组委会以及提示客人节约用水的倡议"总能见到实效",瓶装水浪费大有改观。大瓶水换成小瓶水后,在国家会议中心举办的会议浪费的瓶装水少了一大半,一年能节水13万升。

与此同时,国家会议中心也鼓励活动组织者多用饮用水,并在指定区域准备热水,方便自带杯子的客人饮用,以这种绿色低碳饮水方式节约水资源。

为了进一步减少环境污染,唤醒大家的自主环保意识,实现饮料瓶的可持续回收及利用。2014年年末,国家会议中心与绿爱童年项目合作,在国家会议中心场馆内架设6台智能饮料瓶回收机。至2017年年底,累计投瓶118863个,减少碳排量6928.425千克。在未饮用完水回收处理方面,企业将这部分水用于场馆的设施保洁,实现水资源的再回收利用。

2018年,国家会议中心推出可供签名的小瓶瓶装水受到各方的一致好评。客人可以在矿泉水瓶标签上写字或标记,避免拿错水的尴尬。此类瓶装水推出后,浪费水的现象得到进一步控制。我们欣喜地看到,越来越多的参会者把带有签名的矿泉水带出会场。

不仅在水资源方面践行节约资源、保护环境的国企社会责任,国家会议中心作为第一个真正意义上的"绿色会议中心",还将绿色融入企业文化,将绿色渗透设计运营等方面,积极践行绿色环保。在管理链引入绿色环保的思维,强调节约,强调资源的循环利用。坚持软件、硬件环境两手抓,不断开创企业环境崭新面貌。在创建低碳环保的宣传培训、公益活动等软件环境的同时,深度分析企业硬件环境,依照具体情况制定节能政策方针。倡导绿色办公、绿色办会、精益求精,一以贯之,自上而下循序渐进制定节能政策方针,并根据评估绿色化进程的成果,努力建立面向未来的环境友好型绿色企业,为真正实现企业绿色发展而积极践行。

正是企业对绿色环保的践行与坚持,为经济、社会和环境带来积极影响,2018年年底,国家会议中心顺利通过ISO 20121(大型活动可持续性管理体系)认证,成为国内首个通过此认证的会展企业。

一场绿色会展活动,是场馆方、主办方、搭建方,以及参展商、嘉宾、观众等共同努力的结果。作为场馆方,也存在一些困难和不足,以节约水资源为例,受诸多因素影响,目前还没能在会场杜绝浪费的现象。每当看着客人遗留下来的矿泉水瓶,我们深知绿色会展之路需要更多的时间、付出与坚持。自开业至今,国家会议中心累计接待了8000余个会展活动,我们重视每位客人的服务体验,客人的意见与建议都会带给我们更大的改进与提升,也正是这种关注鞭策着我们不断加快前行的脚步。国家会议中心愿在此方面做更大的努力与贡献,尽企业最大的责任,为保护环境做出表率。也欢迎会展业同行和我们一起加入绿色会展行列,共同促进会展业可持续发展,为祖国的绿水青山贡献力量。

(资料来源:http://www.sohu.com/a/285213354_161623.)

问题:除案例中的方法外,还有什么方法能够起到节约展会所用水资源的作用?

知识链接　　　德国会议促进局

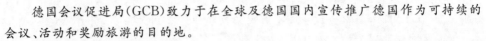

德国会议促进局(GCB)致力于在全球及德国国内宣传推广德国作为可持续的会议、活动和奖励旅游的目的地。

作为活动及会议行业创新主题的主要驱动力,德国会议促进局为会员提供有价值的市场研究数据。通过发展针对国内外特定目标群体的市场推广活动,加强其会员与和合作伙伴的产品推广。

德国会议促进局拥有近170个成员单位,包括德国430多家酒店、会议中心、活动场所、城市旅游局、活动代理商以及展会服务商。德国会议发展局首要的合作伙伴是汉堡会议促进局以及莱比锡do-it-at-Leipzig的合作伙伴莱比锡动物园会议中心。德国汉莎航空、德国联邦铁路以及德国国家旅游局作为战略合作伙伴支持德国会议促进局的推广工作。

为确保德国作为全球领先的会议及会展举办地的地位,德国会议促进局制定出国际化战略。2015年9月1日,德国会议促进局与其战略伙伴德国国家旅游局(DZT)合作,在北京设立了自己的代表处,以深耕中国市场。国际客源市场是德国的会议和会展行业重要增长市场:2013年,外国游客在德国创造的间夜数为6780万;据此,德国国家旅游局(DZT)预测,到2030年,入境游客在德间夜数将可能超过1亿2150万。欧洲展会行业研究所(EITW)的数据也证明了德国国际会议参加者数量的增长——2006年参会人数为1430万,而在2014年,参会人数已达到2560万。

为了德国会议及会展行业能够在全球化的大趋势以及未来的全球竞争中确保其领先地位,德国会议促进局(GCB)制定出国际化战略,将为其重要客源市场的会议和会展行业从业者提供相关市场开拓发展的有力支持。

继驻纽约代表处之后,德国会议促进局于2015年9月1日,在北京开设第二个海外办事处。"2014年,中国出国旅游人群中,商旅游客占16%;而在赴德的中国游客中,商旅客人占总人数的32%。为保证这一市场持续有效的动态增长,制订一个长期市场战略计划意义非凡。"德国国家旅游局局长及德国会议促进局理事会主席何佩雅女士(Petra Herdorfer)对此表示。

对于中国的会议活动筹备者来讲,活动的目的地选择至关重要——这也对应德国作为会议和会展举办地无限潜力:一方面,两国是洲际最重要的贸易合作伙伴;另一方面德国会议促进局的市场推广工作已聚焦于紧密的经济合作与共同重点行业上。

"我们很荣幸地宣布,2015年9月1日起,我们在中国的新同事——杨恒宏先生,将为我们的市场推广工作提供有力的支持。"德国会议促进局局长马蒂亚斯·舒尔茨说道。新任的德国会议促进局的中国代表之前曾供职于奥地利国家旅游局和瑞士国家旅游局,具有在中国市场推广欧洲旅游目的地的丰富经验。杨恒宏先生之前还曾在中青旅的多个部门,包括会展部门工作过。

随着北京代表处的成立,德国会议促进局扩大其在中国的业务范围。除为其会员提供定制服务之外,德国会议促进局也提供多年产品套餐服务。该产品包含针对中国市场的交流、咨询和培训,以及面对面洽谈服务。

二、"绿色会展"的评价体系

在过去的十几年当中,为响应绿色会展的发展理念,一些相关组织和机构建立了一些针对绿色会展活动的评价标准(见表9-2),这些标准对于绿色会展的实践产生了一定推动作用。但总体来说,这些标准大都集中在绿色会展的环境影响方面,因此导致其在实践中存在着一定的局限。

表 9-2 绿色会展活动的评价标准

名称	侧重点		
	经济	环境	社会
ISO 14001		×	
ISO 26000	×	×	×
EMAS		×	
Green Globe	×	×	×
ISO 20121		×	
Eco Logo		×	
Ökoprofit	×	×	
GRI	×	×	×
Österreichisches Umweltzeichen		×	
Green Note		×	
The Green Key		×	
OACC Green Star		×	
APEX/ASTM		×	
BS 8901		×	
MPI		×	
Fairpflichtet	×	×	×
BMU Leitfaden		×	

从全球范围来看,目前关于绿色会展比较具有影响力的标准有绿色环球组织(Green Globe)建立的绿色环球认证(Green Globe Standard)、国际标准化组织(ISO)的可持续性事件管理体系(ISO 20121:2012,Event Sustainability Management Systems)、会展产业理事

会(CIC)行规交流委员会（APEX）与美国材料与试验协会（ASTM）共同制定的APEX / ASTM绿色会展标准（APEX/ASTM Green Meeting Standards）以及全球报告倡议组织（Global Reporting Initiative，GRI）制定的活动组织者可持续发展报告指南（G3.1-EOSS Guidelines）。

绿色环球认证（Green Globe Standard）是绿色环球组织（Green Globe，GG）针对一般活动可持续发展认证的标准，其于1999年联合国可持续发展委员会上被重点提出，同时为了适应国际环境变化趋势，每年修订两次，它可用来评估会展活动的可持续性，并对实现可持续管理的企业颁发绿色环球认证的证书。该标准由337个指标和41个标准组成，主要涵盖4个方面：一是可持续管理，包括执行能力、员工培训、法律法规、顾客满意度、交流战略、安全与健康等内容；二是社会与经济，包括社区发展、本土就业、公平贸易、支持本土企业发展、员工福利等；三是文化遗产，包括企业文化保护、文化交流融合、行为规范、文化渗透等；四是环境保护，包括节约资源、减少污染、保护生物多样化、生态系统等。虽然该标准适用于各种类型、规模的会展活动，涵盖会展活动的各个阶段以及相关产业，但对于外界观测者来说，这些措施执行的具体情况并不透明，因为其内容是否公开主要取决于组织者自己的意愿。此外，由于评价指标过于一般化，导致该标准并不能有效地衡量绿色会展活动的实施质量。

可持续性事件管理体系（ISO 20121:2012，Event Sustainability Management Systems）是在国际标准化组织（ISO）与2012年在英国标准化协会（British Standard，BS）2009年发布的BS8901:2009-永续活动管理标准（Sustainable Event Management System）基础上建立而成的活动可持续管理体系，主要为控制和平衡会展活动对经济、社会以及环境的影响，其要求在会展组织的各个环节，包括招展、组织、现场管理、运输等方面都体现出可持续性原则（ISO,2012），该标准可用于任何类型、任何大小的活动并且贯穿整个会展过程，若整个会展活动的管理过程都符合BS8901所制定的分项标准条件，那么该活动的管理体系可以申请获得BS8901的证书。该标准主要针对的是会展管理的可持续性，而不是会展活动本身。

APEX/ASTM绿色会议标准（APEX/ASTM Green Meeting Standards）是由会展产业理事会（CIC）行规交流委员会（APEX）与美国材料与试验协会（ASTM）专门针对会议产业所制定的绿色标准，主要为会议活动的组织者（PCO）、目的地管理公司（DMO）以及直接或间接为会议活动提供服务的有关部门（如运输、广告、餐饮公司等）提供参考，该标准主要包括住宿、视听设备、交流与营销、目的地、展品、餐饮、场馆、现场管理和运输等9项内容，其中每一标准中又包含了人员管理与环境政策、交流、废弃物、能源、空气质量、水源、采购、社区合作等8项指标（CIC,2012），其要求会展活动组织者或者目的地管理公司满足全部9项标准。在具体实践中，由于一些客观因素，比如科技水平、经济发展速度等的差异，使得发达国家比发展中国家更容易达到这个标准，因此，该标准的公平性存在着一定的质疑，这导致其在发展中国家并不太受欢迎。

可持续发展报告指南（G3.1-EOSS Guidelines）是全球报告倡议组织（Global Reporting Initiative，GRI）针对展后可持续性报告撰写所制定的标准，其涵盖了会展活动中的关键因素，如场地选择、交通运输、物料的选择、对环境的影响、人员培训等内容，为会展活动组织者进行展后的评估建立了很好的框架。该指南总共由三部分组成：第一部分是概述，包括企业战略分析、企业概述、报告使用参数、企业责任等；第二部分是绩效指标，包括经济指标、环境指标、人力资源指标、人权、社会责任、产品指标、资源和遗产等；第三部分是管理方式，包括目标和业绩、政策、人员培训、监督管理、标杆管理、财政预算等。该标准对于规范会展活动可持续报告的撰写具有一定的指导意义。

> **知识链接　　　　　　　国际标准化组织**
>
> 国际标准化组织（International Organization for Standardization，ISO）简称ISO，是一个全球性的非政府组织，是国际标准化领域中一个十分重要的组织。ISO一词来源于希腊语ISOS，即EQUAL——平等之意。ISO国际标准组织成立于1946年，中国是ISO的正式成员，代表中国参加ISO的国家机构是中国国家技术监督局（CSBTS）。
>
> ISO负责目前绝大部分领域（包括军工、石油、船舶等垄断行业）的标准化活动。ISO现有117个成员，包括117个国家和地区。ISO的最高权力机构是每年一次的"全体大会"，其日常办事机构是中央秘书处，设在瑞士日内瓦。中央秘书处现有170名职员，由秘书长领导。ISO的宗旨是"在世界上促进标准化及其相关活动的发展，以便于商品和服务的国际交换，在智力、科学、技术和经济领域开展合作。"ISO通过它的2856个技术结构开展技术活动，其中技术委员会（简称SC）共611个，工作组（WG）2022个，特别工作组38个。中国于1978年加入ISO，在2008年10月的第31届国际化标准组织大会上，中国正式成为ISO的常任理事国。
>
> 国际标准化组织总部设在瑞士日内瓦，成员包括162个会员国。该组织自我定义为非政府组织，官方语言是英语、法语和俄语。参加者包括各会员国的国家标准机构和主要公司。它是世界上最大的非政府性标准化专门机构，是国际标准化领域中一个十分重要的组织。
>
> 国际标准化组织的目的和宗旨是："在全世界范围内促进标准化工作的开展，以便于国际物资交流和服务，并扩大在知识、科学、技术和经济方面的合作。"其主要活动是制定国际标准，协调世界范围的标准化工作，组织各成员国和技术委员会进行情报交流，与其他国际组织进行合作，共同研究有关标准化问题。
>
> （资料来源：https://baike.baidu.com/item/国际标准化组织/779832? fr=aladdin.）

三、开展绿色会展的意义

开展绿色会展，不仅有利于会展项目的资源利用和环境保护，而且有利于在会展项目供应链及社会相关方提升绿色经济的影响。

（一）发展绿色会展，落实"3R"原则（减量化（Reduce）、再利用（Reuse）、再循环（Recycle））

提高会展项目的资源利用率、促进会展项目资源的循环利用、减低会展活动对环境的负面影响。会展项目从项目策划、设计、施工、运营及结束、拆除，消耗大量的能源、资源，并对环境在扬尘、光污染、噪音、污水、固体废弃物及生态方面产生一定的影响。切实减少能源、资源的消耗，提高资源的重复使用及再生利用，减少对环境的负面影响，是绿色会展的中心工作。

（二）发展绿色会展产业，促进社会相关产业结构从"黑色经济"向"绿色经济"的转变

会展项目与工厂制的产品生产的重要差别在于其项目特性，会展项目在能源、资源消耗及环境影响方面，不只局限于会展场地之内，而且延伸到会展项目庞大的供应链及其他相关方。开展绿色会展，相应地能够带动相应的材料、饭店、宾馆、食品等供应商，而且能够影响相应的交通、城市发展等相关产业，促使相关的产业发展绿色经济。根据《项目温室气体核算议定书》，区别于目前国内有关的统计口径，对会展项目的二氧化碳排放的统计测算，不仅包括会展项目场地范围内及附属设施的直接能源消耗（SCOPE 1），而且还包括该范围以内的电力消耗（SCOPE 2）以及相应的间接能源消耗（SCOPE 3），包括项目材料、设施及有关雇员、顾客的交通运输过程的能源消耗。

（三）发展绿色会展，发挥对绿色经济示范作用

会展项目不仅具有项目的特性，而且区别于一般的工程项目，具有强大的社会影响力和文化辐射力。通过开展绿色会展项目，可以起到绿色经济的示范作用，传播绿色的理念和文化，促进和带动全社会发展绿色经济。

知识链接　　推进绿色会展刻不容缓　别让会展场成了垃圾场

第四届京交会于2016年5月28日拉开帷幕，在下午举行的分论坛——中国绿色会展发展研讨会上，53家会展行业相关单位在北京共同倡议，发起成立中国绿色会展联盟。

我国会展业发展很快，从年度展览面积来看，现在已经位居世界前列了，但会展质量是不是也位居世界前列呢？恐怕不能这么说！就以环保绿色这个指标来考量，一些展览现场的污染之严重，资源浪费之巨大，简直触目惊心。所以在会展业界有这样的比喻：一个展会的结束，就是一个垃圾场的诞生。

法兰克福展览（上海）有限公司总经理赵慰平举了一个例子："2010年举办的第107届广交会，动用了卡车3000多辆，清运废弃物品1700多车，垃圾268车。通常展览会中所产生垃圾的面积，占总展出面积的50%。有一半的东西都是被抛弃的，这里很多的东西是装修的材料，还有一些展台废弃的宣传品，这个浪费是惊人的。"

这次，商务部流通产业促进中心牵头发起成立中国绿色会展联盟，正是希望加

速推进绿色会展。和传统会展模式不同,绿色会展以可持续发展为原则,强调低碳、环保、绿色的理念,以信息技术和新材料应用为载体,是一种全新的会展模式,也是贯穿会展业上下游的生态体系。

商务部流通产业促进中心主任路政闽提出:"自20世纪90年代以来,一些主要欧美国家相继推出了绿色会展指南和相应的标准,提出了一系列绿色会展的清单,拉开了全球绿色会展实践的序幕。目前,我国绿色会展理念和服务体系才刚刚起步,从北京奥运会到上海世博会,从西安世园会到广州广交会,虽有成功案例,但全产业绿色环保意识还有待普及,相关产业链有待健全,会展业的绿色可持续发展,既是我国会展业转型升级的迫切需要,也是参与国际会展竞争的必然选择。"

怎样才能做到会展业的绿色可持续发展? 重庆国际博览中心有限公司常务副总经理李彤提出,首先,在会展场馆建设之初,就应该从细节上考虑绿色和环保:"大家都知道重庆是一个汽车工业基地,我们也有很多新能源汽车,作为场馆方,我们尽可能多地提供一些基础性的配套设施,比如充电桩之类的,为大家在绿色出行、绿色搭建等各个方面提供便利。垃圾袋要使用易分解的材料,倡导我们使用环保的饭盒。点点滴滴做起,我们也是在逐步地做一些探索。"

法兰克福展览(上海)有限公司总经理赵慰平也认为,参展各方都要从小事做起。"从什么小事做起呢? 经常参加展览会用的胸卡,右边是我们传统的胸卡,就是有一个塑料套,上面拴着一个绳子。左边的没有塑料胸卡了,只是上面打了一个孔,上面拴上绳子就可以使用了。毫无疑问,左边这个胸卡比右边那个胸卡更环保。绿色会展在很大程度上关联到你的设计和装修,要使用再生或者循环使用的材料,避免过多地使用木材。"

(资料来源:http://www.sohu.com/a/78516577_348141.)

本章小结

本章主要介绍了现代会展业发展的两大新趋势——"互联网+会展"和绿色会展,围绕这两大主题,总结各种相关观点,分别介绍了它们的含义、意义等。

关键概念

新趋势　互联网　绿色会展

 复习思考题

□复习题

1. "互联网+会展"的内涵是什么?
2. "互联网+会展"有哪些现实应用场景?
3. 绿色会展有哪些意义?

□思考题

除本章所提到的两点新趋势外,试结合实践经历,谈一谈你认为会展业发展还有哪些新趋势。

参考文献 Bibliography

[1] 桑德拉·莫罗.会展艺术——展会管理实务[M].上海:上海远东出版社,2005.
[2] Kenneth W. Luckhurst. The Story of Exhibitions [M]. London: The Studio Publications,1951.
[3] 保健云.会展经济[M].成都:西南财经大学出版社,2000.
[4] 胡平.会展管理[M].北京:高等教育出版社,2009.
[5] 程红,熊梦,刘杨,等.会展经济:现代城市"新的经济增长点"[M].北京:经济日报出版社,2003.
[6] 张健康.会展学概论[M].杭州:浙江大学出版社,2013.
[7] 胡平.会展管理概论.[M].上海:华东师范大学出版社,2017.
[8] 张丽,蔡萌.新编会展概论.[M].天津:南开大学出版社,2015.
[9] 张红.会展概论(第二版)[M].北京:高等教育出版社,2015.
[10] 王春雷,陈震.展览项目管理——从调研到评估[M].北京:中国旅游出版社,2012.
[11] 刘松萍,李晓莉.会展营销与策划(第二版)[M].北京:首都经济贸易大学出版社,2011.
[12] 武邦涛,柯树人.会展项目管理[M].北京:北京大学出版社,2010.
[13] 成都市博览局课题组.会展经济论——以成都为例[M].北京:中国发展出版社,2016.
[14] 刘友千.会议营销与服务[M].北京:中国劳动社会保障出版社,2007.
[15] 刘存绪,邱云,彭白桦.会展概论[M].北京:清华大学出版社,2011.
[16] 马勇.会展典型案例精析[M].重庆:重庆大学出版社,2007.
[17] 邓天白.美国印第安纳州三大文化工庆受众调查研究[D].上海:华东师范大学,2013.
[18] 马聪玲.节事活动策划与组织管理[M].北京:中国旅游出版社,2009.
[19] 邓天白.美国印第安纳州三大文化工庆受众调查研究[D].上海:华东师范大学,2013.
[20] 唐纳·盖茨.活动型旅游和真实性困境.全球旅游新论[M].张广瑞,等,译.北京:中国旅游出版社,2001.
[21] 邓天白.美国印第安纳州三大文化工庆受众调查研究[D].上海:华东师范大学,2013.
[22] 方圆.大型公众活动策划(第二版)[M].广州:中山大学出版社,2001.
[23] Getz, D. Event Management & Event Tourism [M]. New York: Cognizant

Communication Corporation,1997.

[24] 杨智.怒江州"阔时节"节事旅游研究[D].昆明:云南大学,2011.

[25] 《羌族词典》编委会.羌族词典[M].成都:巴蜀书社出版社,2004.

[26] 四川省少数民族古籍整理办公室.羌族释比经典(下部)[M].成都:四川民族出版社,2008.

[27] 焦虎三.古老的羌历年:"日美吉"[N].中国民族报,2011-05-10.

[28] 郑瑞涛.羌族文化的传承与嬗变[D].北京:中央民族大学,2010.

[29] 陈煦,李左人.民族·旅游·文化变迁——在社会学的视野中[M].成都:四川民族出版社,2009.

[30] 徐平.文化的适应和变迁:四川羌村调查[M].上海:上海人民出版社,2006.

[31] 陈楠.会展业概论[M].北京:北京大学出版社,2014.

[32] 崔益红.会展概论[M].北京:北京大学出版社,2011.

[33] 孙晓霞.奖励旅游策划与组织[M].重庆:重庆大学出版社,2015.

[34] 陈宜平.发展我国绿色会展业的若干问题及对策[J].国际商务研究,2011(2).

[35] 蔡萌,格林斯·迈克凯恩,唐佳妮.国际绿色会展的概念与实践评述[J].上海对外经贸大学学报,2015(4).

[36] 韩国圣,李辉,王成武.杭州休闲博览会对萧山城市发展的经济影响初探——以房地产业为例[J].华东经济管理,2009(8).

[37] 石群勇,龙晓飞.民族文化生态特征与民族文化生态保护关系研究[J].青海民族研究,2011(1).

[38] 刘芬.论北川羌历年在文化生态中的变化[J].中国民族博览,2015(10).

[39] 李治兵.节庆旅游与民族传统节日变迁——以羌历年为例[J].阿坝师范学院学报,2018(2).

教学支持说明

为了改善教学效果,提高教材的使用效率,满足高校授课教师的教学需求,本套教材备有与纸质教材配套的教学课件(PPT)和拓展资源(案例库、习题库等)。

为保证本教学课件及相关教学资料仅为教材使用者所得,我们将向使用本套教材的高校授课教师免费赠送教学课件或者相关教学资料,烦请授课教师通过电话、邮件或加入旅游专家俱乐部QQ群等方式与我们联系,获取"电子资源申请表"文档并认真准确填写后发给我们,我们的联系方式如下:

地址:湖北省武汉市东湖新技术开发区华工科技园华工园六路

邮编:430223

电话:027-81321911

E-mail:lyzjjlb@163.com

旅游专家俱乐部 QQ 群号:758712998

旅游专家俱乐部 QQ 群二维码:

群名称:旅游专家俱乐部5群
群　号:758712998

电子资源申请表

填表时间：_____年___月___日

1. 以下内容请教师按实际情况填写，★为必填项。
2. 根据个人情况如实填写，相关内容可以酌情调整提交。

★姓名		★性别	□男 □女	出生年月		★职务	
						★职称	□教授 □副教授 □讲师 □助教

★学校		★院/系	
★教研室		★专业	
★办公电话		家庭电话		★移动电话	
★E-mail（请填写清晰）		★QQ号/微信号	
★联系地址		★邮编	

★现在主授课程情况	学生人数	教材所属出版社	教材满意度
课程一			□满意 □一般 □不满意
课程二			□满意 □一般 □不满意
课程三			□满意 □一般 □不满意
其他			□满意 □一般 □不满意

教材出版信息					
方向一	□准备写	□写作中	□已成稿	□已出版待修订	□有讲义
方向二	□准备写	□写作中	□已成稿	□已出版待修订	□有讲义
方向三	□准备写	□写作中	□已成稿	□已出版待修订	□有讲义

请教师认真填写表格下列内容，提供索取课件配套教材的相关信息，我社根据每位教师填表信息的完整性、授课情况与索取课件的相关性，以及教材使用的情况赠送教材的配套课件及相关教学资源。

ISBN（书号）	书名	作者	索取课件简要说明	学生人数（如选作教材）
			□教学 □参考	
			□教学 □参考	

★您对与课件配套的纸质教材的意见和建议，希望提供哪些配套教学资源：